现代会计书系

KUAIJI DE RENSHI
LINIAN YU SIWEI

会计的认识、理念与思维

高建普◎著

知识产权出版社
全国百佳图书出版单位

图书在版编目(CIP)数据

会计的认识、理念与思维/高建普著. —北京：知识产权出版社，2014.3

ISBN 978-7-5130-2649-9

Ⅰ. ①会… Ⅱ. ①高… Ⅲ. ①会计方法 Ⅳ. ①F231

中国版本图书馆 CIP 数据核字(2014)第 051181 号

内容提要

本书从方法论视角解读会计，主线清晰，富有启发。全书内容分三块：宏观、中观和微观。宏观部分介绍多角度下对会计的解读，分三章，着重谈会计的人文环境、会计的三重认识以及多学科下的会计思考。中观部分阐述会计理念，分二章，包括理念说明与理念运用（职业判断）。微观部分讨论会计思维，也分二章，分别是会计思维及思维运用（会计分析），并选择了一些上市公司的案例予以说明。

本书为读者提供会计的新思维，尤其是多视角下对会计的认识，以拓展人们的视野，使之更深刻地认识会计的本质与价值；以方法论为主线着重介绍不同分析观角下的会计思考，并结合企业实际，借助案例，给出会计思维方法的运用，让读者从中领悟会计处理问题的方式方法，这对会计教育、会计研究以及会计工作有较大的理论参考和实践意义。

责任编辑：李　瑾　　　　**责任出版**：谷　阳

会计的认识、理念与思维

KUAIJI DE RENSHI LINIAN YU SIWEI

高建普　著

出版发行：知识产权出版社有限责任公司	**网　　址**：http：//www. ipph. cn
社　　址：北京市海淀区马甸南村 1 号	**邮　　编**：100088
责编电话：010-82000860 转 8392	**责编邮箱**：lijin. cn@163. com
发行电话：010-82000860 转 8101/8102	**发行传真**：010-82000893/82005070/82000270
印　　刷：北京中献拓方科技发展有限公司	**经　　销**：各大网上书店、新华书店及相关专业书店
开　　本：787mm×1092mm　1/16	**印　　张**：14. 25
版　　次：2014 年 5 月第 1 版	**印　　次**：2014 年 5 月第 1 次印刷
字　　数：230 千字	**定　　价**：45. 00 元

ISBN 978-7-5130-2649-9

前　言

本书的特点在于以方法论视角解读会计，主线清晰，可读性强，富有启发性。

全书内容设为三块：宏观、中观及微观。宏观部分介绍多角度下对会计的解读，分三章，着重介绍会计的人文环境、会计的三重认识和多学科下会计的思考。中观部分论及会计理念，分二章，包括理念说明与理念运用（职业判断）。微观部分讨论会计思维，也分二章，分别是会计思维及思维运用（会计分析），并选择了一些上市公司的案例予以说明。

本书为读者提供作者对会计的新的思考，尤其是多视角下对会计的认识，以拓宽人们的视野，使之更深刻地认识会计的本质与价值；以方法论为主线着重介绍不同分析观下的会计思考，并结合企业实际，借助案例，给出会计思维方法的运用，让读者从中领悟会计处理问题的立场、角度、方式及方法，这对会计教育、会计研究以及会计实务均有较大的理论参考价值和实践意义。

本书以本人发表在专业期刊上的论文为基础，并融入二十多年来个人在会计学习、教育与研究中的思考。书中引用了一些学者的研究、行家的分析及财经记者的报道。本书的正式出版得到了会计界及出版界友人的帮助，在此一并表示感谢。

最后特别声明：本书从公开信息中引用的企业实例，并非对企业的评价，而只是作为会计理念及会计思维运用的说明材料。

高建普

于绍兴市区投醪河

2013 年 12 月

目 录

第一章　会计的人文环境

经济发展包括五大要素：资源、劳动力、资本、创新和制度。制度经济学作为非主流经济学，其研究视角与方法独树一帜。制度经济学将制度作为重要因素纳入经济分析的视野，为我们提供了分析问题的思路。因此，会计理论或会计实践将分析视野停留在经济层面显得过于狭窄，理应拓展至人文层面。

第一节　将人文环境纳入会计视野的分析

一、人文环境及其分析价值

1. 人文环境的理解

人文环境通常被解释为一定社会系统内外文化变量的函数，而文化变量包括社会群体的态度、观念、信仰系统及认识环境等内容。人文环境也称为社会文化环境，是与自然环境相对的概念，专指由于人类活动产生的周围环境，它显然是人为的、社会的以及非自然的。

法社会学家迪尔凯姆（Durkheim）认为：社会现象有两个特征，一是客观性，它是事实上存在的现象，而不是事实上不存在而人们主观上认为存在的现象；二是社会性，即人们的行为方式、思维方式和感觉方式中有一种社会的性质，它存在于人的意识之外，这种构成社会现象的集体性的信仰、倾向和守则，具有一种强制性，通过法律、道德、风俗习惯、经济组织以及团体的力量作用于个人。

与人文环境接近的概念是社会环境。社会环境是指人类生存及活动范围内的社会物质、精神条件的总和。广义的社会环境包括整个社会经济文化体系；狭义的社会环境仅指人类生活的直接环境，如家庭、劳动组织、学习条件和其他集体性社团等。

社会环境也可以理解为人们所处的社会政治、经济、法制、科技、文化等宏观因素的总和。社会环境对人的形成和发展进化起着重要作用，同时人类活动给社会环境以深刻的影响，而人类本身也在适应及改造社会环境的过程中不断变化。社会环境一方面是人类精神文明和物质文明发展的标志，另一方面又随着人类文明的演进而不断地丰富和发展，所以也有人把社会环境称为文化—社会环境。

2. 人文环境的分析价值

考察社会发展规律，物（自然）、社会和人的发展是人类社会发展的三大阶梯，物（自然）的秩序是大自然的发展规律，社会秩序是社会制度及运作机制所体现的社会存在和社会运行规律，而人的（价值）秩序是人类自身发展的理性表现，强调人文环境、重视价值秩序是更高意义上的发展。

人文环境既是历史的积淀，也是现实的传承。人文环境反映的文化烙印和传递的人文精神，是人类延续的必要条件。领悟人文环境所传递的人文精神，追求并积极构建和谐的人文环境，以及提升人的自身素质，是人类走向文明的必由之路。

毛泽东曾指出：世间一切事物中，人是第一可宝贵的。[1] 这里的“宝贵”即“有价值”的涵义。毛泽东又说：自觉的能动性是人之所以区别于物的特点。[2] 这里的自觉能动性包含两层涵义：一是自觉性，指人的活动是有目的有意识的活动；二是能动性，指人们通过实践，能动地认识世界及改造世界。而人既能改造环境，也受环境的影响或制约。

回到会计本身，我们知道，任何工作都需要人去做。人们从事会计研究或实际工作，关心会计职业，了解或分析以及运用会计信息，都不能不重视人及其所处的人文环境。从历史、文化和人本的视角分析会计行为，尤其从人及其组织与环境的结合上来考察会计所处的人文环境，有其深远的理论价值和现实意义。

---

[1] 毛泽东．唯心历史观的破产．毛泽东选集（第四卷）．人民出版社，1991.

[2] 毛泽东．论持久战．毛泽东选集（第二卷）．人民出版社，1991.

二、人文环境游离于会计视野的原因

1. 理论原因

从会计史看，正是技术的进步将会计从数学中分离出来，技术的独立与完善奠定了会计在人类历史中的地位。会计随着技术的进步而发展，而技术手段在随着环境的变化而提高。原始的结绳记事、古代的算盘记账、现代的信息网络技术运用，无一不体现着环境变化对会计技术属性的影响，也使得会计的技术属性不断得到充实与发展。另一方面，技术改变了世界，更强化了人们对技术的崇尚；人们将技术与科学等同起来，技术也被人认为是抬高职业身价和显示才能的标记。在这种氛围下，会计的技术属性得到倾向性的重视。如会计准则作为技术规范被固化，尽管人们还是承认：会计是一个人造系统。

现代会计理论至今仍拘泥于对会计技术环境支撑的研究上，而忽视其所处的人文环境。人们总是喜欢将会计作为一种价值计量工具而忽视它的本质是各种相关团体利益的权衡工具，忽视其特有的社会属性。尽管理论界也有人注意到这一点，如财务报表是保持契约局部均衡的一种机制（美，Watts，1977），产权关系影响着会计信息质量（杜兴强，2002），会计和审计准则是政治产品而非技术或决策导向过程的产品（美，John A. Christensen，Joel S. Demski，2002）等，但主流观点还是强调会计的自然属性或技术属性。尽在技术细节上精雕细刻或纠缠于技术问题，这种观念下不可能从更深层次上认识会计的本质及其环境，难以使会计得到顺利发展，也不利于全社会认识会计职业、理解会计行为及认可会计人的付出。

在研究经济行为的过程中，人们认识到了人的复杂性，将制度作为变量，把集体主义和整体观引入了经济理论的研究中，建立更为接近现实经济活动的方法论。从技术层面到制度层面，人们对会计本质的认识及对会计环境的考察已进入一个新的境地。虽然从制度上分析会计行为，已涉及人这一因素，但制度层面对人的分析还是限于“经济人”，置会计行为于其经济动机、利益和习惯的场境中考察，这仅仅是初步的、浅显的。我们应从“社会人”的角度，把会计行为置于更复杂、更理性的文化场境中予以考察，并充分关注其动机、价值、道德约束和习俗力量，即从人文层面去认识会计的本质及其环境，这才是我们的方向。

2. 现实原因

现实社会中由于人们互不信任增加了经济活动讨价还价、搜集信息的成本，增大了市场经济的不确定性，使企业不得不承受更高的交易成本，正如斯诺（Snow）所说：对损害的惩罚和补偿不仅需要立法、司法和执行机制，而且受到行为的道德和伦理习俗的极大影响。无疑，从更广的视野去考察影响会计信息量的环境是相当有益的。

经济活动总是伴随着其他社会活动，从文化传播、制度形成到模型定型。不同的文化间存在不同的价值体系和社会机制。人文环境作为外部因素，与政治、经济、法律等因素相比，其对会计信息的影响通常被人们回避或忽略，与技术和制度因素相比更不值得一谈。这是因为人文环境对会计信息的影响并非直接，大做文章似无必要；局内人将会计信息质量低下归咎于所处的人文环境不免心虚。

环境是人类共同体生存中不可舍弃的基础要素。生态环境的多样性及其本质联系，决定了人类社会发展具有多样性和非线性，也为人们以多元角度考察社会现象提供了可能。面对异化的时代，更需重视人的本性或本质的回归。经济学与会计学的研究离开了对人的研究，显然是不够的。国内外一系列的重大会计造假，已明确昭示我们：必须重新认识会计的本质及其生存环境。从物本会计到人本会计，从技术分析到制度分析，会计对象或会计工作的主体——人，正在受到重视。这是因为制度即使再完美，若没有实实在在地执行与完善，离开了人的自觉性与创造性，限制了人的积极性，也终究是无用的。

三、重构人文环境的现实意义

指出会计的人文环境及其对会计的影响，旨在提醒人们对会计行为的认识应更人性化，对会计信息质量的把握应更客观、合理。只有充分注意人文环境对会计的影响，才能正确看待会计信息失真，才能更深刻地认识会计的本质，才能将会计规范化建设真正与本土文化结合起来，才能注重制度的运行而不仅仅只追求形式。而立足于人文环境的会计制度的再造将是中国会计制度的特色，也将构成中国人文精神建设的重要内容。

1. 重视人的价值

重视专业知识教育和思想文化教育的结合，渗透职业理念，坚守职业操守，提升会计人员的道德意识及道德水平。未来职业人的教育不仅要注重专业知识与职业技能教育，更应注重职业道德素质的提高，关注其潜能的发挥。在岗职业人，则应营造良好的职业氛围，激发他（她）们的自觉性及主动性，加强学习，改善职业环境，提高思想认识水平，强化职业道德规范，更好地开展工作。

2. 传承优秀文化

一分为二地对待传统文化，去其糟粕，取其精华。传承中国传统文化中积极的人文精神，如天人合一的整体理念，自力更生、艰苦奋斗的精神，富贵不能淫、贫贱不能移、威武不能屈的骨气，君子之交淡如水的交往原则，一身正气、两袖清风的为人原则，改造消沉的职业文化，将优秀文化因子融入会计的职业精神。

3. 重构人文环境

无论是企业还是个人，成功之路的背后必然有着良好的环境。不论理论研究还是职业实践，没有一个和谐的人文环境，都无法顺利实现。社会需要扭转信仰迷失、道德缺失的状态，纠正党风、官风、民风中的不良之势，树立正气，助推正能量。单位或企业自身应改善工作环境，以情感人，以文化育人，促进员工积极性及创造性的发挥。

第二节 人文环境的主要内容

会计的人文环境可从人本及文化两方面去考察。

一、人本考察

人本考察包括人与人际关系、群体以及组织三大方面。

1. 人与人际关系

（1）人情。人的本性主要在于其社会属性，即人伦人情。人伦广义上指人与人之间的关系，特定涵义指人与人之间的尊卑长幼关系。人伦是中国古代对人与人之间基本的道德关系及其相应的道德规范的统称，我国传统文化中的“五伦”指的是父子有亲、君臣有义、夫妇有别、长幼有序、朋友有信，它也明确了人际关系中的伦理要求。人富有感情，是人类正常的情感和普遍感情，它反映的是人类的理性和良知，既是生存状态，也反映生存质量。人情即人之常情，也叫世情，如常说的“人情世故”，是维系人间联系的一种生存关系。按存在形态，人情包含恋情、夫妻情（婚情）、父母情、儿女情、兄弟（姊妹）情、邻里情、乡情、亲情、同志情、战友情、同学情、老乡情、上下情等；按表现形态，人情则有欢喜之情、悲愤之情、慷慨激昂之情、凄惨之情、冷酷之情、虚情等。“有来无往非礼也”是人情建立的基础，也是人情的群体表现。会计信息由人制造、由人提供、由人披露以及由人审核，无法回避其中的人之常情。

（2）人际关系。社会学将人际关系定义为人们在生产或生活过程中所建立的一种社会关系。心理学则认为人际关系是人与人在交往中建立的直接的心理上的联系或某种距离感。狭义的人际关系指除亲属关系以外的人与人交往关系的总称，包括朋友关系、同学关系、师生关系、雇佣关系、战友关系、同事关系及领导与被领导关系等。广义的人际关系则将亲属关系包括在内。而人类社会的基本要素是交往关系和交往形式。人际关系主要通过亲缘、地缘、业缘关系来表现。人是社会动物，每个个体均有其独特的背景、态度、个性、行为模式及价值观，而人际关系对每个人的情绪、生活、工作有很大的影响，甚至对群体的气氛、沟通、运作、效率及个人与群体间的关系均有极大的影响。

人际关系对经济运行的影响已为人们所关注，人际关系作为一种非正式制度，与正式制度有着天然的互补关系，张五常曾指出人际关系在控制经济方面可替代市场完成某些功能。人际关系提供人及其组织的非正式行为规则，它的遵守更多依靠的是人的自律，它所蕴含的价值观、道德观等还可作某些正式制度的先验模式。某些人利用自己的关系获得内部信息，寻求不对称信息收益。在制度运作中，现代社会是依赖分工来提高效率的。个人工作必须得到团体的协作，而庸俗的人际关系往往使制度规范有名无实或缺实。如常规审计显得无能为力，往往背后有“网”的阴影。企业经营过程中，往往有意识地将人际关系纳入一种可运用的资源，“买卖不成情意在”，“多一个朋友多一条路”。民营企业初创期大多利用亲缘关系。在人际关系下，表现出工作以小团体为中心，拉帮结派，圈内丧失原则。在用人上，会计在单位领导的眼中是心腹，必须靠得住，因此选人标准是有关系、听话。由于广泛的政策博弈存在，企业必须控制高管人员的忠诚度，防止内部人泄密引起政府管制。在圈内，通过购销、投资、借贷，利用虚假会计业务串通或互惠。重大的会计舞弊案件的背后都有关系网的影子。每当企业受到管制，首选的对策往往是寻找与管制权相关的“网”要求融通，聘请与管制权关系“铁”的人员加盟企业，而不是去研究如何改进管理、提高效率。恶劣的会计造假往往表明，公司高管、中介机构甚至政府官员联手玩欺诈。通过政府官员寻租，寻求政府保护，获取减税或补贴，享有垄断。由于产权关系不明，企业边界不清，运行机制全靠人际关系维持。在法律界，“法治即法律人之治”的观点被人们广泛接受，使得法治徒有形式。

2. 群体

群体是一个相对于个体而言的概念，它是指两个或两个以上的人，为了达到共同的目标，以一定的方式联系在一起进行活动的人群。从人类的社会属性看，人类社会本身就是最大的生物群体。群体的两个最大特征就是合作与交流，即生产上相互合作，生活上密切交流。合作首先出于安全上的考虑，其次是满足情感需要。情感上的交流有助于建立个体对群体的归属感。

（1）群体约束。法心理学家古斯塔夫·勒庞（Gustave Le Bon）在《乌合之众：大众心理学研究》中描述了群体的众多特质，并以法国所发生的种种历史事件为例，阐述了有关群体的可怕力量以及这种力量的本质。群体追求的往往是一种共同理想，群体价值在于其归属感，群体内不允许存在差异，这不仅针对群体成员，即使群体领袖也不允许。因此群体不推崇任何理性思考。勒庞说过，群体的智商是等同于原始人的。

个体选择受制于其所在的群体，而群体约束容易出现非理性选择。在文化环境中每个人都要遵守自己所属群体的规则、习俗和行为模式，并凝结出共同的社会价值目标，激励成员为社会发展作贡献。制度构成了经济过程的核心结构，并造就此框架内职业的动力、规范及其独立存在的形式。制度要素作为经济过程中的一个动力塑造和约束机制的结构而存在。不论人们把经济理性视为一种心理活动，还是一种生活原则，它本身都隐含着某种社会性的制约关系。群体影响首当其冲是所在区域。在我国，政府与企业的关系相当重要。地方政府对会计的重视、对会计信息质量的要求以及对会计造假的态度，决定了当地会计工作的风气及会计信息的可靠性。如果人们在其他活动中可以抛弃基本的诚信原则，可以蔑视基本的道德规范，那么，我们在经济商业活动中看到这么多的弄虚作假和坑蒙拐骗也就不足为奇了。不过，那些有能力通过公司和股市抢劫钱财的人却是社会羡慕的精英，这才是最可悲和可叹的现实。正如《商业周刊》所说：所有上述建议都无法保证不会冒出另一个安然公司。没有人能对道德行为制定法律或规定。但是，领导者必须创造一种环境，赋予诚实和公正至高无上的地位。要使诚信成为竞争的基础，必须从上层做起。

（2）群体领袖。群体力量是强大的，但如果缺少领袖，群体便会陷入一种迷茫以及群龙无首的混沌状态，这种状态下，群体很容易被瓦解。这里，群体领袖对一个群体的力量显示往往有着极其重要的作用。群体的领袖通常不一定有超人的智商及独到的见解，其需要的是无比强大的意志力以及无比坚定的信念。领袖所具备的基本素质在于其超凡的演讲及煽动力，他们所追求的最高境界，不一定是物质或财富，更多在于对信仰的追求。群体能够产生的力量由领袖来引导和控制，群体行为可能是正义的，也可能具有破坏性。

勒庞对领袖影响其所在群体有过这样的描述：影响民众想象力的，并不是事实本身，而是它们发生和引起注意的方式。掌握了影响群众想象力的艺术，也就掌握了统治他们的艺术。群体领袖通常利用大众媒体，形成自己的一套认知系统，成为舆论领袖，进而影响群体成员。群体成员的心理受群体固有的观念、属性、特征等的影响，慢慢地屈从于群体，从而达到整个群体的一致。

3. 组织

组织是群体进一步的发展形式。广义上说，组织是指由诸多要素按照一定方式相互联系组成的系统。狭义上讲，组织是指人们为了实现一定的目标，互相协作结合而成的集体或团体，如党团组织、工会组织、企业、军事组织及政府部门等。组织不仅是社会的细胞、社会的基本单元，而且是社会的基础。与群体相比，组织有一定的结构，有组织者、执行者，有运行的规则，有目标、任务，并承担相应责任。也有学者将群体视为非正式组织。

群体可能是自然形成的，组织因其任务导向而表现出与群体不同的特征：

结构化与纪律性。一个组织之内有不同的分工，承担不同的责任。纪律其实是组织的内部法律，它是为了保证组织的有效运行而颁布的、对于组织成员行为的规范要求。

企业是现代社会最为典型的组织。它是一个以生产和营利为目的，有着清晰的目标、严格的分工以及完整的生命周期的现代组织。企业中由最高的决策层负责组织目标的制定以及督导，中间的管理层按照依目标而制定的程序进行组织内部的管理和资源配置，而底端的执行层则负责具体的工作实施与执行。

一个现代企业的成员，无论处于组织的高层还是低层，长期依附于一个组织之中，其行为方式按照组织的程序进行，其行为特点明显存在企业的烙印，许多生存形态下已经淡化了作为自然人和社会人的特点，而具有鲜明的组织人的特性。

组织松散、各自为政，会缺乏组织合力。成员间缺少人文关怀，就会失去组织的归属感。组织内的规范被视为治人的、形式的，规范的执行受各种干扰，制度的执行及规范的效力就会受到削弱，组织的人文基础就会不牢固。受企业目标的影响，过分看重个人利益和企业利益；崇尚权力、迷信金钱，会计人员的行为心理受到扭曲；偏向个人主义、自由主义的管理模式，这些都容易导致组织内的各种冲突。组织行为的价值导向混乱，组织成员的文化认同、自觉性、自律能力差，组织功能就会受到限制。

二、文化分析

文化分析包括价值模式和文化结构两大内容。

1. 价值模式

价值模式影响人们对事物的评价和态度，决定人们的行为意向。美英等西方国家偏重于个体层次，以制度规范来约束自身行为，往往局限于会计技术和制度框架。选择以私人投资者利益导向作为会计目标，以制度规范来协调交易各方的利益关系。美国的会计管理选择行业自律，会计管理职能由民间会计职业团体行使。与西方社会崇尚个人本位不同，我国社会崇尚的是三合一本位：天、地、人三者的和谐统一，强调个人与群体的一致。选择国家利益导向的会计目标，在会计管理上更多地强调政府管制。在我国，制度是外加的，只是一种形式，一切事在人为。寄希望于制度规范会计信息并不总是很奏效，如上市公司大范围亏损与我国宏观经济现状相背，多数公司解释亏损的理由就包括计提资产减值准备，那些巨亏的公司正是充分利用了会计准则中的减值准备。都说中国人善于变通，这与老、庄的间世哲学有关，而不少人所学的却是一种消极的处世之道：世故和圆滑。社会转型及对外开放，社会价值取向和社会评判取向发生混乱。我国会计人员喜欢遵从统一的会计制度，我国上市公司的会计信息披露要求经常变动、披露问题层出可视为一种印证。如我国企业独创的“群众核算”走得不长，双赢而非多赢的消极作用明显。会计技术手段变化，对外披露要求提高。资本市场兴起，企业会计信息开放，多种利益集团形成，会计信息具有经济后果已被人们接受，在西方会计造假并非为了逃税而是为了欺骗投资者。

社会进入重商时代，传统的利义观被淡化，价值观中有了更多功利主义色彩。早在1995年有个调查，零点调查公司参与的“世界公民文化消费潮流调查”显示：中国国民的价值观与其他国家明显不同。各国公众认为最重要的价值是礼貌、责任感、宽容和尊重别人；而中国公众最重视的价值依次是独立、学识和讲究礼貌；对责任感、宽容和尊重别人、与他人沟通等的重视程度远远低于其他国家。只有略多于50%的人认为教育孩子讲礼貌是重要的，只有30%的家长重视培养孩子的责任感，处于世界各国中最低位置；同样，只有不到30%的中国人重视容忍和尊重别人，比世界平均水平低约10个百分点。这表明文明礼貌的养成在今天中国家庭中处于相当不重要的位置。这说明素以重视道德、礼貌、人伦关系著称的中国传统文明，经过长期的流失和演变，已经发生了深刻的变化。[1]

2. 文化结构

文化是一套生存机制，包括文化价值体系、认知体系和思维方式。文化不仅是对社会存在的反映，同时也是人类社会生活的重要内容。文化是人类一切行为的技术方式、社会方式和价值取向的解释、规范及综合。将文化视为社会存在有三层涵义：物质文化、精神文化和制度文化。

---

[1] 甄君飏．人文对于教育：可忧虑的淡出．创造，2004年第9期．

（1）物质文化。表现为人与自然、人与人之间进行物质交换的方式和组织。这是会计信息量保证的基本物质依托。手工技术条件下的会计信息质量与网络技术条件下相比，显然相差几个数量级。人类的经济过程既是自然的也是社会的，既是实在的又是意象的。物质要素不失其客观实在性，同时被赋予了某种文化上的象征价值；文化范畴的关系不失其象征性，同样也被赋予了物质性。我们眼中的自然物，实际上是由各种不同的人为的文化逻辑所构建的社会中对不同物质要素的运用或特定价值的实现，是与不同文化系统的方式相互联结的。会计信息同样被赋予某种文化的象征，即企业的诚信和管理当局的社会责任感。语言背后体现一定时期的群体共识和认知意愿。

（2）精神文化。传统文化的中庸、人和、大统观对人的行为起着潜在的影响作用。我国会计准则与会计制度的并存，不能不说是文化背景的产物。推崇极权，企业靠行贿政府官员生存发展，玩金钱政治，权力寻租；“没有不花钱能办的事”流行；官本位、政治腐败和黑势力渗透经济甚至社会生活，媚上成风；年青一代是非观念模糊，认同存在即合理。我国社会重视人与人的关系，看重群体利益；随大流而难以坚持原则；怕麻烦明哲保身。由于自然环境、政治经济背景、历史传统等因素，形成地域间的不同文化，一些地方的人怕露富，在会计信息的披露时非常谨慎；而另一些地方的人爱显财，其揭示的会计信息就会虚夸。如香港特区的会计更强调保护投资人和债权人的利益，在会计处理上较多地体现稳健原则。企业文化是体现企业特征的价值观、道德观、制度和运作方式的总和。企业文化特征对会计信息的生成与披露产生有力影响，如企业的社会责任感较强，其披露的会计信息相对可靠；企业的本位观较强烈，其会更多地考虑自身的利益。企业文化往往与企业家自身的品行、个性、价值观有关。道德环境欠佳，会使新的信用关系的确立缺乏理性基础。信用以道德为基础，社会行为主体道德观念淡漠、社会道德欠佳，适应现代化市场经济发展的信用关系就建立不起来。改革开放以来，我国精神文明建设取得了很大成就，但道德建设始终没有跟上形势的变化，特别是很不适应市场经济发展的要求，缺乏一个适应社会主义市场经济要求的道德规范体系。这样，无论是个体，还是作为法人实体的各类企业，都不大了解作为社会行为的主体，在社会主义市场经济条件下应具有什么样的道德准则。没有相应的道德标准，缺乏强烈的道德意识，必然失去行为的软规范，因而在法律难以涉及的时候常常做出各种违背道德的事来。如不讲信用，互相拖欠，形成“三角债”；制假贩假，而且欺骗消费者等。加之真正的竞争格局未形成，市场秩序又不规范，少数不讲信用者不仅得不到市场的惩罚，而且还能赚到大钱。这就使得那些素质不高的企业忽略企业信誉，造成信用危机。我国文化中，对道德、责任、秩序、人情及集体的重视永远会高于自由、人权、法治及个人主义等西方价值观。

（3）制度文化。制度可视为将社会共同的意志转化为人类社会行为的一套机制。制度体现的是社会意志力量。西方社会的制度文化建立在高度信任的基础上，其认知和价值体系以原则为核心，而我国的制度文化建立在人的关系和资源的基础上，其认知和价值体系以善待人和善用人为核心。由于经济行为的自利性，制度的运行本身存在着不可克服的矛盾。不研究本国社会特定的人文环境，照搬美国等西方国家的做法，已付出了相当的社会代价，如人们对制度化、科层化、数字化、定量化的迷信，条文、表格、评审、检查、评估成灾。上市公司的独董制度被企业用来做人情拉关系或借助名人光环捞实惠。事实上，会计信息的制作与披露明显受制于文化：随大流，我国社会抑制个性张扬，至少不提倡；面子，尤其是企业高层在上司处的印象、企业在同行中的地位、企业在社会上的影响等；中庸，不得罪人，得罪上司走人，得罪同事使绊，顶着干、对着干、不服从领导便难以在社会上生存。

提出人文环境对会计信息的影响，意在提醒人们对会计行为的认识应更人性化，对会计信息质量的把握应更客观、合理。只有人们注意到了人文环境对会计的影响，才能正确看待会计信息失真，才能更深刻地认识会计的实质，才能将制度化建设真正与本土文化结合起来，才能注重制度的运行而不仅仅注重其形式。

第三节　人文环境对会计的影响

人文环境对会计的影响通常是间接的、隐含的以及潜在的。

一、人文环境对会计的影响

下面将从宏观会计管理和微观会计活动两方面分析人文环境对会计的

影响。

（一）宏观：人文环境对制度的影响

制度，广义上是指在一定条件下形成的政治、经济、文化等方面的体系，也即体制；狭义地说，是一个系统或单位制定的要求下属全体成员共同遵守的办事规程或行动准则。

人文环境对制度的影响可从管理模式选择和制度建设两方面来考察。

1. 管理模式的选择

现在一般将国家会计管理模式分为两类：倾向于相对集中的“政府型会计管理模式”和倾向于较为松散的“民间型会计管理模式”。美会计学家霍夫斯蒂德（Hofstede）1980年发表的《动机、引导和组织：美国的理论可以应用于国外吗?》一文中，提出了关于文化模式划分的一种范式，认为一国社会文化的特征主要包括四个维度：个人主义/集体主义；权力距离大小；不确定性规避程度的强弱；阳刚/阴柔。简单地说，个人主义（相对于集体主义）更倾向于一种松散的社会结构；权力距离是在机构和组织中，等级制度和权利的不公平分配所能够被接受的程度；不确定性规避程度是社会对模糊和不确定的未来感到不安的程度；阳刚（相对于阴柔）是区分性别功能和强调业绩与看得见的成就，而漠视关系与关怀。

不同的社会文化，就有不同的会计模式。在个人主义盛行、不确定性规避程度较弱、权力距离较小、阳刚的社会文化环境下，会计管理强调职业导向、行业自律，较少依靠法规、政策，政府的作用有限；会计准则强调灵活性和可选择性；会计职业地位较高，具有较强的权威性；财务信息披露偏向于透明公开；会计处理方法强调真实公允。集体主义盛行，对不明朗因素反应较强，权力距离较大，崇尚阴柔的社会文化环境下，会计模式强调立法管理，会计职业规模小，地位较低，偏向保密，对外则提供尽量少的信息，偏向保守，稳健性成为企业的基本原则。

这里不妨对中美两国的会计模式作个比较。

美国是一个崇尚个人主义的国家，尊重个性，强调个性的发展，社会结构松散，呈“横向联系型”状态；人与人之间强调平等，社会权距较小，人们在家庭和机构中皆力争权力均衡；民众对不确定、不明朗因素反应较弱，善于接受新生事物和有差异的因素，敢于创新；是一个典型的“阳刚”的社会，人们注重成就、英雄感、决断能力和物质上的成功。美国会计模式有以下特征：①在会计管理体制上，强调专业导向、行业自律，较少依赖法律和政策，政府在会计管理上的作用有限；②在会计准则的制定和实施上，强调制定会计准则的主体以民间职业团体为主，会计准则注重灵活性、可选择性；③在会计职业上，会计人员的专业水平较高，会计职业的社会地位较高，且具有较强的权威性；④在会计信息披露上，倾向于透明、公开，强调会计信息的公允性和决策相关性；⑤在会计处理方法上，强调真实反映和会计人员的专业判断，会计处理偏向乐观，并不断创新，保守程度较低。

我国一向推崇国家、民族、集体利益高于一切，强调社会价值的实现，集体主义观念深入人心；由于长期受封建传统思想的影响，民众对上下等级、长幼排序更是泰然视之，社会的权距较大，人们对现存社会秩序容易接纳；人们对不确定、不明朗因素反应较强烈，习惯于按规范行事，讲究中庸之道，不易接受新生事物，冒险精神较差，思想观念偏向于传统、保守；追求精神胜利和精神享受。尽管我国会计模式对美国模式有所借鉴，但仍具有以下特征：①在会计管理体制上，强调立法管理和行政管理，虽然认为民间职业团体也有参与管理会计工作的必要，但主要是政府出面以法律、政策等形式统一管理会计工作；②在制定会计规范时总力求使各种会计主体的会计程序和方法偏向统一，并力求会计规范的完备化和法制化，强调会计规范的指令性和强制性；③在会计职业上，民间会计团体的规模和力量都很弱小，会计职业的社会地位至今仍然较低，会计人员的权威性不足，会计工作秩序仍较混乱，会计工作的质量还不是很高；④在信息披露上，偏向于适当揭示，不够透明和公开；⑤在会计处理方法上，强调统一性，会计人员习惯于遵守明文规定，不提倡个人专业判断和灵活处理。易选择较保守的态度，多遵循历史成本原则。

我国特有的社会文化决定了会计制度改革走向。我国社会以集体主义为核心，随着经济发展和开放，个人主义有所增强，但个人仍然是群体中的一员，个人自由是在不违背群体利益的框架下适度张扬。集体主义的社会文化决定了会计制度的制定仍然以政府为主导，才能确定会计制度的法定权威，使信息的披露更具可靠性，从而建立起公众的信心，使经济健康发展。我国的会计管理模式选择“政府型会计管理模式”。会计管理借助立法更多地通过行政管理来实现，如会计政策、标准的制定，政策标准贯彻执行情况的检查，会计专业技术资格的确认和会计从业资格的管理，督促基层单位加强会计工作和提高会计工作水平等；会计准则强调程序，偏向统一，适度弹性；会计处理遵守规范，讲求谨慎；会计信息披露倾向保守，侧重适当披露。

2. 制度建设

制度建设中首先将人文因素置于前列，制度的人文价值导向应高于技术导向，制度建设应强化人的创造性和进取精神，只讲物欲将扭曲会计人的职业品格。

（1）制度设计不可避免地受到利益集团的影响。会计目标是以资本为导向还是以人本为导向？是追求利润最大化还是要讲社会责任？这些原则问题受既得利益集团影响。制度本身就是诸多利益集团博弈的产物。在制度设计上，大的利益集团通过院外活动影响政府决策这并非罕见。如 1994 年，美财务会计准则委员会（FASB）拟出台一项要求将股票期权作为费用予以确认和计量的准则。为维护自身利益，美大公司不断游说国会议员，以至于议员们提出了 1994 年会计改革法案。在美国有人认为公允价值会计是引发金融危机的原因。美国国会 2008 年 10 月通过《2008 年紧急稳定经济法》，责成美国证券交易委员会（SEC）在 90 天内完成是否取消或暂停财务会计准则公告第 157 号（FAS157）《公允价值计量》的研究，并向国会提交专项研究报告。这在西方乃至会计职业界产生强烈反响。美财务会计基金会主席致函美参众两院、财政部和 SEC，强烈反对这一做法，认为这是政治干预美国会计准则的制定，将会损害美会计准则制定的独立性和可信度。据美联社报道，国际著名投资大师索罗斯（Soros）在接受英国广播公司（BBC）采访时说，美国大公司出现的违反会计规则的行为反映了美国文化在成功和道德原则之间更看重前者。这位 71 岁的亿万富翁说：“美国文化认为成功是最关键的问题，这是你真正必须依赖的唯一原则。因此任何事情都往这个方向发展。”“如果你很成功，尤其是在金融方面很成功，你就能赢得别人的崇拜、尊敬，但美国文化缺乏的是道德原则。”当被问及针对目前的金融状况应该采取什么措施时，索罗斯说：“必须在会计制度方面进行改革。”他指出，与美国不同的是，欧洲的会计制度以会计原则为基础，虽然欧洲也会出现像美国这样的会计丑闻，但“不会有这种系统问题”。[1]

我国会计准则的制定、会计制度的推出和会计监督模式的反复等也属此例。

（2）制度的改革及实施不能不考虑本国的人文环境。如我国的会计管理强调统一性。会计人员普遍认同国家制定的会计制度，对不确定性的反应较敏感，难忍不确定性，喜欢有条不紊的生活与工作，因此我国采用统一的会计制度和保守的核算方法。市场经济下经济复杂多变，我国会计改革以会计准则取代大一统的会计制度之实，虽然会计处理有了灵活的可能，但对会计人员要求提高，使得会计工作风险增大。有效运用会计准则，职业判断受到重视，但个人及行业自律任重道远。我国社会特别注重人际关系的协调，提倡为人谦恭有礼、处事谨小慎微，主张低调，不愿露富。市场经济强调经济效益，讲求竞争和优胜劣汰，分配多样化，不搞平均主义，但受“和为贵”的中庸之道影响，企业不愿冒险，宁愿随大流，对会计信息透明化很不适应。

制度建设中通常有法治与人治之辩。我国的传统文化渊源决定了中国的社会管理倾向于人治。法治是形式，人治是实质，人治必须在法治的框架内，但应注重法治中人的因素，培养法制意识，推进法制建设。会计工作中，敬畏会计法律规范，各项会计工作有法可依、依法进行。而法律必须根据社会发展的实际情况及时进行修改、完善，以提高法规自身的科学性和严谨性。另外，制度的执行，领导的率先示范及带头作用相当重要。

从管理角度来考察。20世纪50年代后期，经济管理逐步从科学管理发展到现代管理。现代管理的特点是：①面向市场的管理，是开放型的、提高市场竞争力的管理；②从系统出发，注重战略发展的研究，实行战略管理，强调社会整体经济效益；③国家加强宏观调控，经济管理部门要制定和执行宏观调控政策，制定各种中长期经济规划、经济政策和产业政策，发挥行政指导作用，对企业进行正确引导；④企业加强内部管理；⑤从以人为本出发，实行以人为中心的管理、以高层管理为中心的管理，重视行为科学的运用，培育企业精神；⑥广泛运用电子计算机等现代科学技术手段，重视信息的

[1] 新华网北京2002年7月2日专电 http://news.xinhuanet.com/newscenter/2002-07/02/content_466960.htm.

管理。

现代管理的要求，使会计从传统的信息提供转向信息生成与信息运用并重。在制度建设上，需要解决企业的会计管理问题。注重传统文化与会计制度的融合，健全企业的内部会计管理制度。国外的理论上自称严谨的制度在我国无法运用，只能说明其脱离了中国的国情，实质即没有考虑我国特殊的人文环境。自下而上地健全企业的内部会计管理制度，制度重在落实，重在改善单位的人文环境，提升效率效益，并不是简单的会计工作规范化、制度化。如建立内部会计管理责任制，明确单位领导人、总会计师、会计机构负责人和会计人员的职责和权限；建立会计人员岗位责任制，明确各个会计工作岗位的职责和权限；建立内部控制制度，加强企业会计工作的内部控制；建立各种原始记录管理制度、定额管理制度、计量验收制度、财产清查制度以及各项财产物资、财务收支的领报、审计制度等，为会计核算提供扎实的基础。

(3) 制度的运作质量和效率受制于地方政府。在我国，企业与政府的关系相当重要，政府资源是企业重要的资源，企业也是地方官员个人资源的“蓄水池”。政府官员与企业高层的关系，众所周知。在官员的评价体系中，当地经济的发展往往被列为第一。地方政府自觉或不自觉地根据当地经济的影响来评判会计工作的要求。地方政府对会计诚信的态度左右着本地企业会计信息质量的高低。从会计造假案例的分析中可见，其区域特点、群体影响及政府态度不容回避。国内一些学者通过实证方法验证了地方政府对上市公司的影响，如地方政府出于资源竞争的需要，在资本市场中积极参与上市公司的盈余管理，给上市公司较多的税收优惠和财政补贴，不仅导致地区间财税竞争现象，也极大地扭曲了会计信息（陈晓、李静，2001）；具有地方政府背景的董事长在上市公司董事会中占相当重要的地位；地方政府影响越大，上市公司获得补贴收入的可能越大（陈冬华，2003）。另外，也有文献做了关于地方政府干预的企业并购、税负、薪酬及高管人选等实证研究。离职政府官员被聘请为企业高管的实例更为多见，企业用意还是在于对政府资源的利用。

（二）微观：会计活动中会计人的特征

下面内容将从会计活动看会计人的活动空间、思维、行为等特征。

1. 限于人际关系圈的活动空间

中国人重名声、名分、地位，非常在乎别人的评价看法，自我意识缺乏，注意力常放在别人身上。对此，美国学者阿尔蒙德（Almond）在《公民文化》一书中明确指出，中国自秦汉时期形成的政治文化就是一种典型的“依附性政治文化”，其特征就是皇权主义、专制主义、人治、官本位、宗法关系相辅相成，形成了一级对一级绝对的控制和压迫，构成了错综复杂的社会关系网和官场潜规则网。

我国企业经营中，往往有意识地将人际关系纳为一种可运用的资源，非常重视人脉关系，“买卖不成情意在”，“多一个朋友多一条路”。如我国的民营企业大多选择“自己人”或“熟人”的管理模式。用人上，由于政策博弈的存在，企业必须控制高管忠诚度，防止内部人泄密而引起政府管制，会计在单位领导的眼中是心腹，必须靠得住。聘请与管制权关系“铁”的人员加盟企业，可利用自己的关系获得内部信息，寻求不对称信息收益。当企业受到管制，首选的对策往往是寻找与管制权相关的“网”要求融通，而非研究如何改进管理、提高效率。在制度运作中，现代社会是依赖分工来提高效率的。个人工作必须得到团体的协作，而庸俗的人际关系往往使制度规范有名无实或缺位，如常规审计显得无能为力，背后多有“网”的阴影。费孝通先生将这种以个人为中心及以血缘关系、地缘关系为纽带的关系网络的社会结构称为“差序格局”。这种格局下，企业信息的传递也存在着以“血缘”或“地缘”关系逐步外推的“差序信息”现象，圈内人因优先占有或使用信息而受益的同时，却使圈外人因滞后占有或使用信息而受损，这有悖于社会公平与正义的价值观（马元驹，2008）。

2. 过分看重人际关系影响的内省性思维

我国古代传统哲学一直是关注人事，关心社会伦理道德胜过关心自然本身。这属于主观内求式的思维方式，或称为内省性思维，它一开始就将道德修养导入认知活动，而不注重探求和改造外部客观世界，推崇“内省式”的智慧，认为智慧是靠个人领悟和修炼而获得的。

中国人的潜意识里，人高于其他一切事物，思考问题往往围绕着人进行：做事或要求别人做事时，首先考虑的是做这件事会被人家会怎么看，对自己和自己周围的人会有什么影响，而并非做事本身。这种思维要求个人行为约束在群体规范内以得到群体的认同，但这也可能使会计工作陷于俗套：办事只看人，彼此有来有往，投桃报李，失去应有的监督职能。很多原期望能规范会计信息的制度往往在实施中走样，如上市公司的独董制度被企业用来做人情拉关系，或借助名人光环捞实惠；注册会计师审核一家公司的年度报告时首先考虑是认真检查还是执行“潜规则”，如果确认虚假会计信息对自己和小团体利益有何不利。作为中国的会计人员也很难脱俗。会计人员审核财务报告时，首先想到的恐怕不是把这项工作如何做好、如何做得更好，而是如果认真检查会有什么后果，马虎过去又有什么益处。而对于被检查方来说，自己拿出的虚假会计信息如果得到确认，不仅小团体的利益可以得到保护，而且“数字出官”，领导还可以得到奖励和提拔。所以被检查方往往会不择手段以蒙混过关。而对于检察方的会计师来说，按原则办事必然会违背“有来有往，来而不往非礼也”的“游戏规则”，自己的人际关系很有可能遇到麻烦。帮助被检查方混过了关，即使事后被察觉，由于“关系哲学”的存在，检查方所受的惩罚对他并无大碍。犯错误所付出的成本远小于犯错误所得到的收益。这也就是某些会计师进行财务审计时铤而走险的原因。

我国对人本性的理解与西方国家不同，人到底是性本善、性本恶，抑或两者兼而有之？一般而言，在基督教盛行的国家中，往往“性恶论”占优势，而在中国、阿拉伯等地盛行的东方宗教则往往认为，“人之初，性本善”。人性善恶观念对会计模式的影响主要表现在是否注重审计监控上。性恶论者和中性论者出于对人的怀疑特别强调严密的审查监控，因此在美国等国家中，审计业（包括社会审计和内部审计）十分发达。相比之下，在“性善论”的文化氛围中，社会审计尤其是内部审计的起步较晚，范围较窄，尺度较宽，地位较低。

内省性思维还会导致认识自我的局限性，容易产生对自我认识的偏差。对自己的认识在多数情况下都是通过观察、了解别人的反应获得，这需要很多时间，因此要真正正确认识自己并不容易。在外来影响多样、生活节奏加快、商业因素增强的今天，许多会计人思想浮躁、急功近利，往往高估自己的能力和水平，试图钻政策空子、捞个人好处，导致个人以及社会付出不必要的代价。

3. 保守、求稳、讲形式的行为倾向

就人与制度关系而言，中国人总以为制度是外加的，只是一种形式，一切事在人为，强调人的能动性，但也可能使得制度运作达不到预期目标。而中国人重义轻利，上有政策下有对策，天高皇帝远。很多原被希望能规范会计信息的制度，受人为影响总是很难奏效，如2008年1624家上市公司中有1089家存在资产减值，资产减值损失为3963.48亿元，占利润总额的-35.63%，同比增幅达150.95%。[1] 这种大面积亏损与我国宏观经济现状相背，人们有理由怀疑那些巨亏的公司正是“利用”了准则。我国会计人员喜欢遵从统一的会计制度，不愿运用职业判断，这可以在一定程度上保证会计信息的质量，但也极可能导致会计人员不习惯独立思考、大胆创新。企业套制度要求来制作和披露会计信息——“做文章”成为普遍模式。

中国人处世方式的最大特点就是“中庸”，所谓“多言数穷，不如守中”。[2] 明哲保身，不愿得罪人。“夫唯不争，故无忧。”[3] 首先保证自己不得罪人，自然也不怕别人得罪自己。“礼之用，和为贵。”[4] 通过实行“礼”来达到“和”的目的。而这种“和”通常被用来保护群体或个人利益。你不损害我的利益，作为回报，我也不坏你的好事。这种处世方式的影响：一是不敢得罪人，难以坚持原则；二是人情债难清。企业会计人员受这种中国式处世方式的影响尤深。若会计人员坚持原则违背单位领导人意志办事，则会计人员的合法权益很难得到保护。在实际工作中，不愿主动学习，工作应付，发现问题知情不报，得饶人处且饶人，对错误行为睁只眼、闭只眼，危害是长远和潜移默化的。会计信息质量难以保证，会计管理水平难以提高。

我国传统文化是偏好稳健的，对不确定性的反应比较敏感，相对不能忍受不确定性，喜欢按部就班、有条不紊的生活与工作，因此中国一贯采用统

---

[1] 财政部会计司．上市公司2008年执行企业会计准则情况分析报告．中国证券报，2009年7月24日．

[2] 道德经（第五章）．

[3] 道德经（第八章）．

[4] 论语．

一会计制度和保守的核算方法。市场竞争以及经济开放，使得会计准则转向以原则为导向，会计人员也有了灵活处理会计业务的空间。会计准则的运用既注重一定的统一，也鼓励会计人员灵活运用职业判断，创造性地处理实际业务，但会计人员大多选择更稳健的处理方法。

4. 中庸、无争、从众的行为特征

中国传统文化中的“中庸”意指恪守中道，坚持原则，不偏不倚，无过无不及。在处理矛盾时善于执两用中，折衷致和，追求中正、中和、稳定、和谐，并且随时处中，因时制宜，与时俱进。但在目前社会中演化为做事首先保证自己不得罪人，自然也减少别人得罪自己的可能性。讲保护个人或小团体利益的“和为贵”，处理不妥则会只讲人情而丧失原则，起不到“红管家”的作用。而在个人、小集团利益至上的今天，则会导致处世消极，你坏我的事我也不坏你的事。坚持原则得罪了人，就会有一种危险感，怕遭到打击报复；今天我放你一马，你欠我一个人情，明天我有事找你，难道你不放我一马？这种人情债式的交往，导致大家只做分内之事，放弃实事求是；不愿得罪领导，更不会得罪权贵。单位会计人员随大流而不敢坚持原则，怕“有事”而明哲保身；注册会计师重本位利益而迁就客户，放弃社会责任。现实中会计人员很难违背单位领导人意志。中国传统文化中的“无为”为道家治国理念，意指顺从天道民意达到无不为的境界，而“不争”意指超越私心、功利追求自身修养，对身外之物看得轻，与世“无争”，这在和谐的人文环境里会产生良性竞争。但目前会计人处世消极，睁只眼、闭只眼，遇事冷漠对待，事不关己高高挂起；对待自己的工作不积极主动，工作应付，凡事没主见，无所事事，无所作为；处理问题则大事化小，小事化了。因责任的逆风险，大家都不愿多做事，相互推诿，人浮于事，导致整个社会效率降低。

二、值得关注的负面影响

人文环境对会计的影响中，确实存在不少消极或负面的影响。我们应通过对人的教育以及环境改善，弱化或消减那些负面影响，扩大或增强那些积极的或正面的影响。当前我们更应重视下列主要的负面影响。

1. 制定政策、法规时的倾向性

一国所制定的会计准则，形为一系列技术规范的集合，实是各利益群体经济利益的博弈规则和利益分享的制度安排。如美国会计师协会、美国注册会计师协会和美国证券交易委员会争夺会计准则制定的控制权的角力便属一例。而国际会计准则的制定则是大国为实现自身利益最大化的博弈。

地方利益与中央集权的关系、个人主义增强都对会计制度改革产生影响。中国社会以集体主义为核心，但是随着经济的发展和进一步开放，个人主义有所增强，会计专业判断能力逐渐加强，专业地位得到了提高。集体主义的会计文化决定了会计制度的制定仍然以政府为主导，才能确定会计制度的法定权威，使信息的披露更具可靠性，从而建立公众的信心，使经济可以健康发展。但是个人主义的增强使得不同利益集团将越来越多地参与到会计制度的制定当中，表达自己的意见，会计制度改革将不再仅仅由政府决策，而是由市场需求所推动。

2. 执法限于形式

会计的法律监督还是由人来执行，执法度的掌握有赖执行者。执法难就有人情交易、钱权交易的阴影。人情、钱情、权情下的执法，会使法律的公正和权威大打折扣。

一个国家民众的法律意识对会计的影响也十分巨大。美国等西方国家都强调法治，民众一般都有很强的法律意识，习惯于依法办事。会计往往也是如此，会计规范制度比较完善，会计工作质量较高，会计的作用能得到充分发挥，从而使会计理论和实务的发展水平均处在世界前列。而我国因传统文化的影响，尤其是封建思想观念的影响，强调人治，民众的整体法律意识较差。因此会计工作中无法可依、有法不依、执法不严、违法不究的现象比较普遍，会计工作秩序相对混乱，会计信息失真问题至今仍较为严重，会计制度的完善与落实也因之受到阻碍。

3. “活用”法律法规，打“擦边球”

制度是人制定的，也不可能是完美的，而制度的执行有赖于人，很自然，在法律等制度的执行中，不可避免地存在“灵活”的处理，关键在于处理后果的影响。大部分法律问题是可以变通的（美，Lowenstein，1973）。如上市公司利用盈余管理争取配股资格，通过种种重组粉饰财务状况避免退市等。一些职业高手善找法律规范的盲点、盲区，如企业在所谓避税的前提下进行会计处理和财务运作，不恰当地“活用”法律法规以及打“擦边球”的现象普遍。会计实务中认可变通，会计职业界流行变通处理，但不按规范的变通处理会使法律所主张的社会价值导向失去作用。

4. 神秘的“中间人”

制度可被人为利用，这方面的高手就有了市场，社会上存在这一类“中间人”，这些人有着广泛的社会背景，拥有良好的关系资产，并有相当的专业背景，擅长钻现行制度的空子，他们善于利用权力腐败，为其代理人服务。这是一种很不正常的现象。如《经济月刊》曾披露民营企业海外上市隐秘通道，那些中间人有着与中介机构等的结盟关系，提供“一条龙”服务，能将企业的所有账目调成符合国际会计准则而堂皇上市。

5. 社会消极现象对会计人员的影响

在大环境下，会计人工作应付、学习对付成普遍现象，如跟风而弃较真，重自我而轻责任等。曾有人对基层会计人员作过问卷调查，选择作假的占79%，选择作假原因是无法承受外部压力的占87%。[1]

全社会对会计工作重要性的认识，会计在人们心目中地位的高低，往往会影响会计队伍的素质和会计事业的发展。在我国，至今仍有不少人认为会计只不过是“账房先生”，从事会计工作只不过“一把算盘一枝笔，写写算算一辈子”，枯燥乏味，没有意思，会计人员本身提高业务能力的内在动力不足，会计继续教育发展迟缓。对会计职业的负面认识也影响到在学的后备会计人才，如对职业的认同、学习的主动性、对人才培养的重点把握等。

主要参考文献：

[1] 埃米尔·迪尔凯姆. 社会学方法的规则［M］. 胡伟译. 北京：华夏出版社，1999.

[2] 陈庆德. 经济人类学［M］. 北京：人民出版社，2001.

[3] JOHN A. CHRISTENSEN, JOEL S. DEMSKI. 会计理论［M］. 程小可，辛清泉，毛丽娟译. 北京：中国人民大学出版社，2006.

[4] 陈晓，李静. 地方政府财政行为在提升上市公司业绩中的作用探析［J］. 会计研究，2001（12）.

[5] 黄世忠. 美国会计准则制定体系的嬗变［J］. 财会通讯，2002（8）.

---

[1] 石本仁，王宗会. 民营企业会计信息失真的问卷调查分析. 财会通讯，2004（14）.

[6] 杜兴强．会计信息产权：一个新视角［J］．财会通讯，2002（2）．
[7] 毛孟凯．人际关系的经济分析［J］．浙江社会科学，2002（5）．
[8] 陈冬华．地方政府、公司治理与补贴收入［J］．财经研究，2003（9）．
[9] 张淑敏．浅议文化环境对我国会计模式选择的影响［J］．山东经济战略研究，2006（5）．
[10] 胡萍．基于会计人员职业状态调查的研究［J］．现代商业，2007（23）．
[11] 马元驹．企业经济信息传递过程中的“差序现象”分析［J］．经济与管理研究，2008（6）．
[12] 中国会计学会．会计最新动态［R］．2009（12）．
[13] 高建普．会计人文环境及其影响［J］．财会通讯（综合版），2010（28）．
[14] 曹升元，赵周杰．基于组织文化的会计行为优化研究［J］．会计研究，2011（6）．

第二章 认识会计的三重视角

互联网时代，会计负面案例曝光可以放大人们对会计功能的怀疑，使社会出现异议及贬低会计之声，这理应引起我们的深思。如何认识会计？在会计信息的生成、传递以及反馈中，从其发展方向或影响程度上看，技术、制度和人文无疑有着重要的作用。物、社会和人的发展是人类社会发展的三大阶梯，也即对应技术、制度和人文的三大维度。由此提出会计认识的三重视角——技术、制度和人文，并引出与其相对应的关联概念：技术会计、制度会计和人文会计，以丰富我们对会计的理解并启发人们对会计更深层次的思考。

第一节 技术视角下的会计——技术会计

一、技术及其局限

1. 技术的涵义

"技术"一词源于希腊语，希腊人最初以此词描述技艺和艺术，泛指根据生产实践经验和自然科学原理而发展成的各种工艺操作方法与技能。在现代，技术被视为人类利用科学知识改造自然的一切手段的总和。在技术的理解上，有广义技术和狭义技术之分。狭义的技术为直接作用于自然界的各种手段，广义的技术则将与改造自然有关的各种协调和控制手段也包括在内。

技术是为满足人类的需要和欲望而产生的。技术是展现人的存在本质的一种方式，是人类力量的一种体现。技术理应成为人与自然和谐相处的一种范例。技术的生命在于创造。人类借助于技术，使自己成为真正意义上的人；技术作为人类认识自然的成果，推动了人类社会的进步。技术革命引发知识革命，极大地提升了人的理性力量、认识水平和思想境界，从而为经济与社会的发展提供了最根本的源泉和动力。

人们常将科学与技术混为一谈。这里，科学是指人类对客观世界的认识，是反映客观事实和规律的知识体系，也是这一知识体系相关活动的事业。科学和技术都是人类的社会活动。科学中有技术，技术中有科学。科学与技术在目的和任务、研究内容、研究成果的形式、评价标准以及对经济的作用等方面表现不同。简单地说，科学回答的是“是什么”、“为什么”；技术回答的则是“做什么”、“怎么做”。

2. 技术的局限

技术本身无所谓利弊，关键在于人的运用。德哲学家萨克塞（Sachsse）曾说过：由于技术只是方法，只是工具，技术行为目的问题总是存在于技术之外。技术催发了人的欲望，强化了人对利益的追求，同时也影响到人的价值观、道德观。技术至上或技术本位，会导致人类价值判断的错位；滥用技术则会引发社会的混乱，道德缺失下技术运用的后果更为可怕。德哲学家海德格尔（Martin Heidegger）曾从人的存在和技术之间的关系上对技术有过批判，提出“反思”、“补救与纠偏”。1971 年，海德格尔在《关于技术的追问》一书中指出：随着人们偏执误解和滥用，技术正在被扭曲。技术已变成一种“限定”；技术已成为“强求”，向自然提出了开采和储藏它的能源的无理要求；技术在本质上已成为一种“框架”，束缚着人，束缚着人的视野。他认为，由于技术的秩序化和千篇一律化，已失去本质上的丰富性，人成为只为技术、服从技术的“技术动物”，这样也就出现了生存困境、环境恶化、资源危机等一系列问题。海德格尔的深思体现了他对人类家园问题的关怀。

技术在促进人类发展的同时，也给人类造成了可怕的生存危机。在此背景下，人类开始追问技术的人文性，提出技术的生态观。在批判与反思中，人们终于发现，进入现代社会以来，一定意义上，技术构成了时代进步的基础，而技术的人文性却在一定程度上出现了渐行渐远的趋势，技术对生态的破坏和冲击越来越使人恐惧，这种背离严重影响了技术的进步和人类社会的发展，需要我们对技术的价值观和技术的运用进行重新思考。

3. 技术的分析视角

马克思对技术的研究为我们提供了分析的典范。他将对技术的考察置于人类社会发展与自然进化的总体历史过程中，不仅从技术史的角度深入研究了技术的历史发展，而且以技术的发展为基点来分析人类社会文明发展史，体现了唯物史观基本的哲学立场。马克思把技术纳入与生产、经济、科学、管理、政治、文化、道德等各种社会现象辩证联系的现实场景中，不论是对其技术本身的微观层面分析，还是对其结合社会系统的宏观层面的批判，都给后人呈现了一种整体主义的视野。

我国古人推崇人与自然的和谐，如老子就提出过"大直若屈，大巧若拙，大辩若讷"[1]。这里老子以"无为而无不为"的哲学思想，分析了巧与拙的辩证关系。一般以为：大巧若拙指真正聪明的人，不显露自己，从表面看，好像笨拙。在这里，老子的本意是：真正的巧不在于违背自然的规律去卖弄自己的聪明，而在于处处顺应自然的规律，在这种顺应中，使自己的目的自然而然地得到实现。大巧是自然而然，小巧是技术之巧，是拙劣。

社会发展中，越来越多的人认为，技术必须置于一定的框架内，如提出将"科学"、"技术"、"人"、"社会"整合在一起作"四位一体"的研究，即把现代社会中经济、政治、文化、社会及生态等问题融为一体进行整体上的把握，更符合人类文明的要求。

二、技术会计的主线

技术性是会计的自然属性，技术决定了会计作为一门独立学科或职业存在的必要性。技术会计研究的是技术与会计的相互关系及其规律。主线应包括会计信息的确认、计量和传递的技术、程序与方法，会计的技术进步，技术与环境适应等。

技术会计的主要内容包括理念、范围、方法以及工具。

1. 理念

理念是技术开发与运用的基本原则，从某种意义上说，理念比技术更重要。会计理念主要有事实、控制、谨慎及披露等。事实理念强调会计尽可能接近经济事实，但会计事实与经济事实之间存在差异，即会计的真实不同于经济真实，会计事实只是经济事实的一个映射，是一种人为的技术的反映；

---

[1] 老子（四十五章）.

会计事实也不一定是法律事实，会计信息质量要求强调实质重于形式。会计事实侧重权责的发生和履行。要素确认上的逻辑序是资产计价优于收益确定。控制理念强调会计信息在管理中的控制和内压，侧重可靠的会计信息有赖于业务流程与会计流程的整合与默契；控制的目的是资源的有效配置，如制造成本转向作业成本、产品成本转向战略成本。而谨慎理念出自资产保值增值及回避风险的考虑，在不确定的经济事实或会计事实下寻求更加确定的反映。树立谨慎或稳健意识也是出于技术补救的考虑。披露作为会计对外透明的方式，也是一种外在压力；会计信息的合理披露，既是企业的应尽义务，也是一种社会责任。

2. 范围

关于会计考量的空间拓展或延伸，一是延伸及拓展会计对象，如从物本会计到人本会计，再由人本会计延伸到能本会计。将人力资产视同企业的一项经济资源，连同物力资产一起平行列报（徐国君，2004）。人力资源会计是人本会计的初级阶段。人本会计体现了“以人为本”精神，强调会计确认、计量、记录和报告的内容应以人为基础，将人本思想引入会计处理，突出对企业的人力资源（企业价值形成的主要内因）、客户资源（企业价值实现的主要外因）等在内的资源的开发、管理和利用，进一步完善了会计理论和实务。现代企业管理焦点已从物力资源、人力资源转向核心人力资源，促使会计核算重心由“物本”、“人本”转向“能本”（王海兵，2006）。

表1：会计与资源的关系

资源	物力资源	人力资源	能力资源
会计	物本会计	人本会计	能本会计

能本会计强调人的能力，突出人力资源中的核心部分——能力，将一般的人力与能力区分开来。在会计等式上，人本会计的所有者权益由人力资产所有者权益、物力资产所有者权益组成；能本会计的所有者权益则由能力资产所有者权益、普通人力资产所有者权益及物力资产所有者权益组成。

将货币化的活动拓展为可以量化的活动，如由价值法会计到事项法会计。索特（Sorter）认为，会计人员的任务只是提供有关事项的信息，而让使用者自己选择适用的事项信息。这里所提的“有关事项的信息”，不仅指会计人员所提供的那些原始的、没有经过会计数据处理方法和流程进行处理的经济业务数据，而且还包括经过会计处理以后所得到的会计信息。也即需要提供处理前和处理后的会计信息，以便会计信息使用者选择使用。

将会计处理的对象由价值反映的交易拓展到可观察的可用会计数据表现其特征的具体活动、交易和事件（Sorter，1969）。事项法会计在技术上得到计算机技术和网络技术的支持，为预测和决策提供某种信息处理的方法。

二是扩展会计主体。每一企业都是在设计、生产、销售、发送和辅助其产品的过程中进行种种活动的集合体，所有这些活动都可以用价值链来表示（Porter，1985）。这里以企业间的价值联系与价值实现作为观察点，指明将单一企业视为会计主体的局限。扩展的会计主体，如合并报表中集团企业、价值链会计中的企业群。而价值链会计中的会计主体不再是网链中的某一企业，而是网链中的核心企业以及与其业务相关的供应商、分销商、服务商、客户的企业群（链）。

结合企业组织形式和管理要求，存在不以单一企业作为会计主体进行会计信息处理以及实施价值管理的事实。如从产权关系看，有母子公司及企业控股下的合并财务报告；按生产经营关系分析，出现了价值链会计以及价值网络会计。

价值链会计的提出与运用对原有的会计理论中有关会计主体的描述发生了冲突，需要完善。传统会计主体强调实体，而价值链会计的主体可以是虚体（虚拟体）。价值网络会计将是价值链会计的一种再拓展。

三是增加会计目标。价值运动是会计管理的对象，价值增值是会计管理的目标。价值链会计是传统会计在价值链理论下的延伸。两者区别在于，传统会计对象是单个企业的价值运动，而价值链会计对象是价值链的价值运动。

价值链会计，也称价值链会计管理，是以市场和客户需求为导向，以核心企业为龙头，以价值链的整体价值增值为根本目标，以提高价值链竞争力、市场占有率、客户满意度和获取最大利润为具体目标，以协同商务、协同竞争和多赢原则为运作模式，通过运用现代信息技术和网络技术，从而实现对价值链上的物流、信息流和资金流的有效规划和控制。

价值链上传递的除物流、信息流和资金流之外，更根本的是增值流。价值链的组成部分必须是增值活动。价值链上每一环节增值与否、增值多少都会成为影响价值链竞争力的关键。增强价值链的竞争力，就要消除一切无效劳动，需要从价值链整体出发，实行全面的优化和控制，而现代信息技术和网络技术正可以为这种管理提供技术保障。

3. 方法

会计方法主要有分类和计算。

(1) 分类。分类涉及通常说的会计确认，包括会计要素确定、会计科目或账户设置、汇总方法以及要素间的平衡等。

在会计要素上，可从空间及时间上进行拓展或延伸。

空间方面，如前所述，可对现有的会计要素进行充实或发掘，如注入人力（人本）因素、环境因素等。

现代会计是一种平面会计，其会计要素：资产=权益，资产和权益视为平面直角坐标系的两个轴（徐国君，2006）。

表2：会计要素、平衡及记账法

会计特征	要素及平衡	记账法
一维会计（线性会计）	财产	单式记账法
二维会计（平面会计）	资产=权益	复式记账法
三维会计（立体会计）	资产=权益=行为，等	三式记账法，等

在时间方面，如会计要素的拓展上，延伸计量时态，引入将来，参考数学中的虚数概念，提出虚会计要素的概念、确认标准和计量属性。实资产和虚资产同属资产下的一对矛盾的概念，应分别列入资产负债表，实负债和虚负债都不例外（邓永勤、丁方飞，2011）。

要素计量上，可将三种时态引入会计计量系统。时间上将会计计量分为三基：过去、现在、将来；内容上将会计信息分为三限；往限、即限、来限，构建非平衡的会计核算方法：三限三基记账法（邬保明，2004）。

(2) 计算。会计的计算主要有要素计量和费用分摊。

前述中提到时态引入会计计量，计量属性的运用从一种向多种发展，传统会计以历史成本为核心，现代会计则偏重于现时成本；对会计的质疑主要还是在于计量，传统会计计量下，将时间因素置于局外，而严格意义上，传统会计中的金额不具有可加性。计量发展方向将是将未来成本纳入计量内容，技术上则采用折现，因未经公平交易，会损害信息的可靠性。

从时间上看，计算可包括会计要素的确认、价值量的分摊（均匀与非均匀）、递延以及资本化与费用化等。会计要素本身是时间的函数，如收入的确认。手工计算下，价值量的分摊通常选择简单处理，即均匀分摊，如按期摊销、平均折旧；但这种计算结果会导致所得与所费不配比，因而选择非均匀分摊，如加速折旧、实际利率法等。

会计方法的改进，会引发对会计概念的纷争。两条路：合或离，即会计继续分离或会计综合。正如会计从数学中分离出来一样，会计分离为财务会计、管理会计、财务管理、审计等。财务会计也可保留其传统特色自成一体，将非历史成本计量的部分剥离出来，成为一门新的会计分支，这符合历史发展规律，也符合社会分工需要。再就是大综合，将会计进化成价值计量。从本质上看，将会计视为价值管理的映射。计量信息反映的是管理活动，而管理活动须以计量信息为支撑；价值管理活动投影成的价值信息，其计量单位及属性也将是多元的。在范围上，可以将财务会计、管理会计、财务管理、内部控制等包括进去，这恐怕只有理论上的意义。

4. 工具

将计算机技术、网络技术等信息技术运用于会计工作中，如会计软件的使用、网络化管理，能扩大会计处理的范围，提升信息的时效性，提高工作效率，拓展会计功能。重复性、事务性工作将由智能化系统、人机系统完成，会计的重心将转向管理，如成本控制替代成本核算，内部控制取代内部牵制，会计信息生成转向企业诊断，战术管理转向战略管理。信息技术广泛应用于会计工作，如远程支付、网上核算、在线咨询，财务、会计、企业管理一体化以及网络报账、票据影像、银企互联的财务共享技术。若计算机键盘取代算盘为第一次会计工具革命，则财务共享技术及服务将是第二次会计工具革命（陈虎、董皓，2009）。

表3：技术手段上传统会计与现代会计的比较

	传统会计	现代会计
记录工具	笔	键盘、光笔
计算工具	算盘、计算器	计算机
记录媒介	纸质	光电磁介质

三、技术会计的问题

技术视角下引发我们对会计的一些思考。

1. 借鉴与引进

（1）方法或思路的启发。受其他学科及技术的影响，会计研究的范围得到拓展，视野更为宽泛，会计研究的内容更丰富，如税务会计、法务会计、公司理财及会计哲学、会计教育、会计伦理、会计心理等。将其他学科中成熟的研究方法移植到会计上来，促使了会计研究的深入，如将研究资本市场实证法引入会计研究，促成实证研究的兴起。

就影响力而言，经济学和管理学对会计学的影响最大。文献统计表明，经济学对会计学研究的影响中，尤以财务金融学影响过半，其次是理论经济学和税务。如制度经济学、产权经济学对会计制度、产权会计研究的影响，战略管理学对战略成本会计的影响，成本优势战略、差异化战略和缝隙市场战略等竞争战略研究以及价值链管理理论对会计的影响等。

（2）技术的吸收。从发展史上看，会计吸收其他学科的技术成为常态，自身的技术创新相对落后。如吸收计量经济学、统计学、管理学的一些技术，使会计在计量上有所突破；吸收法学、心理学、社会学的一些概念及技术，使会计的视野更加宽广。尤其是会计技术经信息技术改造后，功能更为强大，时效等级有所飞跃，如会计的电算化、会计的网络化及此类技术对会计理论和方法产生的最大影响：会计前提、财务会计框架、会计信息共享、企业商业秘密保护、手工会计与电算会计、网络会计的协调等。

2. 技术的思维定势

技术思维下，容易导致一种思维定势或思维刻板。会计理论研究中强调自我演绎，追求自身体系的逻辑合理，如会计的假设或目标，财务会计概念框架研究；会计实践上偏好技术，期望技术层面上会计信息的真实可靠，如改变计量属性，扩大核算范围，增加会计处理流程；会计的制度设计上也试图借助技术找到一种能在复杂现实中最接近客观事实的会计模式。会计研究也是多为对某项具体事项的会计处理进行分析，最多借助一些其他学科的技术分析工具，跳不出就会计论会计的封闭世界。会计教育也局限于会计学科本身，偏重技术导向。

3. 技术至上的弊端

会计的概念之争侧重技术性，将会计看成确认、计量、信息传递、程序和方法等技术的集合。技术视角下容易将会计理解成一种工具，这就是会计工具论提出的渊源。

国内已有学者对此提出批评，如理论研究上，盲目追随所谓国际主流的研究方法，迷信数学或统计模型，追求数理计量。十几年来，中国会计界已深陷于工具主义泥潭之中不可自拔（杨雄胜，2009）。

会计报表粉饰现象说到底是技术失真，也即技术造假。技术滥用案例无一不告诉人们：真实性或真实客观应理解为会计工作的至高要求，是一种理念或境界。会计制度的制定及实施、会计信息生成都得通过人，都是人为的结果，人的问题才是关键。会计真实是人、对象和规范诸因素的综合平衡。防范会计造假，应重在完善人，而并非仅仅调整技术规范。

第二节 制度视角下的会计——制度会计

一、制度及其内容

制度，广义上是指在一定条件下形成的政治、经济、文化等方面的体系，也即体制；狭义是指一个系统或单位制定的要求下属全体成员共同遵守的办事规程或行动准则。制度的主要功能在于导向、约束和激励。

美经济学家诺斯（North）认为“制度是个社会的游戏规则，更规范地讲，它们是为人们的相互关系而人为设定的一些制约”，他将制度分为三种类型，即正式规则、非正式规则和这些规则的执行机制。正式规则又称正式制度，是指政府、国家或统治者等按照一定的目的和程序有意识创造的一系列的政治、经济规则及契约等法律法规，以及由这些规则构成的社会的等级结构，如宪法、普通法、规章等；非正式规则是人们在长期实践中无意识形成的，具有持久的生命力，并构成世代相传的文化的一部分，包括价值信念、伦理规范、道德观念、风俗习惯及意识形态等因素；实施机制是为了确保上述规则得以执行的相关制度安排，它是制度安排中的关键一环。

我国会计制度大体上包括：正式的会计制度，如会计法、会计准则、行业会计制度，以及相关的法规，如审计法、注册会计师法等；非正式的会计制度，如会计职业道德规范、会计文化等。会计法规主要有准则、制度、规范、核算办法、管理办法及规定等表现形式。准则：如企业会计准则、小企业会计准则、事业单位会计准则、准则应用指南、准则解释等；制度：如事业单位会计制度、集体经济组织会计制度、农民专业合作社财务会计制度、企业产品成本核算制度等；规范：如基础会计工作规范、企业内部控制基本规范、行政事业单位内部控制规范等；核算办法：如土地储备资金会计核算办法、信托业务会计核算办法等；管理办法：如会计从业资格管理办法、会计师事务所财务管理暂行办法等；规定：如会计人员继续教育规定等。

制度经济学和博弈论认为，一项制度的制定和形成是相关利益集团博弈的结果，并最终成为博弈各方自愿执行的具有约束力的社会契约。

制度强调对人的管理，可视为技术与人文间的联结。

二、制度会计的主线

制度会计研究制度与会计的相互关系及其影响。制度会计的主线有会计制度的设计、执行及监督，制度对会计的影响，会计制度与技术的关系，会计制度与人文的关系等。

1. 会计制度设计、执行及监督

我国实行“政府型会计管理模式”。制度的顶层设计由政府组织或牵头，行业组织负责，如规划中我国会计改革的八大领域：企业会计准则、政府及非营利组织会计、企业内部控制、会计信息化、注册会计师行业、会计人才战略、小企业和农村会计、会计教育和会计理论研究等。

制度方面对会计影响较大的是税收制度。会计与税收的关系实质是企业与政府的关系。税收与会计的经济关系最密切，但两者的目标不同。税收既是企业无法回避的会计核算的内容，也是纳税人的一项义务和社会责任；而会计既为税收征管提供基础信息，又在理论与实践上为税制发展提供借鉴。税收制度的权威性要求会计制度不同程度地遵从税法，税收制度与会计制度又需相对独立发展，税收法规不影响会计信息的生成和提供，不影响会计信息的独立、公允和完整，仅在纳税事项发生差异时，根据税法规定作相应的纳税调整。从趋势上看，两者差异处于协调之中，双方制度发展宜吸收各自的合理内核。

另外，会计制度还较明显地受企业制度、商法民法制度和金融制度等的影响。

2. 制度对会计的影响

会计准则对会计信息规范影响，不仅直接影响企业的盈利及财务状况，也影响到企业所提供的会计信息质量。制度改革对会计技术的影响：尤其是企业形式、运行机制的变化对会计技术及会计信息会产生影响。制度变化对会计人员素质的要求：原则导向下的会计处理对会计人员的职业判断提出更高的要求；会计处理与税务处理的分离加大了会计人员对处理后果的分析与判断的难度。

以产权制度对会计的影响为例分析之。产权会计理论认为：①产权界定是会计产生的基本动因之一；②产权制度是会计政策选择的出发点与归宿；③提高产权效率是制定会计准则的基本要求；④产权博弈关系决定企业会计的未来发展取向。按照产权价值运动论的观点，会计存在和发展的根本使命在于反映产权结构，体现产权关系，维护产权意志。会计的研究对象是产权价值运动过程、结果及其所体现的产权经济关系（郭道扬，2004）。财务会计基础概念包括会计对象、会计要素、会计方程式、会计账户、复式记账、会计账簿和会计报告等，这些概念都与产权价值运动及其所体现的产权经济关系密切相关，产权价值运动及其所体现的产权经济关系渗透在财务会计的各领域中（施先旺，2010）。

此观点下会计的本质：会计是一项对产权经济具有基础性控制功能与社会性意义的管理活动。产权会计学是我国本土会计流派之一。

3. 会计制度与技术的关系

（1）制度是技术的保证。根据新制度经济学派的观点，制度是决定经济发展的最根本的因素，技术进步实际上是经济增长的表现。会计制度对会计技术的作用表现在：会计制度为会计技术的运用提供支持；技术的运用需要制度来保证；会计制度支持或限制某项具体会计技术的运用，如存货计价中的后进先出法被准则所淘汰。

(2) 制度有赖于技术。技术进步为制度变革提供物质条件，如计量方法、披露手段；新技术的运用使企业会计实务更趋复杂，逼迫制度进行调整；如手工簿记系统发展到电子数据处理系统促使一系列会计制度变化。技术为制度运行下的方法选择提供框架，如存货计价、固定资产折旧等。

(3) 制度的演变引发会计技术的创新。会计发展史上的三大标志均由制度演变引发：意大利数学家卢卡·巴其阿勒（luea Paeiols）《算术、几何、比及比例概要》开启复式记账；苏格兰第一个会计师协会——爱丁堡会计师协会，引起会计“公证”；企业成本管理制度要求形成管理会计。

国际上，1973年，国际会计准则委员会（IASC）成立，开展国际会计的协调；1989年，IASC发布《财务报表的可比性（征求意见稿）》开始会计标准化，并得到证券委员会国际组织（IOSCO）的协助，制订和完善国际会计准则。

就我国的会计改革，企业转制引起《企业会计准则》及行业会计制度的颁布，引起会计技术的重大变革；资本市场的建立与发展，引起会计技术的新发展；跨境投资、国际会计准则的变化引发我国会计准则的调整。

会计制度与技术、人文的关系将在下节“人文视角下的会计——人文会计”中一并阐述。

三、制度会计的不足

制度会计的不足主要表现为制度的滞后和制度的人为。

1. 滞后性

会计制度的产生和变革源于社会的经济关系，此即制度的时间界域；不同的社会形态、不同的历史时期，应有不同的会计制度，此即制度的空间界域。制度是相关利益各方博弈的产物而并非技术上的完美组合，是某个时点上的妥协结果。制度规范的内容与该内容所涉及的事实存在时间差异，而制度的建立滞后于制度的现实背景。会计制度本身有着不完全性、变动性以及不协调性等局限。技术处理上只能认可会计人员的职业判断及允许选择空间的存在。

2. 人为性

会计制度由人选择和建构，制度的功能要依靠人来实现，制度的适用在人的活动中才能体现，而人的行为受其价值观及环境等的影响，常会导致制度工具化，如制度的变通运用、制度执行中的人情之困。制度本身最大的不足在于制度有赖人的遵守和执行，制度更多地表现为约束人，而并非激励人，这似乎是一个悖论。人被动地接受管理会影响制度效能的发挥，容易引起人的对立而适得其反。这里如何使制度发挥最优效果，是一个实践中的难题。

第三节 人文视角下的会计——人文会计

人文视角下通常将人文看成一种环境因素。人文环境也称社会文化环境，它是与自然环境相对的一个概念。从人文视野认识会计，更强调人文环境对会计的影响，更重视人类自身的发展，人的秩序（价值秩序）是更高层次上的理性。

一、人文的认知意义

人文的认知意义在于拓展分析视域，提升人的因素以及对文化的重视。

1. 全面的视域

长期以来，会计理论界与实务界偏重于会计的技术环境，自觉或不自觉地将会计视为一种价值计量工具而忽视其特有的社会属性，这种潜意识下很难正确认识会计，也影响了会计向更高层次的顺利发展。由物本会计到人本会计，从技术分析到引入制度分析，人正在理论研究与工作实践中受到重视，但制度分析借助于制度经济学理论，将人放在置会计行为于其经济动机、利益和习惯的场境中考察，这只能是低层次的。我们应将视角从“经济人”转向“社会人”，把会计人、技术、制度等置于更复杂、更高层次的文化场境中予以考察，分析动机、价值观、道德和习俗等对会计行为的影响。

2. 提升人的因素

复杂的环境下，人具有多面性，也受不同角色的规则所限。尽管如此，制度也好，技术也罢，终究还是由人制定和受人操作。对会计的认识，不仅仅将会计人视为职业人，更需要将其置身于人文环境中来考察和分析。人是能动的，也是上进的。在技术、制度和人文中，人才是第一位的。工作中应强调人的能动性和职业操守。会计教育中既要强调会计的技术性更要突出会计的艺术性，培养学生价值理念、职业智慧和诚信品格。媒体应正确看待会计人，树立会计人精于计道、诚实守信的形象，增强人们对会计职业的理解和信任，给会计工作营造一种良好的氛围。

3. 重视文化

会计文化是一种职业文化。会计文化的基本组成要素为会计物质文化、会计行为文化、会计制度文化和会计精神文化。其中真实、诚实、守信、勤勉、尽责、持续、平衡、公平等是会计人的职业操守。将会计人的思想观念、社会心理、价值准则、行为规范、道德情操、审美情趣等纳入会计文化视野，形成自己特有的会计理论。

会计文化强调以人为本的会计管理哲学，在认识和解决问题时，以人为出发点，借助文化力实现会计人的向心与凝聚，最大限度地发挥会计的作用。

文化自信、文化自觉不仅是国家战略，也企业文化建设的重点，更是会计文化重构的主基调。

4. 会计的艺术性

会计是工具还是价值之争，其实就是如何看待会计人。会计人是经济人还是社会人，应具有经济理性还是文化理性，这既是理论课题也是实践问题。

会计是一种艺术，而不是一门科学，它是具有广泛和多种用途的艺术（May，1943）。会计是一种艺术，它用货币形式，对具有或至少部分具有财务特征的交易事项，予以记录、分类及汇总，并解释由此产生的结果，使之处于有意义（有用）的状态（美国执业会计师协会，1953）。而英国《大英百科全书》（1980）中会计的艺术性，强调的是人的创造性。会计是一种艺术，它记录、分类和总结一个企业的交易并报告和解释其结果。

会计的艺术性揭示了会计作为管理科学的一种特征，也表明会计工作除必要的会计知识外，更需具备知识运用的技巧、经验与能力。会计工作中非常重视职业判断，会计工作多有赖于经验，会计处理需要有灵活性，就是源于会计的艺术性。会计的艺术性强调会计工作中人的作用，这也正是会计的魅力所在。会计的艺术性本质上就是会计的人文性。

二、人文会计研究主线

人文会计研究的主线可以包括人性的力量、文化的价值、人文环境的影响、会计职业的价值导向以及会计流程的再造。

1. 人性的力量

人的本性更多在于其社会属性即人伦人情。人伦广义上指人与人之间的关系，特定涵义指人与人之间的尊卑长幼关系。人情即人之常情，人类正常的情感和普遍感情，它反映的是人类的理性和良知。从普遍意义上说，会计信息理应反映人的理性、体现人的正常情感。人类社会的基本要素是交往关系和交往形式。人际关系主要通过血缘、地缘、业缘等关系来表现。人际关系作为一种非正式制度，它与正式制度有着天然的互补关系，人际关系提供人及其组织的非正式行为规则，它的遵守更多地依靠人的自律，特定的人际关系成就了相对稳固的群体，个体行为受制于其所在的群体。会计信息不能不带有浓厚的群体色彩，受所处群体规则、习俗和行为模式的制约。人性的力量在于真善美，即本真、至善、求美。

2. 文化的价值

文化包括文化价值体系、认知体系及思维方式。文化是一套生存机制，也是人类一切行为的技术方式、社会方式和价值取向的解释、规范及综合。将文化视为社会存在则其有三层涵义：物质文化、精神文化和制度文化。①物质文化。物质文化表现为人与自然、人与人间进行物质交换的方式和组织，这是会计信息质量保证的基本物质依托。会计信息当属某一物质要素同样被赋予某种文化上的象征价值，即企业的诚信和管理当局的社会责任感。会计作为一种商业语言，其本身就隐含着一定历史时期群体的共识和认知意愿。②精神文化。中国传统文化的中庸、人和及大一统观念对人的行为有着潜在影响。我国社会重视人与人的关系，看重群体利益。会计信息的披露有一定的区域特征，企业文化特征对会计信息的制作与揭示有着强烈影响，企业文化往往与企业家自身品行、个性、价值观有关，这在我国尤为突出。③制度文化。制度体现的是社会意志。我国的制度文化建立在人的关系和资源的基础上，其认知和价值体系以善待人和善用人为核心。制度文化如果不能与本国社会特定的人文环境相融合，会导致管理对制度化、数字化的过分依赖，也容易诱发教条主义或形式主义。会计失信的层出与社会价值取向和社会评判取向的混乱有关。

3. 人文环境的影响

人文环境对会计的影响在第一章有专门论述，这里简述制度与行为。

（1）制度。按社会文化特点，国家会计管理模式通常有两类：倾向于相对集中的“政府型会计管理模式”和倾向于较为松散的“民间型会计管理模式”。我国选择“政府型会计管理模式”，随着经济发展和对外开放，个人主义有所增强，但个人只能是群体中的一员，个人自由必须限制在不违背群体利益的框架下。以集体主义为主流的社会文化决定了会计制度的制定应以政府为主导，这样才有利于确定会计制度的权威性，使会计信息的生成与传递更具可靠性，从而给社会公众以信心，促使经济良性发展。会计管理借助立法更多地通过行政管理来实现；我国会计准则重程序、强调统一，也主张适度灵活；会计处理既要遵守规范，也应讲求谨慎；企业会计信息的披露倾向保守，倡导适当披露。

制度建设中应将人文因素置于前列，制度的人文价值导向应高于技术导向，制度建设中应推进人的创造性的发挥和进取精神的光大，制度层面应限制物欲。制度设计时应消减强势利益集团的影响，处理好资本为导向与人本为导向的关系，及追求利润最大化与讲求社会责任的关系。制度的改革及实施必须立足本国的人文环境，侧重于原则导向的会计规范的运用应有序推进，认识会计工作的风险，倡导会计人员的职业判断，强调个人及行业职业自律。

（2）行为。企业在经营及管理中，往往将人际关系列为一种重要的隐性资源，交往中非常看重人脉。如利用关系先行获得内部信息，寻求不对称信息收益；寻找熟人办事，提高效率。但庸俗的人际关系往往与制度规范有名无实或监督缺位。人们由于潜意识中的内省性思维，思考问题不是针对做事、做好事，而是研究人。这种思维下，很多制度在执行中走了样、变了调，办事盛行“潜规则”，桌面上的事私底下处理。只求形式的技术倾向，容易出现“上有政策下有对策”的现象；善于利用规则，对会计事项作变通处理，如调整折旧年限，改善企业盈利数据；中庸、随大流的行为特征，万事只讲“和为贵”，不敢坚持原则，做事圆滑；大事化小，小事化了；处世消极，

"多一事不如少一事"，明哲保身，消极对事。

4. 职业的价值导向

从微观层面，会计核算与内部控制相协调，会计核算与企业管理相结合。算为管用，算管齐下。会计目标必须考虑企业的社会责任，这不仅是会计的生存之道，也是会计的立命之本。

宏观上看，会计造假实质上属职业价值导向问题，这不仅仅是一个会计问题，更多地应视为一个社会问题。价值导向问题回答的是会计职业活动的目的性，强调职业活动的正当性，也是人文视角下对会计目的的一种解读。会计目标必须在会计效率、会计公正与社会公平之间取得某种平衡。因为会计信息影响的不仅仅是人与自然的关系，更多地涉及人与人之间的关系。会计信息必须使所有信息用户受益，最低限度不应以损害某一方的利益去换取另一方的利益。

职业的价值导向，不仅仅是在制度安排上保持程序公正的要求，更重要的是应向会计人员传达这样的一种理念，这也是会计文化的重要内容。

国家的文化发展要求、社会的价值取向决定会计文化发展的方向。

5. 流程再造

现行的会计观念和会计流程是工业社会分工理论的产物，信息社会中理应有与其发展相适应的会计观念和会计流程。业务流程再造给我们提供了一种新的思路。业务流程再造（BPR），是利用信息技术对企业业务流程作根本性的再思考和彻底的重新设计，以达到成本、质量、服务和速度等现代关键业绩指标的巨大提高（Hammer，1990）。业务流程再造理论突破了传统劳动分工理论和"职能导向"的组织结构设计理论思想体系，强调三种观念：①职能转向流程，摆脱传统的组织分工理论的束缚，提倡顾客导向、组织变通、员工授权及正确地运用信息技术，适应快速变化的环境；②重新设计，对企业中陈旧的观念和相应的行为规范及时进行重新设计；③绩效第一，通过业务流程、工作方式以及组织结构的改造与创新，提升组织绩效。

现代企业是人、业务和信息的集合。制度安排就是企业层级及其对应的行政权威的建立、使用和运行（Miller，1992）。运用 BPR 理念，借助信息技术，在企业经营流程改造基础上对相应的会计流程予以整合，这就是会计流程再造。解剖现有会计流程，尤其是运用价值链管理理论，对流程中的各环节进行价值分析，清除流程内的非增值活动，简化并整合各环节，改造信息生成条件，最大限度地提供并运用信息，整合业务信息与会计信息，实现跨组织会计流程的最优化。

会计价值是会计流程在成本的约束下满足信息用户信息需求的能力和程度。会计价值的形成和实现是一个包括会计规则制定、会计信息加工、财务报告审计和会计信息产品传递在内的系统、完整的链条（申香华，2009）。

会计流程再造是技术、制度和人文结合的一个典型事例。再造成功与否取决于会计技术与会计价值、企业文化的结合。社会文化观是会计业务流程再造思想的核心和灵魂（刘杰、庄明来，2010）。

三、技术会计、制度会计与人文会计的关系

技术会计、制度会计与人文会计的关系，可从技术的价值、制度的效率和人文的约束三个方面来认识。

1. 技术的价值

以人为中心，从人的立场和视域出发，技术才有价值和意义。以人为本，为人类造福，应为技术的价值基准。科学技术的发展，在创造物质文明的同时要更加注重创造精神文明，唤醒其内在的人性觉悟，使人们能更理性地看待自然、看待社会、看待自己，更科学地揭示客观规律，更合理地改造世界。会计技术的创新与运用，必须置于制度框架下，必须结合其相应的人文环境。通过科学和理性，充分认识工作规律和自身的不足，改善技术手段，用好技术方法，促使会计行为更趋合理，提升会计人员的素质。

2. 制度的效率

会计规范是围绕会计信息建立起来的一套正式与非正式的规则。它是一种有关会计信息这种稀缺资源的生产、交换、分配、消费的制度安排，是各个利益集团博弈的结果。

经济学追求的是效率，也即资源配置，交易费用可以用来反映效率大小。产权包括所有权、使用权、收益权、处置权等，是规定人们相互行为关系的一种规则，反映的是一种社会关系。产权实质上是一套激励与约束机制。影响和激励行为，是产权的一个基本功能。新制度经济学认为，产权安排直接影响资源配置效率。市场机制是一种配置资源的手段，企业也是一种配置资

源的手段，二者是可以相互替代的（Coase，1937）。

诺斯（North）认为，在一个国家经济增长和社会发展方面，制度具有决定性的作用，制度变迁的原因之一就是相对节约交易费用，即降低制度成本，提高制度效益。制度变迁可以理解为一种收益更高的制度对另一种收益较低的制度的替代过程（North，1971）。

3. 人文的约束

会计具有经济和社会后果（Zeff，1978）。文化通过对会计规则的制定、执行和监督行为的作用来影响和制约会计信息质量，文化是会计规则制定合约安排的基础性约束（刘骏，2005）

技术受伦理约束。道德的融合保持会计规则的稳定性和柔韧性（陈国辉、崔刚，2010）。规范性（技术）本质上是道德的要求，是一种价值理性，而这种理性正是人类良知的体现，是人类精神的主张。伦理视角下的会计制度理应是实质正义和形式正义的统一。会计行为中的伦理秩序其实就是利益群体的博弈中的平衡，也是一种实践理性。实现的是事实、价值和规范的统一。

文化是职业活力的源泉，是职业的灵魂。文化的良性发展，能使会计人的潜能得到充分发挥，个性得到张扬。文化建设的关键是职业使命和价值观。职业使命是带有崇高色彩的责任感。价值观是对是非、好坏的基本判断标准。制度是职业的文化契约，制度与文化相互依存，制度是有形文化，文化是无形制度。职业的文化自觉是职业人在文化层面的自我觉醒、自我反省及自我创设，也是职业人对职业文化冷静反思与主动发展的过程。在对指导职业活动核心观念体系进行反思的基础上，确立新的职业核心观念体系，并发展与其相适应的制度、行为方式、物质空间的动态过程。具体落实到操作上，主要包括提炼价值观、健全制度、教育引导及人的自觉等内容。

4. 会计本质的新的理解

从上述分析可以看出，技术性与人文性是会计本质的两个侧面，人文性在于会计的价值导向或价值理性，会计的价值是会计人的职业追求，会计价值重在经济事实的逼近或拟真、会计信息与其相关信息的整合以及会计信息的运用。从这个意义上说，会计制度是会计技术与会计人文的桥梁，会计制度改革无非是对会计价值的重构，而制度改革的方向理应是人的价值的提升和社会进步。

主要参考文献：

[1] 葛家澍．财务会计理论研究［M］．厦门：厦门大学出版社，2006.

[2] 邬保明．非平衡会计理论探索［J］．华东经济管理，2004（6）．

[3] 刘骏．文化是会计规则制定合约安排的基础性约束［J］．会计研究，2005（10）．

[4] 徐国君．由二维平面会计到三维立体会计的设计探索［J］．现代财经，2006（3）．

[5] 王海兵．能本会计：人本会计的新发展［J］．财会月刊，2006（8）．

[6] 林松池．会计的发展方向：事项法会计［J］．中国管理信息化，2007（6）．

[7] 王爱国．批判与重构：会计研究的人文社会学视角诠释［J］．当代财经，2008（5）．

[8] 胡牧．技术的本质及其解蔽［J］．理论与创作，2008（3）．

[9] 付磊，马元驹．会计的价值理性解构与重建［J］．会计之友，2008（4）．

[10] 申香华．会计价值的理性认识与回归：基于流程再造理论的研究框架［J］．会计研究，2009（1）．

[11] 于增彪．第二次会计工具革命［J］．新理财，2009（8）．

[12] 杨雄胜．追寻会计学术灵魂 召唤会计理论良知［J］．会计研究，2009（12）．

[13] 施先旺．财务会计基础概念：基于产权价值运动视角的分析［J］．会计研究，2010（1）．

[14] 刘杰，庄明来．会计业务流程再造新思维［J］．商业研究，2010（2）．

[15] 陈国辉，崔刚．会计学的伦理诉求：方法论视角［J］．重庆理工大学学报（社会科学），2010（9）．

[16] 高建普．会计人文环境及其影响［J］．财会通讯（综合），2010（10）．

[17] 邓永勤，丁方飞．论会计要素概念的拓展［J］．会计研究，2011（6）．

[18] 张先治，张晓东．会计研究视角与研究领域拓展——基于国际期刊的研究［J］．会计研究，2012（6）．

[19] 高建普．认识会计的三重视角：技术、制度及人文［J］．学术论坛，2013（1）．

第三章　多学科下的会计解读

研究视角对专业或学科发展有着重要作用，它表达的是一种思路导向，决定人们看待问题的角度和思维方式。通过不同学科视角下对会计的思考，能多方位、多层面地解读会计，并能从中得到有益的启示。

第一节　经济学下的会计思考

经济学是一门有关资源配置的学科，其本质是效益和效率，从历史渊源看，会计学与经济学可谓近亲。

一、核心概念的借用

早期会计是一种经验描述，并没有太多的理论色彩。公司制企业的出现，所有权与经营权的分离，使保护投资人与债权人的利益变得迫切，会计界需要一套能被社会接受的核心概念以及相应的理论框架，比较有效的办法是从相近学科中引进与改造而来，即借用。这里列举一二。

1. 收益

收益是会计理论及实践中重要的概念，被列入会计的基本要素。

（1）经济收益。先考察下经济学中收益概念的简单发展史。收益概念最早出现在经济学中。1776 年，英经济学家亚当·斯密（Adam Smith）在《国富论》中，将收益定义为“那部分不侵蚀资本的可予消费的数额”，即将收益看做财富的增加。1890 年，英经济学家艾·马歇尔（Marshall）在其《经济学原理》中，提出区分实体资本和增值收益的经济学收益思想。20 世纪初期，美经济学家尔文·费雪（Irving Fisher）发展了经济收益理论，在其《资本与收益的性质》一书中，首先从收益的表现形式上分析了收益的概念，提出了三种不同形态的收益：精神收益——精神上获得的满足；实际收益——物质财富的增加；货币收益——增加资产的货币价值。1946 年，英经济学家 J. R. 希克斯（J. R. Hicks）在《价值与资本》中，把收益概念发展成为一般性的经济收益概念。他定义收益为：在期末、期初保持同等富裕程度的前提下，一个人可以在该时期消费的最大金额。这个定义同样适用于企业。这个提法对资本保全理论产生巨大的影响。现在人们习惯于把“保持同等富裕程度”称为资本保全。

（2）传统的会计收益。会计学的收益概念可称为会计收益。传统意义上将会计收益理解为来自企业期间交易的已实现收入和相应费用之间的差额。这里涉及的主要因素：收入的计量与交易相关，隐含计量收益的交易法；收入或费用的确定依赖会计分期假设，隐含配比要求；计算会计收益的成本是以历史成本计量的，隐含收益的计量基础并非一致。

在实践中。会计收益的确定需要运用两原则：实现原则和谨慎原则。这与法律尤其是税法对收益的认定有一定的差异。根据实现原则，企业收益可划分为营业收益和持有损益。其中，营业收益的确定有赖销售等事项的发生，而持有损益是指持有资产的已实现损益。会计收益受谨慎原则约束，如企业某项经济业务的处理有多种会计方法可选时，优选未高估收益的方法。

通过与经济收益的比较，会计收益存在若干问题：只包括已实现收益，而将未实现损益排除在外；遵循历史成本原则和配比原则，但资产账面价值难以反映其实际价值，成本也不能得到足额补偿；维护的是财务资本保全，即只是要求业主投入的货币价值不受到侵蚀，未体现实物资本保全，即只有当业主投入资源的实际生产能力得到保全时，才能确认收益。可见传统会计收益的概念有着自身的缺陷，没考虑通货膨胀、持有利得、商誉提高以及它们价值变动所产生的影响，会影响企业的盈利能力和持续经营能力。因此，吸收经济收益概念中的合理内核，改进会计收益概念是会计界努力的方向。这里“全面收益”概念的提出是一种尝试。

（3）全面收益。1980 年美国财务会计准则委员会（FASB）正式提出了“全面收益”这一新概念，并将其定义为：企业在报告期内，除与所有者之间的交易以外，由于其他一切原因所导致的净资产的变动。这一定义与传统的会计收益相比，有以下不同：涵盖内容更广，不仅包括了传统的会计收益——净收益，也包括其他全面收益；采用资产—负债观代替传统的收入—费用观来确认收益；突破了传统会计计量上“三位一体”的限制（与收入、利得相应的资产负债采用现价计量，与费用、损失相应的资产耗费或价值变动既可采用历史成本，也可采用现价法计量）；增加“收益”这一会计信息的相关性、及时性和真实性，增强了“收益”信息的透明度，有利于减少企业管理层利润操纵的空间，保证资本市场健康发展。

2. 成本

成本也是会计理论及实践中重要的概念。

（1）经济学中的成本。经济学中对成本有多种理解，也可以看成是成本的不同层次的解读。

马克思在《资本论》中揭示了成本概念的经济内涵。他指出：按照资本主义方式生产的每一商品的价值 W，用公式表示是 $W=c+v+m$，公式中 $c+v$ 这个部分即所消耗的生产资料价格和所用的劳动价格的部分。对于资本家来说，这就是商品的成本价格。对于成本的分析，马克思采用耗费和补偿两条主线。从耗费的角度看，是商品生产中所消耗的物化劳动和活劳动中必要的劳动价值，即 $c+v$ 部分，这是成本最基本的经济内涵；从补偿的角度看，是指补偿商品生产中资本消耗的价值尺度，即成本价格，它构成成本最直接的表现形式。

传统经济学是从厂商成本决策角度，考虑如何以最小的成本支出获得一定利润，或以一定的成本支出获得最大利润。所以，传统成本理论立足于企业生产经营，主要研究生产成本问题，提出一些成本概念，如生产成本、边际成本、机会成本等。生产成本是指生产过程中所投入和使用生产要素的价格。边际成本是指由于厂商产量每增加一单位所增加的成本费用。机会成本被定义为“从事某种选择所必须放弃的最有价值的其他选择”。机会成本并非实际发生的支出，而是对资源配置的一种度量，表达了稀缺与选择之间的基本选择。

现代成本理论更注重在社会整体视角下企业发生的成本费用，如提出社会成本、交易费用等概念。社会成本是指从整个社会的角度来考察的进行生产的代价，它既包括各项私人成本，又包括各种各样的外在成本，后者是指由于单个厂商的生产行为所引起的整个社会利益的损失。交易费用是制度经济学的基础性概念。以交易费用为工具进行经济分析是从英经济学家科斯（Coas）开始的，他在20世纪30年代就以交易费用为工具，对企业的性质和规模作了深刻的说明。美经济学家阿罗（Arrow）在1969年将交易费用定义为“经济系统运行的成本”。美经济学家威廉姆斯（Williamson）从交易维度考察交易费用，认为交易具有三个基本维度，即交易发生的频率、交易的不确定性过程与概率以及资产专用性条件。阿罗使交易费用的概念更具一般性：交易费用是经济制度的运行费用，代理成本、信息成本、政治成本都属于交易成本的范畴。

（2）会计学的成本。会计学中的成本是根据实际成本原则和权责发生制的要求，按照成本计算对象受益的情况汇集和分配所发生的生产费用，所计算出的一定数量产品或劳务的个别劳动耗费的补偿价值。它可以用来计量企业生产经营性资金耗费，计算企业损益，考核企业耗费水平，限定生产经营性耗费补偿的范围和数量，等等。它具有以下特点：重点研究生产成本，是对历史的反映；能够以货币加以计量；只计量实物资本成本，不计量人力资本成本。

会计学成本重点研究生产成本，其与传统经济学中的生产成本、边际成本范畴相同。传统会计学的成本只考虑实际发生，忽略机会成本，这不利于成本决策。有人提出资本成本会计，主张将资本成本视为真实成本，纳入会计核算。传统会计往往将成本作片面理解，即将其视为资源耗费（负向），较少注意到其实成本也可能是一种投资（正向）。传统会计成本通常将视野停留在企业，未将视野投向整个会计链。传统会计所依赖的成本概念是立足于企业微观本身来处置成本补偿，没有计量企业造成自然资源的无偿占用和污染破坏，有人提出将社会责任会计和与之相应的环境会计纳入会计核算体系。传统会计学成本重点研究生产成本，尚未顾及交易费用。而企业内外交往中客观存在人力资本成本、信息成本、政治成本、社会成本等一系列成本范畴，这些成本也将陆续进入会计成本的研究视野。

二、理论解释的引用

经济学中的理论被广泛用于会计研究。现代会计理论与实践的研究受经济学研究成果的影响最大。这里也略举一二。

1. 商品与货币理论

商品是用来交换的劳动产品，是使用价值和价值的统一体。使用价值是商品的自然属性，价值是商品的社会属性。一种使用价值和另一种使用价值的交换比例叫做交换价值。当货币出现以后，商品的交换价值表现为价格。价格是商品价值的货币表现。货币又区分为现实的货币和观念的货币，观念的货币也称计算货币。

市场经济中，会计的本质就是用计算货币记录、确定和控制企业资本价值的运动过程。会计中最基本的工作——簿记，几乎每天都离不开把商品转化为货币这个价值独立的形式。企业经营过程中，或在单个资本价值运动过程中，资本分别采取不同的存在形式：在流通阶段是货币资本和商品货币；在生产阶段是生产资本。表面上是彼此不相干的财和物，如材料、在产品、产成品、机器、工具和设备等。实际上，这些财和物是资本价值在运动中的不同形式。由于它们都代表资本的价值，因而可以用观念上的货币来统一表现。从资本运动的观点看，商品和货币都是资本作为价值的存在形式，区别只在于：商品是价值的特殊存在形式，而货币是价值的一般存在形式。

在市场经济条件下，还必须把会计看成确定和控制资本价值运动的手段。马克思指出：这种运动是由包含商品的定价或计价（估价）在内的簿记来确定和控制的。这里的“确定”，是指对资本价值运动进行定性和定量并在账表上重现资本价值运动。这里的“控制”，是指利用会计所提供有关生产经营活动的货币信息，调节、指挥并监督生产经营活动，实现预定目的（葛家澍，1983）。

2. 代理理论

两权分离下对企业运行机制进行考察，就会发现俗称“两张皮”的问题，原因还在于“经济人”视角下，所有人与管理人存在利益的不一致甚至冲突。

1976 年美经济学家简森（Jensen）和梅克林（Meckling）提出代理理论，后来发展成为契约成本理论。契约成本理论假定：企业由一系列契约所组成，包括资本的提供者（股东和债权人等）与资本的经营者（管理当局）、企业与供贷方、企业与顾客、企业与员工等的契约关系。

代理理论主要涉及企业资源的提供者与资源的使用者之间的契约关系。

按照代理理论，经济资源的所有者是委托人，负责使用以及控制这些资源的经理人员是代理人。代理理论认为，当经理人员本身就是企业资源的所有者时，他们拥有企业全部的剩余索取权，经理人员会努力地为他们自己而工作，这种环境下，就不存在什么代理问题。但是，当管理人员通过发行股票方式，从外部吸取新的经济资源，管理人员就有一种动机去提高在职消费，自我放松并降低工作强度；如果企业通过举债取得资本，也存在类似问题，这即代理问题。简森和梅克林将代理成本区分为监督成本、守约成本和剩余损失。其中，监督成本是指外部股东为了监督管理者的过度消费或自我放松而耗费的支出；代理人为了取得外部股东信任而发生的自我约束支出称为守约成本；由于委托人和代理人的利益不一致导致的其他损失，就是剩余损失。

代理理论还认为，代理人拥有的信息比委托人多，并且这种信息不对称会逆向影响委托人有效地监控代理人是否适当地为委托人的利益服务。它还假定委托人和代理人都是理性的，他们将利用签订代理契约的过程，最大化各自的财富。而代理人出于自我寻利的动机，将会利用各种可能的机会，增加自己的财富，其中一些行为可能会损害到所有者的利益。在委托人和代理人之间的契约关系中，没有一方能以损害他人的财富为代价来增加自己的财富，即达到“帕雷托最优化”状态。

代理理论可用来解释会计方法和会计信息披露政策的选择、会计内部控制系统的设计及会计监管政策变化对管理层决策的影响等。代理理论在管理会计、企业内部控制及审计中应用较广。

3. 研究视野与方法借鉴

(1) 研究视野。除经济学理论被用于会计分析外，经济学研究中的视野也常被会计研究所借鉴。比较突出的是经济学中的新制度经济学，主要包括产权、经济组织和制度变迁理论，新制度经济学被我国学者所重视，还在于我国正处于体制转型期，也即产权制度改革期。如伍中信的产权会计理论，以产权视角看会计，跳出“就会计论会计”的传统研究范式。我国会计准则的建设，引入新制度经济学理论和科斯定理作为一种新的考虑。会计准则是产权制度的一个组成部分。任何一种会计准则都体现了对某些特定主体产权的保护，会计准则的基本结构是产权经济模式的自然反映，产权关系的不同规定了不同的企业组织形式。会计准则与其他制度安排一样，具有约束功能和激励功能，有效的会计准则应是交易费用最低的准则。

以经济学中的公共物品理论和信息经济学相关理论为基础，对当前的会计信息公共物品属性的观点进行反思。通过界定“复合品”和“核心效用”两个概念，推导出会计信息产品在特定消费群内仍是私人物品，市场机制是配置会计信息资源的基本手段。但会计信息产品的质量具有难以检验性，关于会计信息产品质量的信息在企业与投资者之间分布不对称，为政府管制提供了理由（吴水澎、秦勉，2004）。

一己私利下经济的无节制发展，导致环境的恶化。将环境因素列入经济研究的对象，从经济角度研究污染防治的途径及方案等，出现在20世纪70年代。环境经济学或生态经济学的研究启发了对环境会计或生态会计的研究。

（2）研究方法。20世纪60年代前，会计理论研究主要以定性的文字描述为主，研究过程重视内在逻辑性，对研究成果通常不作定量验证。而那时经济学研究逐步走向定量化与经验化，形成了实证经济学。在此影响下，有会计学者尝试将实证方法运用于会计研究，如资本市场假说和资本资产定价模型。实证会计的理论源流是经济学与财务学（葛家澍、刘峰，2003）。目前，高规格会计期刊上所发表的论文，以实证研究为主流。实证会计需要基础数据，现在大多利用资本市场中A股资料，而实地的调查较少。实证会计的哲学基础是证伪主义，证伪一个假设只需一个样本就足够。实证会计研究中广泛应用的是统计数据的处理，包括模型的构建和数据的统计分析。由于采纳的为二手数据，其可靠性理应作更多考虑。

第二节 会计处理的法学思考

法学是公平之学，法学是智识之学，法学是判断与解释之学，法学的本质在于规范社会秩序。经济学研究侧重于生产力、经济关系、经济规律和经济活动，而法学则为法律制度、法律关系及法律行为。以法学角度分析会计问题给出具体会计事项处理的判断，看似另类，其实不然，常会有意外之惊。

一、收入确认时间条件

收入的确认或对销售实现的判断，需要有较强的职业判断能力。会计对收入的确认按理应符合交易法规的要求。

《企业会计准则——收入》对收入的确认有四个条件，其中风险和报酬是同一问题的两个方面。正常情况下，根据权利与义务对等的原则，商品所有者在承担风险的同时也享有报酬，两者同时转移。法律上看，所有权是占有权、使用权、收益权和处分权等权能的集合体。当企业保留了继续管理权和控制权时，所有权实质上并未转移。货物买卖中收入时间确认的核心问题应理解为风险转移时间和所有权转移时间的认定，即风险和所有权何时从卖方转移给买方。风险转移的时间和所有权转移的时间可以一致，也可以不一致。一般来说，风险随着标的物所有权的转移而转移。《民法通则》第七十二条规定：按照合同或其他合法方式取得财产的，财产所有权从财产交付时起转移，法律另有规定或当事人另有约定的除外。财产交付时，所有权和风险同时转移。当然，在司法实践中两者转移时间有可能出现不同步，如卖方将劣质商品出售给买方，虽在交付后，劣质商品的所有权由卖方转移给买方，但买方有权退货，并追究卖方的违约责任，这种情况下，风险并未转移给买方。

1. 国内货物买卖中收入确认的时间

(1) 所有权转移的时间。《合同法》规定，所有权转移的时间依下列原则确定：①依合同约定的时间。当事人可在合同中约定标的物所有权转移的时间，约定的时间既可以是某一时间界点，也可以附转移条件，待条件成立时，所有权转移。②交付完成的时间。若合同未约定标的物所有权转移的时间，则所有权自标的物交付时转移。③法律、法规规定的时间。法律、法规要求所有权转移必须履行特殊手续的，则以该特殊手续办理完毕时间为所有权转移的时间。

(2) 风险转移的时间。《合同法》规定，风险转移的时间（风险承担的规则）按如下确定：①标的物毁损、灭失的风险，交付前由卖方承担；交付后由买方承担。但当事人另有约定或法律另有规定的除外。②因买方的过错使标的物不能按照约定的期限交付的，买方应承担自约定交付之日起至实际交付时标的物毁损、灭失的风险。③卖方出卖运输途中的标的物，除当事人另有约定外，标的物毁损、灭失的风险自合同生效时起由买方承担。④合同未约定交付地点或约定不明，标的物由卖方运输的，卖方将标的物交付给第一承运人后，标的物毁损、灭失的风险由买方承担；未约定由卖方运输的，卖方将标的物置于交付地点，买方违反约定没有接受的，标的物毁损、灭失的风险自违反约定之日起由买方承担。⑤因标的物的质量不符合要求，致使不能实现合同目的，买方拒绝接受或解除合同的，标的物毁损、灭失的风险由卖方承担。⑥卖方未按约定交付有关标的物单证和资料的，不影响标的物毁损、灭失风险的转移。

2. 国际货物买卖中收入确认的时间

与国内货物买卖相比，国际货物买卖还涉及国际因素。目前规范国际货物买卖的法律主要有三类：各国国内立法，如我国的《民法通则》和《合同法》；国际公约，如1980年联合国国际贸易法委员会制定的《国际货物买卖公约》；国际商业惯例，如1990年国际商会编写的《国际贸易术语解释通则》。1998年我国加入《国际货物买卖公约》，我国凡有外贸经营权的公司、企业或其他经济组织在对外签订买卖合同时，可选择《国际货物买卖公约》作为该合同的适用法律。对于该公约的未尽事项，仍应适用我国《民法通则》和《合同法》的有关规定。收入的具体确认时间，这里不予讨论。

3. 税收要求的收入时间

销售收入实现时间是和结算方式密切相关的。现销方式和赊销方式就意味着产品销售收入实现时间的不同。

我国税制和财务制度两者对于纳税义务发生时间和销售实现时间是不一致的。而企业产品销售收入实际流入的时间往往会因为多种原因而滞后于纳税义务时间。这样不仅会造成企业资金紧缺，而且会丧失延迟纳税的税收屏蔽。所以，对产品销售收入的实现时间的筹划是必要的。产品销售收入实现的法定时间因结算方式的不同而不同，因此在产品销售收入实现时间筹划过程中必须选择与之匹配的结算方式。

销售时间税收筹划总体思路是让法定收入时间与实际收入时间一致或晚于实际收入时间，这样企业就能有较为充足的现金纳税并享受到一笔相当于无息贷款的资金，如用预收货款就能创造税收屏蔽效应。

二、会计处理的法学思考

微观而言，企业的经济活动有时可从不同的角度进行分析，如经济学分析它的经济关系及效益，法学分析它的法律关系及合法性，会计学则分析其账务处理及会计准则、税法的应用。会计处理的法学思考，实践中大多出于税收筹划的原因，其实还可以有更多的考虑。

1. 法律关系转换

（1）身份转换。如个人身份的转换、代收费用中关系的改换等。

企业通常有些代收费用，按税制要求，价外收费视同销售收入应征收相应的流转税，但有些代收费用并非真正沉淀在企业，如果计入应税金额，就会重复纳税。

这里可以先分析并厘清销售或劳务双方的法律关系，然后考虑将代收费用方转换为另一种法律身份，代收费用不必列入自己的价外收费，便可解决重复纳税的问题。如采取由费用收取方出具代收费用委托书，代收方代收取方给缴费用户开具发票，这样收款人就转变为费用收取方，而不再为代收方，也就将代收费用排除在价外收费之外。

代收费用涉及三方权利人，由此可以设想三方之间可以通过安排，减少税收支出，实现节税目的。这里可利用信托。

（2）构架过桥。由于会计及税收对关联方交易有一定的限制，可构架第三者或过渡人作为桥梁，实现利益的安排，如利用信托法的财产所有权与信托人分离的作用。

我国《信托法》中将信托定义为委托人把财产权转移给受托人，受托人以自己的名义为受益人的利益或者特定目的管理和处分信托财产的法律关系。一个完整的信托主体为：委托人、受托人及受益人。委托人与受益人既可以是同一个主体，也可以是不同的主体。委托人的一份财产可以通过信托关系转移给受托人所有。受托人通过信托事务的管理，最终将信托财产转移给受益人所有（一般情况下委托人与受益人为同一主体，但是单一资金信托计划下受益人与委托人可以不是同一个主体）。这里过桥为受托方，即信托公司。

案例：总公司对下属公司投资安排，投资以债权方式退出，并控制子公司的利润，实现总公司整体利益的考虑及税收筹划。

总公司作为委托人将资金（投资）交付给受托人，设立单一资金信托。受托人根据委托人的要求，将信托资金以贷款（信托借款）方式投于下属公司，这笔资金按总公司的投资要求运作。信托到期，下属公司向受托人支付利息并偿还贷款本金，这笔利息可抵减当期纳税所得（全部或部分）。受托人向委托人分配信托收益，并归还信托本金，即委托人（总公司）收回投资本金并获得投资收益，实现收益从总公司向子公司的转移。

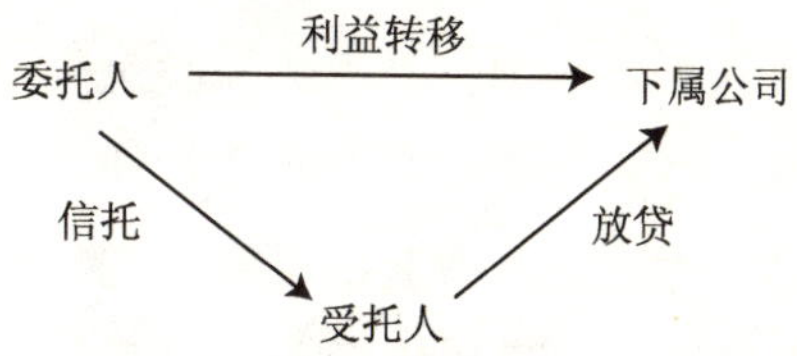

图1：构架过桥

具体用数据作说明。

A集团公司（委托人）为下属公司B公司的合理避税，将1亿元资金交付信托公司设立单一资金信托，并指定A公司为受益人。信托公司按照委托人的要求将1亿元信托资金向B公司发放信托贷款。按照约定，贷款期限为一年，贷款利率为一年期贷款利率的2倍（12%/年）。到期后B公司一次还本付息。受益人信托报酬率0.5%/年，银行保管费率0.1%/年。

一年后，贷款到期。B公司按照11200万元［10000×（1+12%）］向信托公司支付贷款本息。其中，贷款利息为10000×12%＝1200（万元），其产生的税盾为（1200/2）×25%＝150（万元），即B公司当期可以少纳企业所得税150万元。

信托收益1200万元扣除信托报酬50万元（10000×0.5%），保管费10万元（10000×0.1%）后，将信托净收益1140万元及信托本金向受益人A公司进行分配。从而实现企业收益在关联企业间的转移。

财政部、国家税务总局《关于企业关联方利息支出税前扣除标准有关税收政策问题的通知》（财税［2008］121号）第一条规定，在计算应纳税所得额时，企业实际支付给关联方的利息支出，不超过以下规定比例和税法及其实施条例有关规定计算的部分，准予扣除，超过部分不得在发生当期和以后年度扣除。

企业实际支付给境内关联方的利息支出，除符合本通知第二条规定外，其接受关联方债权性投资与其权益性投资比例为：①金融企业为5∶1；②其他企业为2∶1。

假定B公司年末权益资金为500万元，则税务部门只能接受1000万元（500×2）借款利息费用的税前扣除60万元（1000×6%）。

两者比较：总公司整体上，选择过桥（引入信托）多支费用60万元（A公司仍可税前扣除），B公司所得税抵减150万元。

（3）风险消减。以税务风险为例。税务风险是企业相对重视的风险，但税务风险很多时候防不胜防。有经验的企业高管通常会选择税务代理，这并不是说企业财务部门没时间或没能力从事税务处理，而更多出于风险防范的考虑。一般来说，税务代理人对涉税事项的处理比较老到，税务政策信息掌握比较迅速，更重要的在于税务代理人往往与税务部门有着良好的关系。企业与税务代理人签订税务代理合同，合同上注明企业在如实向税务代理机构反映经营情况的前提下，税务申报如果受到税务机关处罚，税务代理机构应承担主要责任。企业每月的账务处理及涉税申报经过代理人审核后再进行纳税申报，有关纳税申报表上盖有注册税务师印章。

这是因为根据《税收征收管理法实施细则》第九十八条规定，税务代理人违法造成纳税人未缴或者少缴税款，除由纳税人缴纳或补缴应纳税款、滞纳金外，只对税务代理人处纳税人未缴或者少缴税款50%以上3倍以下的罚款。也就是说，企业通过第三者（税务代理），就算可定性为偷税的行为（纳税人将承担刑事责任），税务代理人的责任显然轻得多。如果税务代理人与企业沟通，其处罚的损失多少还可从企业那里得到补偿。

税务机关如果没有足够的证据证明处理过失应由纳税人承担，同时税务代理人又积极表示愿意承担责任，并自行举证说明责任在己，本着过错一次处罚的原则，税务部门只能处以少缴税款50%的罚款，并让企业补缴少缴税款及加收滞纳金。

这里，也可以发现代理业务的风险转移或风险消减的作用。当然，这并不是在第三方关系中，纳税人就可免除刑事责任风险。在实质性判断上，如果税务代理人失职、渎职或代理人与被代理人勾结故意违法，代理人与被代理人（委托人）还有可能按共同犯罪处理，追究刑事责任。

（4）票据贴现。贴现后，到期票据有多种可能情形，其会计处理通常比较复杂，一般的会计人员感觉较难处理。如果我们换个角度来分析一下贴现的法律关系，也许会更清楚三方（收款人、付款人及银行）的关系。贴现是银行的一项资产业务，当贴现业务办理完毕后，银行成为该汇票的持有人，但汇票的原支付人与申请贴现人的法律关系不变，银行与申请贴现人形成的实际上是一种质押贷款法律关系。由于银行的贴现业务有法律风险，所以银行有相应的内控要求，如贴现比例的规定、贴现对象的限制等。

如果贴现对象超出范围，如自然人愿意，可考虑采用“质押”形式向其借款，签订借款合同，以汇票作为质押，根据合同支付利息并代扣代缴个人所得税，企业在所得税法允许的利息率内可以税前扣除。

（5）职工薪酬。职工薪酬在具体核算时，通常选择先计后发方式，而企业对职工薪酬往往采用平时预发，年终清算或离职清算，即将职工薪酬作为职工奖惩或离岗的筹码。这样总会有一部分职工薪酬挂在“应付职工薪酬—工资”账下，即当年费用已列支但尚未发放。但是审计时未发部分会做不能在所得税税前扣除处理。

这个问题通常不好理解，如果我们从法学角度分析一下相应的法律关系，就会比较清晰。应发而未发的职工薪酬，企业已列入当期成本费用，它实际上是企业欠职工个人确定的债务，而挂在“应付职工薪酬”账户却反映的是尚处于一种权利待定状态，没有进入个人名下，不需缴纳个人所得税，也不能在企业所得税税前扣除。

按这个分析，应将这部分应发而未发的职工薪酬转入“其他应付款”账户，类似于押金处理。

2. 证据意识

证据即证明事实的根据。关联性、合法性和真实性是证据的三大基本特性。证据的关联性是指证据与案件的待证事实之间是否具有内在的联系，能否对待证案件事实起证明作用。证据的合法性是指证据取得、表现形式等是否符合法律规定的要求。证据的真实性是指证据材料反映的案件事实是否与客观事实一致。法律相当强调证据，会计资料通常是最好的书证和物证。会计处理通常以原始凭证作为依据，从证据意识上判断，首先应判断原始凭证的真伪，以了解会计事项的缘由及性质。

由于历史传统和文化的影响，中国人的证据意识普遍淡薄，会计人员也同样，如缺乏收取并保留证据的意识；碍于人情或关系，对可能发生的纠纷缺乏证据准备；工作马虎，不注意往来资料的保管，口说无凭。会计核算资料本是很好的证据，但有时缺乏运用证据的意识，遇到法律纠纷时首先想到的是找关系、托人情。会计责任的确定，必须有相应的证据；从会计人员自我保护角度考虑，平时应注意不要授人以柄，保存为自己说话的证明。会计人员除自身具有这方面的意识外，还应告知业务人员，在对外交往中注意证据的作用，防范证据丢失的可能后果。如在企业间争议时，能及时提供可靠的证明材料，纳税争议时可以向税务部门提供企业纳税的材料。

证据意识及作用，还可在外贸业务的反倾销中体现出来。反倾销会计是指对特定主体运用会计、反倾销法和国际贸易知识，就反倾销中的问题提供会计支持，进行会计规避、举证、调查和鉴定的活动。企业反倾销就是要以会计资料为凭据，处理涉及反倾销诉讼所需要的会计资料。如起诉阶段，主管部门要对申诉方就反倾销调查申请所提供的会计证据进行审查，这些会计证据包括：被控倾销产品的销售数量及其价格；估算的被控产品的倾销幅度；倾销产品引起国内相似产品的销售变化、利润变化、库存变化等。调查阶段，要认定市场经济地位待遇，需要企业有一套明晰的基础会计账簿，企业生产成本和财务成本状况不再因过去的非市场经济制度而受到严重扭曲。而在应诉阶段，被控企业在收集的应诉资料中，应包括会计方面的证据，不仅包括企业自己的财务资料，还包括国内市场行业出口商的基本资料以及进口国竞争对手的基本资料。

第三节　会计舞弊的社会学思考

从社会整体出发，通过社会关系和社会行为来研究社会的结构、功能及发展规律的综合性学科，这便是社会学。社会学关注我们所生活的社会世界，它强调人类是社会性动物，受到社会互动、社会模式以及社会化过程的影响。社会学看待问题的视角，通常基于人类活动，涉及人的社会性、社会秩序及社会平等诸要素。本节从社会学视角仅就会计舞弊作些分析。

一、会计信息失真的社会学思考

通常意义下的会计信息失真是指会计信息与其所反映的事实不一致的现象，这是一个涵盖面比较宽泛的范畴，它可以包括正常的会计误差和盈余管理，也可以包括反常的利润操纵和会计舞弊。这里所指的会计信息失真特指社会组织或个体有意识地制作、提供虚假会计信息而误导信息用户的行为，这是一种狭义范畴下的会计信息失真，它既含有“假账真做”，也包括“真账假做”；它强调行为人的主观动机和行为事实的客观结果，体现了会计信息失真认识中“经济利益观”和“信息观”的统一。

一直以来，会计信息失真凸显于社会，尤以上市公司对社会的影响最为强烈。这些恶劣的造假行为极大地动摇了会计的生存之本，也引起了社会信用的震撼，会计界对此深恶痛绝。会计界对会计信息失真的本质层层挖掘，原因分析上：如财务会计信息不真实的会计背景是会计理论和方法上存在缺陷（张天西，1998），会计信息失真是由企业会计行为违规和缺乏必要的监管引起的（盛祥云，1998），会计舞弊的深层根源在于我国特有的公司治理机构（陈汉文等，1999），现有制度安排本身排斥高质量的会计信息并诱发会计信息的失真（刘峰，2001）；治理对策，如建立健全并有效实施对股份公司的内在监督和外在监督机制（谢朝斌，2000）；造就有效的财务报告供需主体以及在制度层面进行配套改革（肖时庆，2000），治理的关键是董事会传统职能的深度发掘（苏欣、殷楠，2010）。但冷静地看，近几年制度设计、企业机制重建以及会计本身均有长足进步，为什么还是失真不灭、造假不止、舞弊要案层出不穷？会计信息失真不仅仅是会计问题，也是社会问题。我们应该从更广阔的背景下去思考会计信息失真，也许能从中得到有益的启示。

（一）环境·动因·行为

会计信息失真的分析应立足于特定组织中个体的社会行为。德社会心理学家勒温（Lewin）认为，个体的社会行为是人与环境相互作用的结果，而环境影响是行为的决定因素。

1. 环境

会计信息失真有其深刻的社会历史背景。从计划经济走向市场经济，是我国社会发展的重大历史转折，转型社会所特有的诸多矛盾，必然引起社会各层面的无序状态，发生有违法律规范和道德规范的行为。

（1）政治。各项改革必须坚持党的领导，必须坚持社会主义方向，必须依靠以工农为主体的社会各个阶层。坚持对外开放，坚定不移地推进民主法制建设。但随着政治环境的宽松及民主意识的崛起，也不可避免地出现原有政治权威力的下降。党的工作重点的转移，也使一些党员干部的领导意识出现障碍，摆不正政治与经济、人情与原则的关系。社会流动的加快，原有的党政一致、干群齐心格局受到冲击。党风不正及腐败分子露出水面，使得部分基层党政领导班子的社会控制功能被削弱。

（2）经济。以公有制为主体多种所有制经济共同发展的基本经济制度，宏观调控下充分利用市场机制的经济调控方式。市场构架逐渐定型，特别是证券市场的发展，为会计信息规范化、社会化提供了历史机遇。会计信息与人们的切身利益紧密相连，加大了社会对会计的期望。但必须看到，经济运行中尚存在不少问题：市场体系不完整，如缺乏有效的经理人市场；市场运作不规范，如证券市场投机成风；市场作用被人为扭曲；造假、走私、骗税、逃汇、虚报瞒报以及地方保护时常发生；“天高皇帝远”，各行其是，“上有政策，下有对策”的实用主义，导致会计信息的外部约束机制失效。在企业层面，企业治理机构不合理，国有企业所有者缺位，诱发企业经理人的道德风险；“一股独大”，给大股东损害中小股东的利益提供了机会；经理人任命产生，监事会徒有虚名，用人机制上任人唯亲，企业呈现家族化倾向，这些都是导致会计信息失真的隐患。现代企业的委托代理制下信息的不对称，激励机制与约束机制的不对等，以及企业治理机构的不合理，委托代理、道德风险和逆向选择使得会计信息的内部约束成为空话。现代企业的产权多元化、经营复杂化，导致企业相关的利益主体（会计信息用户）增加，各利益主体有着不同的行为目标和利益动机，也会在对会计信息的要求上体现出来，有可能会加剧会计信息的失真。

（3）法律。法律框架基本建成，法治观念已被社会一定程度地接受。有关会计法律法规被高层重视，得到了迅速、超前的发展，但立法滞后客观存在，相关的法律法规的协调尚有距离。我国对会计管理上倾向于政府管制模式，但在会计的具体处理上，企业更多地考虑税法的要求。相对于立法而言，我国的执法还很不尽如人意，法治中的人治现象屡禁不止，法律公正受到考验，执法难度加大，民事案件的执行比率居低不上，这影响了法治在社会控制中的威慑力。社会公众的自我法律保护意识正在唤起，但在企盼法治的同时，也充满了对法治的无奈。

（4）文化。文化是会计规则制定权合约安排的基础性约束，它通过对会计规则的制定、执行和监督行为的作用来影响和制约会计信息质量（刘骏，2005）。

数千年传统文化植根于这块土地，其中的精华受人推崇，如人与社会、人与群体和谐的“天人合一”；在人与人之间的社群关系上注重集体；见利思义、义在利民的义利观；明别公私、先公后私的公私观；诚信、仁爱的交往观；忧国忧民、奋发进取的社会责任感，等等。但也不应回避传统文化中消极因素的影响，如等级、皇权观念中对权力的崇拜，“不找市场找市长”；重人际关系，喜欢拉关系网，讲“圈子里的人”，人情大于国法；小农意识中的自得其乐、缺乏进取心；习惯于“遵命”，缺乏个人独立意识；以和为贵的中庸之道，不愿挺身而出、“多管闲事”，等等。市场经济对功利的追求，强化了人们的短期行为。改革开放深入、国际交往频繁以及国际一体化的影响，传统文化与外来文化产生冲突，东西方一些堕落的观念成为时髦，如“金钱至上，钞票万能”的钱论，“有权不用，过期作废”的权论，“人生苦短，抓紧行乐”的欲论，这都对社会秩序造成极大的混乱。

2013年6月英国《金融时报》报道，英国最有名、最成功的基金经理之一安东尼·波顿（Anthony Bolton）将不再执掌富达中国特殊状况基金，承认在中国赚钱比他预计的更难。这正是中国特殊的人文环境对投资的影响。[1]

2. 动因

在现实社会中，个体必然处在某个组织或群体之中，其行为受制于组织或群体的压力。对于会计信息失真，有必要考察一下影响相关社会组织的动因。

（1）企业。作为社会的基本经济组织，企业的天性是追求自身利益的最大化。在委托代理制下，产权所有人的利益往往被代理人（管理层）所左右。企业在生成和披露会计信息时一般考虑：①完成考核指标。企业的经营

---

[1] 英国著名基金经理波顿将告别中国市场．新浪财经，2013年6月18日

业绩受到上下的关注，企业考核指标是否完成还直接关系到管理者个人的切身利益。由于对管理层业绩的评价指标多为财务数据，尤其是利润指标，而利润指标恰恰又富有弹性，这客观上会诱发企业管理层利用信息不对称的优势，借助企业会计信息来证明自己的履约程度。②顺利筹到资金。为对外顺利地筹措到所需资金，企业必须向投资者或债权人提供能表明盈利性或流动性良好的会计信息。多数企业上市并非想多回报股东，而是一心想着快圈钱、多圈钱，把所有风险留给中小股民，为尽快上市，“不是请客吃饭，就是做文章（造假）”。在借款时，企业为在借款契约中争取主动、避免惩罚，也会修饰有关财务指标。③躲避政府管制。节税、避税、争取多退税，躲避外汇管制，逃避证券监管，避免被政府视为垄断，避免被用来作为行业管制的依据，企业会在提供的会计信息上花工夫。④不愿充当“出头鸟”或“冤大头”。提供低调的会计信息，争取政府补贴，回避各种名目的摊派或对外捐助，尤其是民营企业。⑤获取资格、荣誉。针对有关资格、荣誉的不同要求，修饰对外提供的会计信息，便于获得某种资格或荣誉，给客户或社区一个好印象。⑥树立形象。利用公开的会计信息，在社会公众中树立良好的印象，吸引社会关注，尤其是上市公司。⑦左右股价。对上市公司来说，良好的财务报告会刺激股价攀升，恶劣的财务报告可能会引起股价跳水。

（2）中介机构。这里仅以会计师事务所为例。作为法定的会计中介机构，CPA（注册会计师）及其事务所发挥“经济警察”的作用。社会对 CPA 的期望与 CPA 执业的现实存在强烈的反差，在我国特定执业环境下，CPA 及其事务所面临严峻的挑战。①生存需要。企业治理机构的缺陷导致 CPA 审计中委托代理关系的错位。按独立审计要求，CPA 代理企业所有者对企业经营者进行审计监督，而企业所有者的虚设，变成经营者委托 CPA 对自身进行审计，“花钱挑刺”。现实中企业接受 CPA 审计并非自愿，而是迫于政府职能部门的压力，这些使得企业（客户）与 CPA 及其事务所之间玩一种猫鼠游戏。由于客户不合作，优质不可能优价反而失去客户。为了生存，面对客户的非分要求 CPA 及其事务所也只能变通，作出让步。②避险考虑。受 CPA 业务的技术与能力、审计的时间及费用等因素的制约，CPA 及其事务所不可能对客户提供资料的真实性作出确认，CPA 对客户精心构作的舞弊也是无奈的。对于日趋复杂的经济业务以及客户背后的关系网，CPA 及其事务所要做得规范难度较大，唯一应守住的防线是尽可能地保持职业谨慎，对审计业务作些技术上的处理，尽量回避能预计的审计风险，这同样会使会计信息失真。

（3）政府部门。作为社会控制强制力量的政府，其职能部门通常因以下缘由会影响会计信息的质量：①粉饰政绩。政府部门出于完成指标考核的考虑，往往会私下指定一些企业对财务数据作些调整，尤其是所辖重点企业、关系企业。②财政考虑。为保证税收，税务部门希望企业多列、早计收入，而严格控制增加税前成本费用列支。为调控地方财政年度收入，政府部门也会要求企业予以配合。有时政府要求企业提供捐助，会在其职权范围内给予方便。对于上市公司，政府部门更是将其视为“第二财政”，对上市公司造假难以较真。③稳定社会。与西方社会不同，我国的企业破产、企业重组及上市公司出事，会给当地政府带来巨大的社会压力，出于稳定需要，对企业会计信息的失真，政府有关部门很容易默认或护短。

3. 行为

美社会学家帕森斯（Parsons）认为，在大多数社会关系中，行为者不是以个人身份参加集体活动而是以集体的一分子参加社会活动。出于对组织的归属要求，在会计信息失真中，企业经理人及会计主管、CPA、政府官员存在明显的行为倾向。

（1）经理人（企业家）。企业经理人对会计信息失真负有直接领导责任。企业经理人出于自身利益考虑，对企业治理机构完善、企业内控制度的健全通常消极对待，而对激励机制的建立十分敏感。为避免承受更多的风险，经理人短期行为普遍。缺少监督的“内部人”，其行为就比较随意，对自身的利益，往往采用“堤外损失堤内补”；对工作不满或缺乏责任心，以造假论英雄，放纵下属行为；对来自上司及关系户的压力，多为屈从；对企业会计信息失真认为多见不怪，法不责众，而随大流；以为惩罚风险低于作假收益，对违规操作抱着侥幸心理而贸然行事。

（2）会计主管。作为企业会计工作的权威主持，企业会计主管对会计信息失真负有业务分管责任。现实中往往有以下情况发生：本分的会计主管被认为无能而面临下岗。担心自己的职位变动或被辞退不得已而为之；认为《会计法》规定单位领导人承担会计信息失真的第一责任，而放松对企业会计信息质量的监管；工作效率低，业务水平差，靠关系或手段占有主管位置，无力制止会计信息失真；利用专业技术的懂行，以“假账真做、真账假做”来炫耀自己的能耐，取得上司的信任；个别为经理人出馊主意，授意下属制造虚假会计信息。

（3）CPA。在现实中，CPA的生命力——独立性受到了威胁。低水平的竞争、行政干预、部门分割，迫于社会压力而不得不搞人情审计；独立审计的要求超前于会计实务的要求，注册会计师审计难度加大，考试多、检查频繁，对业间竞争不适应；知识经济、网络时代，业务越趋复杂，承揽那些不能胜任的业务；执业中应付得多，投入得少，审计质量难以保证；职业道德及操守上有差距，原则性与灵活性的把握随意；服务意识缺乏，与客户关系摆不正，怕资源流失而过分迁就客户；只关心中报、年报审计，平时与企业保持沟通不够，难以了解企业的真实情况；事务所内耗不断，行为短期化，忙于应酬，放松业务提高、质量把关。另外，CPA业务是高风险业务，CPA往往对客户提供的会计信息，如对企业的突发性收入、大额挂账、巨额冲销、资产重组、会计估计、关联交易及期后事项等缺乏足够的职业谨慎，也会影响审计质量。极少数CPA执业动机不纯，缺乏必要的自重以及自律。

（4）政府官员。政府官员代表政府职能部门行使行政管理权力，其工作作风、工作效率对会计信息失真亦有关系。由于业务不熟、能力不足，被企业蒙混过关。碍于亲朋好友情面，迫于上司、与己利益有关人的压力，尤其是政府官员暗示而“放一马”，失去对会计信息的政府监督，更可怕的是有损政府形象。个别官员收入之财，代人受过，甚至串通造假，损害会计信息用户的利益。

（二）催化·放大

会计信息失真固然源于社会组织的动因和个体的行为，而目前突出存在的社会现象是信用失衡、责任淡漠和自安心态对会计信息失真起着催化和放大作用。

1. 信用失衡

信用是现代社会有效运行的润滑剂，良好的社会信用必须建立在会计信息的有效供给和需求上。当今社会正在走向数字化，会计信息的失真使现代社会失去唯一可依赖的数字。社会交往中双方互不信任，大家都是两面人，主户或客户时时要判断对方会计信息的水分，这必然加大社会运作成本，降低社会运行效率。

2. 责任淡漠

社会组织或个体，如果个个只顾自己而失去应有的社会责任感，必然导致整个社会的无序化。会计信息失真反映出企业、中介机构、政府部门以及相应的行为人社会责任感的淡薄和其对应尽社会责任的漠然。企业或其管理层只顾自身利益生成和提供会计信息，CPA 及其事务所只为自己创收而签具审计报告，政府职能部门或政府官员只看表面文章而未尽行政监督职责，会计信息的失真永远得不到根治。

3. 自安心态

洁身自好，只求自安，也不想干涉他人“自由”。这种心态的普遍存在使社会失去一种无形的威慑力量。对企业造假、某些行为人的舞弊，因怕打击报复而采取不闻不问、不举报、不配合调查的“看破红尘”态度，大家都充当“老好人”。社会有的是奉承之声、默默无语而缺乏阳刚之气。制止会计信息失真需要社会公众舆论压力和社会评价导向作用。

放任这些现象泛滥，还会给会计信息失真的治理带来巨大困难。

（三）结论·建议

会计信息失真是一个社会问题，其形成与蔓延有其深刻的社会背景，仅仅从经济层面去认识会计信息失真难以找到其根本原因。治理会计信息失真会计界责无旁贷，但仅依赖会计界的努力还远远不够。社会各界应联手合作，综合治理，才能减少因会计信息失真给社会带来的不利影响。

大力整治社会秩序。彻底扭转经济运行中的无序现象。充分发挥市场在优化社会资源配置中的作用，正确处理政府调控与市场调控的关系。坚决消除党政干部中的腐败现象。改进政府工作作风，提高政府办事效率。必须在全社会树立起良好的典范，尤其是各级领导干部、企业管理层、上市公司、政府部门、中介机构以及资本市场。着力清除社会生活中丑陋、愚昧和颓废现象。摧毁虚假会计信息的需求基础。

培育成熟企业。企业是会计信息供给的源头，只有企业运作规范，会计信息质量才能得到保证。加快企业治理机制的完善，推行企业员工持股和鼓励管理层收购股权，在我国更应重视职工参与企业管理，这既可加强对经理人的约束，也体现了政治的要求及对人力资源的重视。强化企业内部的制度建设和制度运作，实现财务、会计和内部审计的相互制约。要培养自己的企业家，规范经理人市场的运作，全社会应尊重企业家，使我们的企业家成长起来，成为新一代的儒商。企业应重视自身的企业文化建设，发挥管理理念、管理风格及经理人个人品行在企业内控中的作用。

法治德治并举。必须从我国的实际出发，根据现代社会的要求完善我们的法治。同时，纠正对德治的错误认识。德治是法治的支撑，法治是德治的保证。领导干部必须以身作则，当好表率；企业经理人应牢记肩负的社会责任；会计人员必须严守“不做假账”的道德底线。道德建设是一件长期的工作，党、政、军、工、青、团、妇、侨等都应承担各自的责任，在全社会倡导一种清澈之风、理性之气，形成健康向上、催人进取的党风、民风。文化界和教育界应在净化社会环境中发挥积极作用，加强对公众、未来公众的角色规范和道德养成教育，使抵制虚假会计信息内化为社会公众的自觉行为。

二、企业舞弊审计失败的社会学分析

何为舞弊？一般的认识引自《韦伯斯特新大学词典》所作的解释：“舞弊是一种故意掩盖事实真相的行为，它以诱使他人丧失有价值的财物或法定的权力为目的。”审计（职业）界对舞弊的理解更主要是针对审计中会计资料不真实性的界定，也即侧重于财务报告编制中的舞弊，如美注册会计师协会《审计准则公告》第16号中指出：“舞弊是指故意编造虚假的财务报告，如管理人员蓄意虚报，有时指管理人员的舞弊、盗用财产，有时称作盗用公款。”本文所指的企业舞弊是从独立审计意义上来理解，指的是企业管理层有意利用失真财务信息谋求不正当利益的行为，它具有高度的欺骗性、巧妙的隐蔽性和极大的危害性。所谓审计失败则是指企业财务报告存在重大错报或漏报，而CPA未予以披露且发表误导的审计意见。近年来，经媒体揭露的企业舞弊事件呈上升之势，尤以上市公司对社会的影响最大，银广厦事件引发的股市地震至今仍使人心有余悸。人们期望CPA能提供一道可靠的防火墙，至少在审计报告中对此有所披露，但人们看到的却是无保留意见的审计报告。面对企业舞弊审计失败这个难以接受的事实，人们开始怀疑那曾被作为权威的独立审计，审计界正面临信任危机。我们应冷静分析这种表象下蕴含着的复杂原因。

（一）外部原因

以审计界的视角，企业舞弊审计失败的原因可分为内外两方面，外部原因包括社会历史原因、审计市场因素、技术原因和成本—效益因素；内部原因则包括CPA、事务所和职业本身的原因。

1. 社会历史原因

（1）社会转型。转型社会所特有的诸多矛盾无时无刻不影响着社会的各个层面，政治、经济、法律、文化等方面冲突不断。经济运行存在种种无序现象，逃税偷税、骗汇骗税、套取信用、假冒伪劣、行贿诈骗、地方保护等现象泛滥。企业管理混乱，内部控制流于形式，会计信息失真严重。法制建设滞后社会需求，人治仍受推崇，法治未成大气。传统文化受到外来文化的冲击，金钱、暴富、自私、奉承流行，人们思想混乱，黄、赌、毒现象泛起，干部经不住诱惑，社会风气滑坡。恶劣舞弊事件的背后往往存在着惊人的寻租事实。

股市重建对拉动国民经济的增长无疑作出了公认的贡献，同时也为会计的发展提供了难得的契机，独立审计由此开始走上历史舞台。但不少人甚至政府高层对股市的功能认识有偏差，企业上市的目的成了圈钱，股民入市被迫投机，股市成了诸多社会问题的焦点。部分上市公司为谋取融资等资格，制造虚假财务信息。证券市场的混乱尤其是股市暴跌，引发了社会公众对上市公司造假的强烈关注，人们自然将期盼投向CPA，但公众只知独立审计是高收入的行业，不清楚这种收入应当是高风险的，也不明白CPA对企业舞弊审计失败应承担多大的法律责任。CPA执业环境恶劣，社会期望与审计现实的强烈反差冲击着审计界。

（2）社会发展要求。市场经济的多样性、复杂性以及多种经济主体引发的各阶层利益冲突，使得经济活动的不确定性大增；企业管理层的受托责任范围扩大；市场竞争日趋激烈，各方经济矛盾日益增多；财务信息需求由了解短期财务状况转向盈利能力分析；资本市场的设立与发展，投资者的大众化，加速了会计信息的社会化，人们注意到投资决策中信息的重要性，开始重视企业提供的信息，需要对这些信息的真实、公允进行鉴证。上市公司的舞弊、股市的动荡已同数千万中小股东的切身利益联系起来；维持和谐的社会经济秩序需要强有力的经济监督手段；投资者和债权人期望 CPA 能够揭露企业的舞弊行为，当他们的利益受到失损时，本能地将 CPA 推上被告台，独立审计的法律责任加重、职业风险增大，其维护公众利益的社会责任凸显。

2. 审计市场

（1）事务所。改制后大多事务所采用了合伙或有限责任公司这种组织形式，业内普遍认为事务所是一种经济组织，理应讲经济效益。这种认识相当有害，事实上事务所属于“责任—风险”经营实体：①它不能利用价格竞争；②获取利润不是目标；③服务对象并非客户，事务所应是一个由 CPA 组成的能独立承担民事责任，受行业规范约束、为社会公众利益服务的具有法人资格的社会公正组织。

（2）客户。现代企业的基本特征是所有权与经营权的分离，所有者（委托人）授权经营者或管理层（代理人）从事企业经营管理。由于委托人与代理人在利益上存在冲突，以及存在信息不对称，企业存在代理问题——道德风险。代理人在委托人无法获取完全信息的情况下，选择有利于自身的行为。逆向选择：与委托人签约前，代理人有意隐瞒自己的信息。内部人控制：很多国有企业名一股独大，实所有者缺位，公司总经理兼任董事长。

（3）运作。委托审计：审计之所以有生命力是因为它以独立的身份对企业管理层编报的财务报告进行审计并发表意见。按此要求应由企业所有者委托 CPA 对企业管理层提供的财务报告进行审计，这是另一种委托代理关系，而现实往往由企业管理层来选择、委托 CPA 或事务所。一方是客户，自己的衣食父母；另一方是职业道德、执业规范，这让审计机构何以保持独立、公正？“三资”企业或私营企业所有者往往又是经营者，它们的审计很多情况下是为了应付有关规定。低价竞争：市场容忍低质量的审计，客户便成“财神”。为争夺客户，低价是同业竞争的最佳选择手段，出现劣币驱逐良币的怪事。行政干预：在审计市场萌芽之时，政府运用其权力扶持一下 CPA 职业，如对市场准入的干预、对 CPA 执业过程的干预，这本无可争议，问题是在市场秩序建立的同时未形成对权力运用的约束机制，出现了不该发生的权力滥用，如部门分割、地方保护、责任定位偏向。

3. 技术原因

（1）经济业务复杂多变。现代科学技术的发展使经济业务趋于复杂化和专业化，如生产领域的高科技产品、先进的制造技术、质量检测技术等。上市公司业务日趋复杂，超前于有关法规，如各种重组、关联交易等。

（2）信息时代及知识经济。经济的发展更多地依赖人的作用，经济犯罪呈高智商化。流通领域的无纸化交易、虚拟公司的出现，会计电算化等，都对审计提出更多的难题。美《Journal of Accountancy》杂志（1996.1）曾刊文提出 CPA 应了解的十五项主要技术：图像处理、电子数据交换、信息系统安全、电子商务、通信技术、工作流程技术、区域网络技术、集成处理和群组工作、客户—服务器技术、职能代理软件技术、企业作业再生工程、计算机邮件技术、专家系统、速答系统和远程通信。显然这对一般的 CPA 是一个挑战。

（3）会计信息本身的局限性。会计反映的内容不完整：账内反映不全面，如或有事项、表外项目。会计反映的多样性：会计方法可选择、会计数据多估计、会计处理弹性大。会计信息反映的是过去时，是一种事后反映。会计提供的是一种综合信息，它是经济信息的一种异化。

4. 成本—效益

平心而论，审计也是一种经济行为，CAP 提供的是有偿服务，而且是一种承担风险的服务。从经济行为来分析，客户委托审计机构进行审计是一个风险转移或分散过程，审计费就是这种风险的代价。面对审计收费，事务所自然要权衡其所花的时间、精力及其他耗费，如果审计成本过高，即审计成本高于客户支付的审计费，按成本—效益的要求，审计人员很难再去投入人力和物力，如上下取证、补充审计程序。目前审计收费标准基本上依据企业的净资产总额来确定，收费的多少与审计质量没有必然联系。而客户以为，审计不就是看账本、翻凭证？交钱有点冤，讨价还价难免。而审计市场的低价竞争迫使审计人员简化审计过程，忽略审计风险。

事务所为了尽可能地减少因报表使用者起诉带来的“或有损失”，回避由此可能带来的风险，往往针对审计报告使用者而进行审计，投其所好，例行公事，而税务、银行等会计信息用户很少共享审计报告而另行检查，这既浪费了社会资源，也因减轻审计责任而使事务所争抢业务。

（二）内部原因

内部原因可从CPA、事务所及职业自身分析入手。

1. CPA

就职业界本身而言，CPA（审计者）当为企业舞弊审计失败的关键所在。面对严峻现实，CPA显然准备不足。

（1）意识。责任意识，为诚信的基点。目前CPA的社会责任心受质疑，企业舞弊审计失败很多是由于CPA处理问题简单化、程式化所致，未能在执业中充分认识自己应负的社会责任。审计服务对象不仅是被审计单位的管理当局，而且应包括投资者及债权人。风险意识，对行业风险、执业风险认识不足，过分信赖被审计单位的管理当局，过于看重审计操作程序和专业标准，重形式不重实质。服务意识，执业中讲质量品位、重视事务所信誉品牌意识淡薄，雇佣意识浓重。全局观，执业缺乏合作精神、团队精神和全局观，太看重个人利益。

（2）职业道德。法律不可能完备，任何审计技术方法都要以CPA的职业道德作为支撑。CPA的审计质量更是专业技术和职业道德的函数（李若山，2000）。审计人员知识构成不合理，专业知识与相关知识比例失调，如法律、经济、计算机、外语等知识欠缺；业务能力有待提高，如敏锐的职业观察力、分析与判断能力、应变能力及沟通能力等。常喜欢凭老经验办事，对新变化、新要求适应过慢，容易被高新技术、疑难问题镇住；审计人员的职业判断能力差，在信息披露及风险评估上把握不准，不能正确处理原则性与灵活性的关系。

（3）职业判断（或专业判断）。审计质量的把握和审计风险评价基于CPA的职业判断，如对企业经营的业务、经营情况、企业管理层可依赖的程度、企业内部控制的有效性、审计机构变更的理由等的判断。

（4）职业谨慎。对高风险的审计客户，没有保持应有的职业谨慎和职业怀疑，没有获取足以支持其审计意见的直接审计证据，如银广厦事件。从审计失败法律诉讼的案例来看，CPA审计责任通常以其在执业中是否存在故意和过错来界定，这里审计中CPA是否保持应有的职业谨慎至关重要。

2. 事务所运作

作为民间审计机构，会计师事务所运作中存在不少问题。

（1）经营观念。缺乏稳健经营思想，唯利是图，屈从客户，“只有找不到业务，没有做不了的业务”。广揽业务而忽视审计的独立性，如安达信出事后人们发现其十多年来既为世通提供审计服务，又为其提供咨询服务。

（2）运作机制。客户掌握不透，常跑上跑下抢客户，通过关系保客户，对客户相关情况掌握不够，尤其是对客户的业务不熟悉，缺少稳定的客户群。内部管理松弛，人心不稳，缺乏有效的激励机制，工作效率低下。事务所内员工与合伙人缺乏互信机制，责任链时而断裂，责任共同体有待重建。审计质量控制不力，相关人员沟通不够，新问题未能及时解决，三级复核流于形式。缺少合力，审计人员结构不合理，如年龄、知识、阅历、经验等结构，缺少相互理解、相互信任、相互配合的协作精神，所内缺乏向心力。

3. 职业

从审计职业本身来看，面对企业舞弊审计失败的现实，审计界确实有必要进行反思与再造，如现行审计理念、审计模式及审计流程等。

（1）职业历史。独立审计在我国不过 30 来年时间，CPA 的业务素质、执业水平和经验显然不能与发达国家相比。审计行业的规范化程度低，行业自律能力差，与独立审计相配套的法律、经济、政治等机制尚未真正形成。

（2）审计理念。审计被认为是一门艺术，是一门专业学科。这种认识将审计置于一个低层次来考虑问题，未能从经济秩序、利益均衡或维护公众利益的角度来认识审计是一种独特的经济监督手段，独立、公正、公平是其生存之根本。

（3）审计模式。现行审计一般选择制度基础审计模式，它建立在企业有良好内控制度的基础上，审计的重点为企业的内控制度，通过符合性测试和实质性测试等方法来检测企业内控制度的真实性、合理性和有效性，这是一种视企业为“人之初，性本善”观念下的理想型审计模式，这种模式将企业舞弊的责任定位于企业管理当局，显然对揭露企业舞弊行为难以奏效。

从审计实践来看，CPA 的执业风险来自三大方面：①客户未按合法性、公允性和一贯性要求编制财务报告。②客户面临财务困难，甚至失去持续经营能力。③客户严重欺诈、违法。显然制度基础审计下 CPA 关注的只是第一方面。国内外的重大企业舞弊案件已向CPA的审计责任提出了质疑，法律界(包括社会各界)与审计界对审计责任的理解存在相当大的差距，国外审计界已开始由制度基础审计向风险防范审计转变。我们的独立审计必须强调风险意识，审计作业理应引入风险评估，分析被审计企业最容易出问题的环节。强调审计风险评估，在审计风险因素分析的基础上，具体评估因企业舞弊导致财务报告出现重大失实的风险。不能以“揭露欺诈是被审计单位管理当局或其内部审计人员的责任”为借口，而推卸自己应承担的责任。

(4)审计流程。审计中缺少足够的职业谨慎，职业关注与投入不够，讲形式好作秀，未能保持应有的怀疑，如关联方交易、非常交易、非货币交易、非法或非规范的融资行为、托管经营、非常规的资产计价、资产重组及多重控股关系等。审计结论缺少有效证据的支撑，尤其对企业资产价值的评估、资产所有权的确认、重大事项所作估计的前提。对重要性的判断，很难确定量化标准，需依赖CPA的经验与职业判断。审计取证难度大：在电算化下，信息以电子数据形式存储，肉眼不能分辨，易被改、删、藏、转移和伪造且不留痕迹；对往来单位的函证也往往因利益关系而难保有效。现行审计的规范，建立在手工作业的基础上，引进过多，超前过分，消化不足，具体执行难以操作；独立审计准则与会计准则的协调、与其他经济法律法规的协调均存在较多的问题。

第四节　会计的生态观

生态观是用生态系统的观点和方法研究人类社会与自然环境之间的相互关系及其普遍规律，其基本观点：尊重生物体的生命，反对技术统治的理性主义，强调生态平衡。生态观演变为一种新的哲学范式，以人与自然的关系为哲学基本问题，追求人与自然和谐发展的人类目标。

一、生态观带给会计的启示

从生态视角下看会计，宏观上是发展理念的转变，中观上是会计环境的重建，微观上则是将生态因子注入会计系统。

1. 生态观下发展理念的转变

通过对人与自然关系的反思，存在两种发展观：一是以人类为中心，视人类自身发展为最高目标；二是将人类与自然视为系统基本成员，尊重大自然的价值，在追求社会及生态利益的前提下实现人类自身的发展。德哲学家海德格尔（Heidegger）和我国哲学家金岳霖都认为，人类中心论是传统发展观的哲学根源和致命点。

生态视角下的发展观倡导“人化自然”与“自在自然”相和谐，实现在保持自然资源质量和持续供应能力前提下促使经济持续发展，在不超越环境系统容纳及更新能力的前提下促使人类社会健康发展。实现经济效益、生态效益和社会效益的平衡。

会计有其自身特有的价值观和思维方式，按照其自身规范及习惯进行会计处理，会计的发展理应主动纳入生态的视野并体现生态文明的高度。人类社会中，个体和组织之间的分工与合作往往是在人的能动作用基础上通过共生关系和竞争关系而实现的。在认识共生机理和规律的基础上，对会计系统按共生要求进行设计和建构，实现各会计主体的共赢，如会计岗位分工、会计组织内的互相学习、思维互补、信息共享、集思广益等。生态观下，会计流程再造可视为对企业内部会计生态的优化，而价值链会计可以视为企业内外会计生态优化的一种模式。

2. 环境建设

改善会计的生存环境，提升会计的文明程度。参照英生态学家泰斯勒生态系统的描述（Tansley，1935），将会计生态描述为按会计特有的内在逻辑及发展规律形成的拥有一定功能特点和结构特征的动态平衡系统，其具备三大基本要素：会计生态主体、会计生态客体和会计生态环境。

生态文明是指人类遵循人、自然、社会和谐发展这一客观规律而取得的物质与精神成果的综合，是以人与自然、人与人、人与社会和谐共生、良性循环、全面发展、持续繁荣为基本宗旨的文化伦理形态。生态文明建设强调人与环境的和谐发展，体现出人对其生存环境的高度依赖与深度关怀，具有强烈的人性光辉和人文精神，这也是会计生态建设所追求的重要目标之一。会计环境建设的目标在于通过会计生态主体的参与和实践，完善会计法治，发展会计理论，改善会计服务，充实会计手段，形成会计的和谐世界。它在强调自身构成因子发展及相互之间关系协调的同时，也蕴含着各因子与其外部和谐相处、适应性互动的生态文明思想；在关注建设会计物质文明、精神文明和政治文明的过程中，注重建构会计系统内外人及事物间和谐、趋同、借鉴、认同的关系。

3. 将生态因子注入会计系统

传统会计只承认经济资源而不承认生态资源。因而应当改革现行会计核算要素，增加或改用环境会计要素，促使人类维护生态环境、保护生态资源，使社会、经济与环境真正实现可持续发展。也正是从这个意义上说，环境会计是人类生态理性的产物，是人类良知和智慧的产物，也是人类社会可持续发展客观需求的产物。

生态因子注入会计系统，应分层次或阶段性，可以从迫切需要解决的环境代价计入成本系统出发，而后考虑环境效益的计量；从改进现有的核算体系入手，过渡到新的核算体系的构建；从改善会计工作的小环境出发，拓展到社会层面对会计良性发展的支撑。

二、生态观下若干会计问题的思考

1. 会计理论

(1) 生态理论对会计的影响。需要从生态学、生态管理学、生态发展学以及生命学等角度，以系统、综合、整体的视野，对会计生态进行进一步研究建设。

20 世纪 70 年代出现的可持续发展观，是一种生态视角下的发展观。以可持续发展视角看待企业与社会、企业运行与经济发展之间的关系，企业作为一个微观经济主体，其生态问题对社会、经济以及其他企业产生负外部性问题，企业对股东和公众披露其生态信息以及内部生态控制和生态成本管理。

传统会计不能为企业的可持续发展提供足够的相关信息，也不能反映企业对可持续发展作出的特定贡献（Maunders、Burritt，1991）。企业可持续会计和报告是强调为生态系统和社会服务的会计（Gray、Milne，2002）。国外学者相应提出“可持续会计”观点（Schaltegger、Burritt，2010），同时指出可持续会计是会计的一个分支，是为生态系统和社会服务的会计，而且可持续会计作为一种信息管理工具和方法，能促进企业的可持续性和企业责任的发展。可持续会计与传统会计的区别在于，可持续会计提供了关于企业可持续发展的更多的相关信息，以及企业对可持续发展作出的具体贡献。可持续性关注的是社会、环境和经济可持续发展问题之间的联系和相互作用。

（2）生态意识的重视。会计工作中，缺乏主流与特色，对会计生态建设的文明导向和国家意识主导认识不到位甚至发生变异。比如，公然在利益驱使下挑战国家意志的会计违规违法行为；对会计理论和实践中的公认概念及其定义、定理、原则和方法等仍很难达成大范围的一致、小范围的特色；对会计法政、会计理论以及会计本相、会计生态中各有关方面缺乏认识后的操作失当、把握不准等而造成对会计各主体的误解、对会计客体理解运用不当、对会计环境呵护与优化不力的系列问题，其实质就是会计生态意识的模糊与混乱。

（3）会计体系注入生态因子。在会计对象层面，扩充会计要素，如将传统会计要素及会计等式改进为：

生态资源=社会权益

生态收益-生态成本=生态利润

会计的基本假设中需要追加生态要求，如资源的限制性、资源权益。会计计量上，改进现在计量属性，以适应生态要素的计量复杂性。会计记录，选择有助于生态优化的工具或手段。会计流程中，注重会计环境和人的积极性、主动性及进取精神的培育。会计信息披露方面，除财务信息披露外，还应披露生态方面的信息。

2. 会计实践

（1）会计环境生态化改造。综观近年来发生的系列会计丑闻，尤其是2009年的股市黑幕，会计生态建设发展在政策措施方面所表现出的缺位、软弱、务虚、恶化等问题十分明显和严重，如何保证会计信息需求主体的权利，如何确保会计生态各主体的协调关系与制约作用，如何对会计服务与会计信息使用的纠纷与补偿做出法律规定，如何强化会计生态方面的发展动力和正当竞争，如何对会计生态主客体的利益分配和监督考评进行法律层面上的界定等，都说明了会计生态建设发展还很不全面，这就导致现行有关政策不能起到对会计生态进行有效保护的作用，导致有些政策甚至与及会计生态平衡及和谐要求相抵触的诸多问题的产生。

（2）传统会计核算体系注入生态因素。将生态资源价值引入产品价值运动，体现对生态环境资源的有效保护。原有核算体系中没有考虑生态资源的损耗和生态环境恶化的损失，导致经济效益指标的虚增及生态环境的恶化。个体或区域责任由全社会承担，粗放型发展泛滥，而社会发展难以实现真正的转型。

在成本核算上，需要将生态代价列入核算范围。生态问题中有很多事项是难以用准确的货币金额加以计算的，如能源消耗量、污染物排放量及生态价值、社会效益等。应使产品成本能够真实地反映产品中所包含的各种投入耗费情况，以利于企业挖潜，降低损耗，减少损失。

（3）生态方面的会计问题。针对环境及生态保护出现了一些现实的会计问题，如资产弃置义务的会计问题、土壤污染修复的会计处理、排污权交易的会计处理、碳会计问题、可再生能源的会计问题、企业生态成本的控制问题以及生态绩效评价或评级体系等。

碳排放权的会计处理，也即碳会计，是目前比较热门的会计问题，包括碳交易市场中的碳排放权的授予、购买或取得的会计确认、计量、记录及披露。

企业生态信息的披露是生态观下会计的初步尝试。披露是由内外压力所致。实证表明，政策因素在生态信息披露中起重要作用，另外，披露生态绩效会受政治、经济和文化等因素的影响。生态信息披露也可体现企业的受托责任，有助于减少生态信息的不对称问题；从内部控制看，生态成本有助管理者的生态决策，实现对生态成本的有效管理，有利于企业降低成本和解决生态问题。

（4）价值链理念的运用。美管理学家迈克尔·波特（Michael Porter）1985年提出价值链理念，价值链是企业一系列有联系的价值活动的组合。他认为，企业的价值创造是通过一系列活动构成的，这些活动可分为基本活动和辅助活动两类，基本活动包括内部后勤、生产作业、外部后勤、市场和销售、服务等；而辅助活动则包括采购、技术开发、人力资源管理和企业基础设施等。这些互不相同但又相互关联的生产经营活动，构成了一个创造价值的动态过程。

价值链在经济活动中是无处不在的，上下游关联的企业与企业之间存在行业价值链（外部价值链），如供应商价值链、顾客价值链、竞争对手价值链；企业内部各业务单元的联系构成了企业的内部价值链。价值链上的每一项价值活动都会对企业最终能够实现多大的价值造成影响。

通过对外部价值链分析，企业选择进入一个或多个行业或某一行业的一个或多个环节，进入该领域为该领域的客户创造价值；内部价值链则是企业内部为客户创造价值所进行的主要活动和相关支持活动。企业在竞争中的优势，尤其是能够长期保持的优势，说到底，是企业在价值链某些特定的价值环节上的优势。价值链思维强调了价值创造的过程。通过深入分析价值链从而建立竞争优势，进而增加企业价值。价值链理论提供了创造价值的具体思路和方法。外部价值链分析确立了企业的商业模式、战略选择和经营战略；内部价值链分析强调战略执行、具体价值创造活动。

为客户创造价值也是为企业自身创造价值，这种价值最终体现为企业会计价值的增加。会计强调量化，是一种目标和导向，价值链意义的价值则强调价值创造的具体思路和方法。其实这就是一种生态理念在会计实践中的运用。

（5）生态会计控制。即生态观下的会计控制。传统的会计控制“以产权为本”，关注的是财产权的投入、占有以及产出。会计信息使用者（传统意义上说的企业管理层、职工、投资者、债权人以及政府部门等）看重的是企业的财务业绩。生态会计控制则“以人为本”，这里的人，除了会计信息使用者外，具有更广泛的群体，如企业周边社区、人群以及这些人群的后代，这些人要求的不再是财务权益，而是生态权益。生态会计控制下，控制手段或方式必须有新的发展。传统会计控制注重差异控制，如实际发生与预算金额之间的量差与价差，即控制的是价量关系，并没有涉及资源使用效率，而生态会计控制关注的重点在于资源的使用效率。在生态会计控制中，除重视过程控制外，既重视企业整体的投入产出，更关注每个运营环节的效率，实现企业各控制节点上运营对生态权益影响的控制。

第五节 会计的哲学思考

哲学是理论化、系统化的世界观，是自然知识、社会知识、思维知识的概括和总结，是世界观和方法论的统一。哲学的核心是“求真”和“求知”，其特点是思辨性、解释性和概括性。这里对会计的哲学思考侧重会计的价值观和方法论。

一、会计的价值观

会计价值观是指导会计实践主体有目的地选择某种会计行为或活动，并判断该会计行为或活动的好坏、优劣的一种总的看法和基本的观点。

一般认为，真善美德是会计价值观的基本内容，但这里没有结合会计自身的特点。会计价值观的主要内容为真实反映、信息控制、共享互利以及人品为上。

1. 真实反映

会计在对会计主体的经济活动进行计量和报告时，也是追求真实核算、全面反映。一定意义上，真实是会计的核心价值观。

会计信息是企业财务状况和经营状况的反映，是价值创造过程和结果的一种体现。提供真实、相关的信息对于价值创造也非常重要。

会计是一项复杂的社会实践活动，必须有其特定的对象，会计所反映和控制的对象无论被视为资金流还是信息流，都是物质的不同表现。虽然会计人员处理会计信息的过程表现为一种主观的过程，但会计信息的本质是客观存在的资金运动，并不因为会计人员的主观加工而改变。从这个理解上，客观即真实应是会计信息最本质的质量要求。会计工作必须从客观实际出发，如实反映客观实际情况，按实际情况办事。会计的客观真实可包括：①真实，每一项会计记录都要有合法的凭证作为依据，保证账证、账账、账表和账实间的一致；②中立，对经济业务的计算、记录和报告，做到不偏不倚，不受主观意志所左右，公允地反映经济交易事项。

2. 信息控制

会计核算主要依靠货币计量，它将一切与企业有关的价值量化为货币单位进行处理，借助财务报告了解企业运行状态，并以此作出经营管理决策。

目前会计体系设计总体上表现为资本至上。从会计信息的披露上，两权分离下，投资者需要借助财务报告了解企业运行状态、质量，通过对披露的会计信息的分析及综合判断，提出决策，以实现对企业运行的控制。如投资决策、促销决策、产品决策等，无不需要企业会计信息的支撑。

从企业内部运行看，内部控制需要通过一定的方法和一系列的制度流程来实现，达到提升整体效率及防范风险。内部控制既是一个风险控制、管理控制的范畴，同时也是战略执行、价值创造的手段。内部控制的功能在于防范价值损失，是价值创造的另一种手段。信息的搜集、记载及处理对员工的无形压力，信息传递的工作绩效，由信息判断所作的决策，对企业运行的方向、波幅等的控制，无一不体现了会计信息的控制力的影响。

3. 共享互利

会计提供单位资金运动所反映的信息流，财务会计主要对外提供会计信息，而信息本身具有共享互利的要求。

（1）生产经营。会计信息的处理以自我为核心，即会计的本位性。生产经营中表现为：①企业要从自然环境中获取原料，向自然环境排放废物；而现行的会计体系总体上还表现为发展至上，不关心生态。②不考虑或极少考虑客户及供应商等生产经营相关者对会计信息的要求，这是一种封闭式的发展观。

（2）管理资源。现有的会计要素突出资本增值导向，人力资源价值尚未被充分体现，传统报表中职工权益只作为工资福利费用问题，而费用对企业而言被定位为压缩或控制，这种信息很难促使投资者与员工利益的协调。

时代要求将共享互利的价值观注入会计体系，一是环境生态要素，二是企业经营中的互利多赢，三是人的创新精神要素。也就是说，应将三个核心要素——资本、人力和资源进行拓展，在会计计量上运用三种量度工具，即货币量度、实物量度和劳动量度。企业既要对股东权益和资本增值负责，也要对职工权益和职工增值负责，更要对社会利益和生态改善负责。

4. 人品为上

会计信息通常被认为是企业重要的内部信息，而会计信息的生成与披露无不需通过人的所为来实现。会计人品主要为诚信和责任。

（1）诚信。会计人员必须具有良好的诚信力。会计诚信需要制度建设更需要文化建设，诚信取决于人的意识和人的行为。会计人员应自尊自爱自省自律，外柔而内刚，敢于抵制不正当的授意甚至是施压，勇于维护公共利益。同时注意企业商业秘密的保护，处理好个人利益与企业利益的关系、企业利益与社会利益的关系。

（2）责任。商业社会，利益被过分抬高，责任意识淡漠。会计人员应处理好责任与利益关系、效益与效率关系。会计管理作为企业管理中最重要的一方面，会计人员的品行很大程度上决定了会计管理的成功率，影响企业管理的效率。无论是预算管理、内部控制，还是会计核算，都需全员的重视和参与。企业有一良好的会计环境、培育正确的价值观至关重要。会计的内部控制是一个意识和理念的长期积淀过程，也是一种企业文化的创生过程，更是一个会计价值观形成过程。

二、会计方法论

会计方法论是会计哲学观揭示会计世界发展的最一般的规律，主要包括会计对立统一、质量互变、否定之否定三个相互联系的基本规律。方法是人们认识和处理问题的角度、途径、程序和框架。哲学的方法论是关于方法的理论，是对方法的提炼和总结，是方法的方法，运用哲学理论、方法和思维指导会计工作，有助于我们更合理地处理各种矛盾或问题。

1. 会计的对立统一规律

任何事物并不是孤立地存在的，而要与周围的其他事物相互联系、相互依赖、相互制约、相互作用并由此形成统一整体才能存在和发展。

（1）普遍联系。看会计方法，借贷记账法的规则以及由此形成的账户对应关系，复式记账框架下形成的资金占用与资金来源的对应，会计等式所反映的平衡理念等体现了普遍联系及其规律性。从会计要素角度，收入和费用是动态的要素，即“虚要素”，而资产和负债是静态的要素，即“实要素”，收入和费用要素最终将通过利润要素向资产、负债和所有者权益要素转化。看会计工作，企业资金运动是一个复杂的系统，系统内的各种要素是相互联系、相互作用的，要全面地反映和监督资金运动状况，必须有相应的会计方法，而这些方法本身也是一个系统。理解会计信息质量要求，如可靠性与相关性是相互联系的，可靠性是相关性的前提和保证，而相关性是可靠性的限定条件和最终归宿。

（2）抓主要矛盾。世界一切事物都存在着矛盾，而矛盾既有普遍性，又有特殊性。事物发展过程中，各种矛盾力量的发展是不平衡的，有主要矛盾和次要矛盾的区别，有矛盾的主要方面和次要方面的区别。运用中需着重把握三点：①正确处理矛盾的普遍性和特殊性的关系。任何事物都是矛盾普遍性和特殊性的统一，分析事物既要看到矛盾的普遍性，也要考察决定其特殊本质的特殊矛盾。②正确处理主要矛盾与次要矛盾的关系。在会计工作中要贯彻两点论中的重点论思想，贯彻重要性原则。会计处理时要有全局意识，抓重点，以点带面。③分清矛盾的主要方面，提升办事效率，这里需要调查研究，分析具体情况。

（3）启迪思路或做法。矛盾论下运用方法论时需注意：①了解情况，深入基层调查研究，不唯书、不唯上，从实际出发，讲实事求是。②分析矛盾，筛选存在的矛盾，抓大放小、抓急放缓，由此及彼、由表及里地把握全局。③研究对策，不同矛盾需用不同的解决方法，广泛听取别人意见，有所创新。④拓展视界，分析矛盾产生的历史背景和文化背景，从一定的高度认识矛盾的产生、发展以及解决，提高自己处理矛盾的能力。

2. 会计的质量互变规律

量变到质变，这里有个“度”的概念，未突破“度”的量变是一种渐变，若突破“度”的界限，量变就会引起质变，即事物质的规定性发生根本变化。

（1）技术处理。如币值不变假设下，可按历史成本进行会计计量。如果物价上涨幅度超过了某一限度，即物价上涨超过这一量度，就会导致会计模式发生质的变化。再如资产负债表中流动负债与非流动负债的分开列示，长期借款中若有一年内到期的借款则应列入流动负债项目。

（2）会计失范。会计信息失真，会计人员诚信缺失，对个人来说，小事积累到一定程度，就会引发上纲上线，道德问题成为法律问题。对企业而言，不仅会造成不必要的经济损失，还会影响到企业的声誉。

3. 会计的否定之否定规律

会计否定之否定规律揭示了任何会计事物的内部都有肯定和否定两个方面，一般而言，在会计事物发展的总过程中，经两次否定——由肯定到否定，再由否定到第二次否定，即否定之否定，会计事物的运动就表现为一个周期，从表面上看好像回到了原来的出发点，但在实质上是更高级的新东西，这说明了会计事物发展的迂回曲折性。

（1）运动规律。考察企业的资金运动，形态变化：货币资金→储备资金→生产资金→成品资金→货币资金，循环往复，周转不息；处所变化：外部投入企业资金→供应、生产、销售部门之间流动→部分资金按规定退出企业；结构变化：企业筹借资金渠道变动而使资金来源结构发生此增彼减的变化，经营中因市场需求，经营管理和科技运用的变动而使资金占用结构发生此增彼减的变化；数量变化：资产（成本、费用）类与负债（所有者权益、利润）类同增或同减，终端额大于起始额。运动规律，一是资金周转，即资金形态不断转换；二是资金增值，即运动目的，隐含资金使用效益。

（2）方法转换。运用否定之否定规律可加深对一些会计方法的理解。如长期股权投资核算的成本法与权益法的转换、会计与税收差异的资产负债表债务法与收益表债务法、固定资产的匀速折旧与加速折旧、资本化与费用化等。

（3）会计循环。一个会计期间的会计循环可分为若干环节，如初次确认、入账、试算平衡及检验、编制期末调整分录并过账、对账、结账、编制调整后的试算平衡表、编制正式的财务报告。这些环节依次发生，环环相扣，动静转换，前一环节的否定为后一环节的持续提供条件，后一环节在前一环节的否定中再生。

对于会计问题的哲学思考可以使我们更清楚地认识会计学基本理论的本质，而会计实践中有效运用方法论能使会计人员更准确地把握会计处理的原则，灵活地应对复杂多变的会计环境，并在会计工作中取得主动。

主要参考文献：

[1] 林秉贤．社会心理学［M］．北京：群众出版社，1985：116.
[2] 宋书伟，王因为．社会学纲要［M］．济南：山东人民出版社，1986.
[3] 盛祥云．企业会计行为的经济分析［J］．会计研究，1998（5）.
[4] 张天西．论财务会计信息不真实的会计背景［J］．会计研究，1998（11）.
[5] 丁际刚，黎宇宁．特定制度安排下上市公司会计行为的研究［J］．会计研究，1999（4）.
[6] 安徽省会计学会课题组．关于会计信息质量问题的调查研究［J］．会计研究，1999（4）.

[7] 陈汉文，等．公司治理结构与会计信息质量［J］．会计研究，1999（5）．
[8] 王曙晖．当前注册会计师作假的原因及治理对策［J］．财会通讯，2000（1）．
[9] 谢朝斌．股份公司会计舞弊及其制度防范［J］．会计研究，2000（5）．
[10] 林启云．公司盈余管理 舞弊 与注册会计师职业责任分析［J］．中国注册会计师，2000（9）．
[11] 李端生．纵论会计模式与文化环境［J］．财会月刊，2000（20）．
[12] 王跃堂．会计政策选择的经济动机［J］．会计研究，2000（12）．
[13] 肖时庆．上市公司财务报告粉饰防范体系研究［J］．会计研究，2000（12）．
[14] 刘峰．制度安排与会计信息质量［J］．会计研究，2001（7）．
[15] 周海燕．舞弊的涵义与舞弊风险因子说［J］．注册会计师通讯，1997（8）．
[16] 钱嘉民，卢文彬．信息不对称性与审计问题研究［J］．注册会计师通讯，1998（9）．
[17] 侯海燕．CPA 审计失败的原因分析及对策研究［J］．财会通讯，2001（11）．
[18] 恽碧琰，裘益政．注册会计师审计缺陷与对策［J］．财会通讯，2002（3）．
[19] 周守华，陶春华．环境会计：理论综述与启示［J］．会计研究 2012（2）．

第四章　会计理念

《辞海》(1989 年版) 对“理念”的解释，一是“看法、思想，思维活动的结果”，二是“观念，通常指思想”。职业活动中运用的“理念”多为引申义：一意构想、创意；二是信仰、信念；三指看法、态度。会计理念可理解为在价值观下会计人员的职业之道。会计实践中，理念往往成为价值观向管理观转换的中间态。在经济转型、管理转型及发展转型的大背景下，会计需要突破单纯的工具观，克服现有职能的局限，将视野拓展到资本市场、经济与社会发展及国际环境，改造会计，提炼会计的职业精神、职业理念，以良好的职业风范，影响所在企业及其他行业。会计的职业理念包括真实、谨慎、控制和披露。

第一节　会计真实

资本市场尤其是股票市场建立后，会计信息真实性问题，备受社会关注。会计职业重大负面事件与会计信息失真有关。我国的银广夏事件、美国的安然事件，引发全球关心会计诚信。商业投机与道德规范猛烈碰撞，种种失真泛滥成灾。会计职业制造信息产品，对外提供的财务信息属于公共产品，其信息的真实自然成为首要问题。

一、真实的涵义

1. 会计真实的涵义

真实描述客观对象的反映与客观对象之间的关系。若客观对象的反映与客观对象相符，被认为客观对象的反映真实。会计真实就是指会计反映与会计对象本身相符。会计的对象是企业的资金运动，通过经济交易或事项表现，会计的反映指由此生成的会计信息。这里可见，会计真实属于参照性概念，表明会计真实本身具有相对性，即相对真实。如果对客观对象的反映描述的是对象物的特性，我们说这种反映是真实的，但这种反映并非对象物本身。对客观对象的反映还可以不断逼近及进行第三人测试（可检验性），这也说明会计真实的相对性。

2. 影响真实的因素

从认识结构角度考察影响会计真实的因素。认识是主体运用一定的认识工具作用于认识客体的过程。可见，主体、客体和工具构成认识活动的三大要素。认识主体是从事实践活动和认识活动的现实的人。认识客体是指人的认识活动所指向的对象。认识工具是主体感觉器官和思维器官的延伸，是联系认识主体和认识客体的中介或桥梁。认识也可以理解为在认识工具的架构及作用下主体与客体间信息交流及转换的过程。

（1）主体。认识主体方面，影响会计真实的因素主要有两个：一是会计人员的认识能力，二是会计人员的道德品质。无疑，会计人员的认识能力越强，就越能把握经济活动的本质特性，会计真实就越有保障；但会计人员的道德品质直接影响其主观态度，决定了自身认知能力的发挥。

（2）客体。不同的经济活动，多变的经济活动，尤其是经济活动的人为影响，加大了其复杂性。经济活动越复杂，会计人员判断其实质就越困难，实现会计真实就越困难。

（3）工具。通常将会计认识工具分为物理工具和非物理工具。物理工具主要是记录、计算和传输会计信息的工具，如算盘、计算器、证账表、电脑及网络等。非物理工具主要是会计准则、会计制度等规则和惯例。认识工具对会计真实有双向影响。如运用 IT 技术，相比手工处理，可更快、更全面、更准确地提供会计信息，但内控不力，也会适得其反；会计准则采纳原则导向，有利于会计人员根据具体实际灵活处理，但如果会计人员认识能力不足或道德失范，就会加大会计信息的失真。

二、会计真实的解析

从理论上分析，会计真实可分理想真实和现实真实；从规范化角度考察，会计真实包括形式真实和实质真实；而从会计信息的生成过程看，会计真实可分解为会计对象真实、会计过程真实和会计结果真实。

1. 理想真实与现实真实

理想真实指会计的主观反映与会计客体事实完全一致，但从人的认知结构考察，这两者存在差异，即理想与现实有差异。现实的真实由人的判断得出，人的视角、人的立场以及判断的环境等容易导致对现实真实的认定产生偏差。现实中通常以两条主线来判断会计的真实，一是法律，二是道德。在操作层面，通常以法律角度分析与判断。以法律真实代以现实真实，即符合会计法规的，被视为现实真实。

现实中，会计信息的真实只是相对的，会计界对会计信息质量要求以可靠性替代真实性。可靠性接近于真实性，但就财务会计处理的数据和加工生成的信息来说，由于允许会计人员进行合理的估计和判断（这是因为会计的对象存在着不确定性，不得不运用估计与判断等带有主观性的计量手段），因而要达到完全的真实或绝对的客观，事实上不可能（葛家澍，2004）。

当然，法律真实会涉及过程真实（程序真实）与结果真实（事实真实）之争。在法律实践上，纠结于会计信息失真的责任追究，是会计责任还是企业法人责任，是会计责任还是审计责任。实践中采纳程序理性的真实的认定，对会计人员比较有利，从会计环境实际看，这种操作也合情合理。

2. 形式真实与实质真实

马克思主义哲学中，内容与形式是一对哲学范畴，它反映事物外部形态与内在要素之间的关系。内容即构成事物一切要素的总和，形式指反映内容的结构或表现方式，形式又可分为外在形式和内在形式。哲学中将本质视同为实质，即事物或问题的实在内容。操作上，对会计真实的分析中也可提出形式真实与实质真实。

从法律层面，形式真实侧重证据说话。因失真导致的后果很难再现、重演，对失真的调查、认定受到人为因素的限制，另外还有考虑代价问题。

会计实践中，会计人员更多考虑失真的证据，尽量在形式上做到真实，避免留有把柄，形式真实得到法律界的程序正义观的支持。因为司法裁判中的事实认定是通过举证、质证和认证的过程来实现的，尽管这只是法律真实，而不可能是客观真实。

这里提出在操作上通常以法律真实来替代实质真实，而形式真实成为会计人员的护身符，会助长会计工作中的形式主义。法律真实其实只是一种经验智慧，并非哲学智慧。

3. 对象真实、过程真实与结果真实

从会计自身的处理流程考察，确定防范失真重点，以利分清责任。

会计对象真实是指进入会计系统的经济活动与经营者所从事的经济活动相符，可分两方面：一是会计反映的经济活动完整，二是具体经济活动真实。具体经济活动真实是指具体交易或事项与记载它们的证据之间相符。这里，"真实与否"的判断至关重要。涉及信息失真责任的转移，从会计流程分析还涉及会计确认。我国学者曾撰文运用认知论对会计确认进行细分，提出四阶段：对经济现象进行真相还原、对经济现象按会计规则进行确认、按用户要求对信息进行价值评判以及对有用信息进行提炼规范（盖地、罗斌文，2011）。这里对经济现象进行真相还原阶段，会计人员只是根据经济现象表象，凭借自身经验，运用理性思维，对现象的真实与否作出初判，这是会计真实的第一道防线，也是经济责任与会计责任交叠及转移的阶段。对象真实有赖于企业良好的内部控制制度。

过程真实强调会计流程对会计信息失真的责任。信息进入会计流程，按现行会计规则，还是会存在信息失真的可能，如方法的选择、确认的理解。会计真实有些辅助技术，一是平衡，这是会计计量体系的核心规则。账目正确的前提便是平衡。二是配比，如果平衡是资产负债表的基石，则配比是损益表的灵魂。配比包括期间配比和因果配比。三是公允，达不到绝对真实，至少可以相对公允。

结果真实是指会计提供的信息产品符合所反映客体的实质。一般认为，对象真实下再加之过程真实可以实现结果真实。

对会计真实的理解上，分歧在于对象真实该不该列入会计责任范围。从实践看，社会公众所理解的会计真实是指结果真实，这其实包括交易或事项的完整和真实。我国的《会计法》没有明确会计真实，但从其立法意图看，认同会计真实包含对象真实。这样，界定会计真实既要考虑会计职业的规律，又要考虑社会公众对会计真实的认识，以及有关会计真实的责任认定问题。从职业发展要求看，在会计确认的第一阶段，提出会计人员应承担部分真相判断的责任是必要的，但也应承认要求会计人员准确作出真实与否的判断是不客观的，况且经济现象本身存在较多的不确定性。会计真实的责任认定，实践上可由会计法规及综合实际情况来解决。对会计失真，会计法规有必要区分会计对象失真与会计过程失真的责任。会计人员应对会计过程真实负责。这是因为会计系统本身不能识别会计对象的真假，对不完整或者虚假的交易或事项也没有纠错功能。企业的经营者直接参与经济活动，通常应对会计对象的真实负责。单位负责人由于是整个企业的责任人，因此其应对会计结果真实负责，即既要对会计对象真实负责，又要对会计过程真实负责。若为三方共同舞弊，则应根据具体情况共同分担会计信息失真的责任。

第二节 职业谨慎

会计职业中的谨慎，即通常所说的谨慎，是会计体系中特有的原则，它反映出会计人的独特视角，传递着会计职业求稳、低调、务实的一种精神。

一、谨慎的涵义

西方会计文献中，常用来表达“面对不确定性所持有的态度”的词有两个：conservatism 和 prudence。我国会计学者一般译成“稳健、谨慎”。其实两者在词义上存在细微差别。稳健，也称保守，强调对风险的较高预期；谨慎，也称审慎，强调对风险的适度预期，现在多数学者倾向于采用“谨慎”。

1. 谨慎的涵义

谨慎最早源自中世纪庄园管家为解脱其受托责任所采用的策略。19 世纪后期的英格兰，审计者在企业破产后常受到投资人的起诉，大多源于审计者对高估资产和收益的财务报告提供了无保留意见的审计报告。人们对 20 世纪 30 年代大危机的总结中，认为经粉饰会计报表的泛滥，导致各方对经济的盲目乐观，是引发危机的重要原因，谨慎原则受到普遍关注，谨慎思想的地位得以确立（李军，2006）。

谨慎在会计处理中运用较早，而现代会计实证研究中才开始界定其涵义，如会计师确认利得等好消息时所要求的可验证程度要比确认损失等坏消息高（Basu，1997）。传统上，谨慎被理解为：预计尽可能多的损失，但不预计任何不确定的收益（Bliss，1924）。美国财务会计准则委员会（FASB）将谨慎定义为：对不确定性的谨慎反应，试图确保包含在商业环境中的不确定性和风险被充分考虑（FASB，1980）。国际会计准则委员会（IASB）也有类似态度。虽然IASB将谨慎性作为可靠性会计信息质量特征之下的一项质量要求，并认为谨慎性是指“在不确定因素的情况下，在判断中加入一定程度的谨慎，以便不虚计资产或收益，也不少计负债或费用”。然而，IASB同时也强调，谨慎性的运用“并不允许诸如设立秘密准备，过分地提取准备。故意压低资产或收益，或者故意抬高负债或费用等”。因为那样编出的财务报表不可能是中立的，因而也就不具有可靠性。

相较FASB，我国明确地将会计谨慎性定位为一项会计信息质量特征。我国企业会计准则规定：企业对交易或事项进行会计确认、计量和报告应当保持应有的谨慎，不应高估资产或收益、低估负债或者费用。

对于会计谨慎或谨慎性概念的细分，将会计谨慎性明确区分为条件谨慎性和无条件谨慎性两个子概念（Beaver、Ryan，2000和Ball、Shivakumar，2005）。条件谨慎性又称为损益表谨慎性、消息依赖谨慎性或事后谨慎性，指的是盈余反映坏消息比好消息更快，当期消息的性质和盈余反映速度有直接关系，这就是Basu（1997）描述的会计盈余谨慎性。相应地，无条件谨慎性又称为资产负债表谨慎性、独立消息的谨慎性或事前谨慎性，它是一个总体的偏见，和当期的消息没有关系。无条件谨慎性是通过加速费用确认或推迟收入确认与持续低估净资产的账面价值来达到。两类谨慎性的区别主要在于会计确认是否与当期消息有关，无条件谨慎性仅应用了在资产寿命期开始时已知的信息，而条件谨慎性应用了资产未来价值的预期信息。两类会计谨慎性对于不同的利益体有着不同的成本和收益，因此，对于两类不同的会计谨慎的成本收益的权衡会影响公司在不同的环境条件下对于会计谨慎性的选择。条件谨慎性的“损失确认及时性”的特点利于向契约各方更早揭示不确定性和风险，因而增进债务契约、报酬契约和公司治理的有效性，使得谨慎性成为一项重要的会计信息质量特征。

在会计实务中，职业谨慎被作为处理原则，人们对它的理解，一般是依据我国会计基本准则中的诠释，即它是指对经济活动中发生的不确定因素采取谨慎的做法，合理地预计可能发生的费用和损失，从而使会计所反映的企业财务状况和经营成果能够建立在稳妥可靠的基础上，尽量减少因不运用谨慎原则而导致的会计信息失真所带来的经营风险。但在会计要素的确认、计量上，仅仅强调合理预计可能发生的费用和损失，这显然不够完整。国际会计准则委员会在《关于编制和提供财务报表的框架》一文中，指出了财务报表的四大特点：可理解性、相关性、可靠性和可比性。在解释可靠性中提及谨慎原则，它指的是在存在不确定因素的情况下，会计人员作出所要求的预计时，在所运用的判断中加入一定程度的谨慎，以便不提高资产或收益，也不压低负债或费用。这与我国的会计准则相比，同样强调会计要素的确认与计量，却显得比较完整。考虑到会计准则的制定主要是为了保证企业对外提供会计信息的质量，从这一点上说，以此认识谨慎原则尚不够全面。

2. 会计谨慎的表现

谨慎原则的运用为企业在市场经济中运作的安全性提供了会计技术上的保障。随着人们对风险认识的深化和风险意识的加强，企业内部对控制制度的重视，谨慎原则将会得到更广泛的运用；而会计工作的规范化、会计人员素质的提高、会计电算化的普及及企业管理的信息化，也为谨慎原则的运用提供了更为有利的条件。

(1) 会计流程看。面对经济活动的不确定性，谨慎原则要求会计确认的标准应建立在比较稳妥可靠的基础上，如金融资产、资产减值、或有负债等单列反映；多重标准的运用选择对企业影响最小者；对不同的会计要素，确认时间、计量要求可以有所不同，如前置费用或损失、推迟收益、低计收益、高估损失。会计计量引入公允价值，对投资性房地产、生物资产、非货币性资产交换、债务重组、金融工具均要求对要素确认和计量过程采用公允价值。非货币性资产交换中，公允价值的运用需同时满足：交换具有商业实质，换入资产或换出资产的公允价值能够可靠地计量。在具体会计处理中，遇到所采取的方式、方法有多种选择时，可以在不违背现行法律、法规以及企业管理制度、计划等的前提下，现实地选择对自身有利的方式、方法。会计记录必须完整、及时、分清主次，讲求相对准确，如适当地简化处理；会计报告应充分揭示企业的会计信息，如恰当披露存在的风险。

(2) 方法论考察。谨慎原则要求以一种确定手段来处理不确定情况；从会计的特点看，谨慎原则的运用较好地体现了会计技术性与艺术性的完美结合，同时也充分兼顾了人本主义的要求。以谨慎角度选择会计方法，如费用化可加速确认某种成本选择而导致的资产低报，选用加速折旧能提前列支折旧费而抵减应纳税所得。在收益和损失的确认时采用不对等处理，如存货的成本市价孰低法及长期资产减值准备的计提等。

3. 会计谨慎的影响

谨慎性对会计实务的影响至少有500年以上的历史（Basu，1997）。会计谨慎源于中世纪英国的庄园会计，而庄园管理由管家负责，这种委托代理关系决定了管家的记账、算账并非为搞好经营，而是为了保护自己，应对庄园主的核查。账簿资料上的谨慎处理作为财产托管人减轻其受托责任的策略，后来逐渐被会计职业界所接受。

19世纪股份公司出现，持续而谨慎经营逐渐占据重要地位，如考虑到管理者虚报业绩，抵押资金的估计值以及物价变动。

从外部环境看，会计推崇谨慎性，主要有两大因素，一是企业机制，二是资本市场。国内学者近年多有实证研究，如以会计制度改革为背景，分析了盈余谨慎性和盈余管理之间的内在关系和相互影响，指出扣除操控性应计利润后，上市公司的盈余谨慎性同会计制度中谨慎性原则的运用程度仍紧密相关（毛新述、戴德明，2009）。债务对会计谨慎性的影响，研究表明：银行要求短期借款比例高和长期借款比例低的公司采取更加谨慎的会计政策，考虑到两类产权性质时，银行对终极控制人为私有产权控股的公司有更加谨慎的要求，且对短期借款比例高的私有产权控股公司会计政策要求更加谨慎，而对长期借款比例高的国有产权控股公司会计谨慎性的要求相对更低（刘运国等，2010）。从资产减值角度考察会计谨慎性对公司投资行为的影响，由于及时确认损失有助于促使公司及早停止低效率的投资，因此资产减值准备计提会对公司的过度投资产生制约作用；由于及时确认损失也会促使厌恶风险的经理人放弃对风险较大但却可能盈利的项目进行投资，因此资产减值准备计提也会导致公司投资不足（杨丹等，2011）。实证检验管理者背景特征对会计谨慎性的影响，研究表明，管理者团队背景特征的平均水平和异质性以及董事长和财务总监的个人背景特征都对会计谨慎性有一定的影响（张兆国等，2011）。企业职工对未来可持续的高工资和管理层对未来低劳动力成本的不同期望，可能导致两者对会计谨慎性需求的差异。分析了职工薪酬、工资刚性与会计谨慎性的关系，结果显示：较高的职工薪酬与较强的会计谨慎性相联系；工资的向下刚性特征与较强的会计谨慎性相联系；作为工会规模代理变量的职工人数也与会计谨慎性显著正相关（沈永建、梁上坤，2013）。

必须指出，资本市场的发展对会计信息的相关性提出更多更高的要求，国内外学者对会计谨慎的争议主要集中在融资效用和投资效用两大方面。

二、谨慎的原因

会计选择谨慎的原因比较复杂，除会计自身原因外，还可从经济学、法学、行为心理学等方面进行分析。

1. 会计自身原因

会计天生就是谨慎的，这并非人的主观臆断，而事实上为会计的一种本性。

从会计环境看，企业外部环境的多变性、复杂性带来不确定性；另一方面，会计所反映的任何经济现象本质上是不确定的，所谓确定性仅仅是人为的一种假定。

会计中的不确定性可分为外生性的和内生性的两种。外生性不确定性是指会计信息系统之外的不确定性，包括会计对象及环境的不确定性；而内生性不确定性是指会计自身的不确定性，如会计要素、会计处理原则及会计行为的不确定性等。

从会计的技术层面考察，由于方法、工具的局限性以及出于成本效益考虑等因素，会计人员很难甚至无法对经济活动中的不确定性作出准确的反映。这种不确定性主要表现为：①未来会计事项是否发生不确定，如坏账、计提资产减值准备；②会计事项确定但其计量不确定，如费用计提与摊销、成本的分配；③会计政策存在多种选择，如存货计价、折旧方法；④时间把握有弹性，如提前处置与延后处理、费用化与资本化、折旧及摊销时间长短；⑤会计理论中的“或有事项”，如或有负债、或有损失。

2. 经济学

现有研究认为，会计谨慎主要出于下列考虑。

（1）税收利益。纳税收益与会计收益之间的联系使得管理人员有动机运用谨慎性原则来递延税收的支付。谨慎原则通过推迟收入的确认及加速费用的确认可以延期税收支付，从而减少税收支付的现值，增加公司的价值。

（2）契约约束。管理层利用会计系统输出的数据和报表作为签订契约的依据，这些契约包括管理层的薪酬契约、债务契约等，利润的确认对于这些契约有重要的作用。对于管理层而言，管理层倾向于夸大当期的盈余以增加他们当期的薪酬和股票期权等报酬。为避免这种情况的发生，会计系统对收入的确认标准要求更加严格。而降低损失的确认标准，会导致盈余谨慎度的提高。对债权人来说，债务契约用于约束企业对股东及其他有优先要求权的各方的超额支付，以保护债权人的利益。

（3）诉讼应对。投资者大多是风险回避者，他们希望能立即得到有关潜在风险的信息，而对于有关潜在利得的信息却不太关心，因此公司延期报告潜在的损失比延期报告潜在的利得会面临更大的诉讼威胁。也就是说，诉讼风险更可能源自收入与资产的高估而不是低估，会计人员为了避免日益上升的诉讼风险，“宁可失之低估，而不愿失之高估”，从而使股东诉讼成为谨慎原则运用的一个重要原因。

（4）管制压力。会计准则制定机构从监管的角度也倾向于选择会计处理中较为谨慎的方法。这是因为：对于监管者而言，多计收入比少计收入更加容易受到指责，为了减少政策成本，监管机构也会支持体现谨慎要求的会计方法的采用。

3. 法学

法学上，会计谨慎涉及利害人的管理契约和投资人的资本保全。

（1）管理契约。契约是调节会计信息相关者之间利益关系的制度化形式。实证表明，在一定程度上，法律制度有助于可实施契约的运用，在高质量的法律制度中对会计谨慎的契约需求较强。从法律诉讼的效益角度看，高质量的法律制度会增加企业高估业绩的潜在诉讼成本，对投资者而言就是增加了侵害其权利的预期诉讼收益。从公共管理看，政府也期望借助规则控制夸大资产和利润，并鼓励企业提供体现谨慎的财务呈报。会计谨慎性对于降低债务成本以及减轻债券持有人和股东之间的冲突及降低企业的债务成本有着重要作用，债务契约是产生谨慎性的原因之一（Ahmed 等，2002）。会计谨慎原则是一个有效地解决契约各方代理冲突的契约机制和财务报告机制（Watts，2003）。

（2）资本保全。从法理上看，企业是承担经济民事责任的实体，企业的合法权益必须得到保护，企业的会计处理更不能例外。对此有两种考虑：一是资本保全，二是放水养鱼。传统资本保全的涵义是指保持投入资本的完整无缺，而且认为只有超出投入资本以上的部分才能确认为收益。现代企业无时无刻不在风险中，亦即企业的资本营运面临着极大的不确定性。传统资本保全理论没有考虑资本风险保全，即使资本从价值形态上得到了保全，但如果期末资本的风险高于期初，显然并非完整意义上的资本保全。而企业是社会经济运行的基本单元，充满活力而可持续发展的企业才是社会良性运行的保障，由于会计确认、计量具有不确定性，税收政策应体现对企业的合理扶持，放水养鱼，而非过分索取，税法的调整正考虑了这一点。

4. 行为心理学

从行为心理学上分析，可主要考察会计信息相关人的行为博弈和社会心理。

（1）行为博弈。从企业与企业会计信息用户的博弈角度看，由于存在信息的不对称性，信息失真是我国经济生活中亟待解决的问题，不少企业存在严重的资产不实、利润虚增等现象。某些经营管理者为了夸大功绩，虚增利润，导致企业过度分配侵蚀资本。实施谨慎原则，在解决企业的虚盈实亏、短期行为和会计信息失真等方面，更具有实际意义。谨慎原则还可以防止股东（所有者）产生过于乐观情绪，规避虚增利润导致利润分配侵蚀资本的风险。

（2）社会心理。从人的社会心理看，谨慎是人们对待不确定性的本能反应，也是出于自我保护的考虑。不确定状态下，人们会存在下列心理：对损失的厌恶程度远高于对等量的获利的喜好程度；对未来的预测表现出过分的乐观、自信，从而低估潜在的风险；个人判断容易受其他人的影响而追随群体的意见；会计判断依赖过去行为结果的确定性记忆。这些心理因素会使得会计处理时产生认知偏差。运用谨慎原则，经营者可以回避或减少经营风险，会计人员可以减轻会计责任，企业管理者可以转移或减轻代理责任。投资者、债权人、企业职工以及审计者同样偏好谨慎，谨慎执业是社会对 CPA 的基本要求。

三、谨慎的运用

会计谨慎或谨慎性的运用主要包括谨慎原则的认识以及具体处理上的把握。

1. 认识

谨慎原则是处理会计工作中不确定因素的最基本的原则。过去人们总是认为谨慎原则与其他会计原则有冲突而对谨慎原则的运用另眼相待，总是担心它会被企业用来调节利润，这对谨慎原则极不公正，这种认识是既片面又极其有害的。

以确定性情况下的眼光来对待不确定问题的处理方式，总会使人感到极其别扭。如谨慎原则与真实性原则的冲突：不确定条件下无所谓真实，两者都不真实，该选择谁理应很清楚，即谨慎原则的使用前提是会计的不确定性。谨慎原则与权责发生制、配比原则的把握会有冲突：权责发生制原则强调的是确认收入、费用发生的时间及其归属，而谨慎原则强调的是所发生损失、费用计入损益的可靠与准确。配比原则要求一定会计期间的各项收入与其相关联的成本、费用应在同一会计期内确认计量，以便正确计算和考核成果；而谨慎原则体现的则是尽可能在当期确认可能发生的损失、费用，滞后确认或不确认可能存在的收益。显然这些原则的使用前提及侧重点不同。而人为调节利润，并非全由谨慎原则所造成的，更多是由会计技术以外的深层次原因所致。反之，不运用谨慎原则，夸大资产、虚增利润，事实上却是在侵蚀所有者权益，对企业管理层这种损人利己的违法行为和不道德行为理应在会计技术层面加以限制；退一步说，不利于“放水养鱼”，使企业可持续发展。

不可否认，由于种种原因很可能出现谨慎原则运用的失当甚至滥用，但这不能作为抵制运用谨慎原则的理由。谨慎原则的运用应由税法、会计法、审计法、公司法、民法以及企业章程、制度，通过税务检查、独立审计、民事责任追究以及加强企业内部管理来约束。如要研究和控制操作性较强的“适应运用”的具体标准或规范；建立和完善外部的约束机制；研究和协调会计准则与财务制度、税收法规之间的关系，调整现行企业经营业绩的考核评价方法，以增强企业适度运用谨慎性原则的内部动力和承受力；遵循财务报告的充分披露原则；修订审计准则，对谨慎原则的运用作出适当限制，内容包括使用前提、范围、深度、处理程序、披露要求等。

2. 谨慎原则的把握

谨慎原则的把握涉及技术运用与会计环境压力。

(1) 技术运用。会计估计偏激进或偏保守，在可接受的范围内，不进行会计估计变更。是激进还是保守，可对照行业平均水平予以确认。估计过于激进，可考虑向更谨慎的变更。同一事项可能存在不同的会计估计，会带来不同的计量方法，宜选择易于计量的估计，如采用易操作的准备计提方法，不确认难以计量的预计负债，选择直线法进行资产摊销等，有利报表数据的可控制，减少粉饰业绩的可能。

从原则上看，采用个别认定法逐一计算应收款可收回金额最理想，但这在计量上难以完成。相比之下，采用账龄分析法进行分类计提，尽管非常笼统，但易于操作，所以，除已明显坏账的款项外，坏账准备应减少个别认定，多采用账龄分析法进行分类计提坏账准备。

预计负债金额的计量涉及最佳估计的确定，一些情况下，最佳估计往往难以确定。如产品质量保证的确认，一是难以取得可靠的历史数据，二是难以取得可比较的同行业计提标准。如简单地以一个固定比例对所有产品进行计提，往往不符实际情况；若不断调整计提比例，则易导致利润调控。所以，不易计量的预计负债不宜确认，应在实际发生时计入费用。

无法确定寿命的无形资产，如非专利技术等，涉及对经济寿命的估计，估计结果有两种：一是使用寿命不确定，这种情况下，不需要分期摊销，只要在期末出现减值迹象时进行减值测试；二是使用寿命确定，这种情况下则需要分期进行摊销。仅从估计的技术上看，将非专利技术的使用寿命判断为“无法可靠估计”可能更容易，但结果会带来更加难以计量的减值测试；反之，若确定一个使用寿命，其分摊就容易计量，就算使用寿命不太准确，但其对报表的影响也属可控。所以，无法确定寿命的无形资产可合理确定其使用寿命并按期进行摊销。

企业高管通过低价受让或定向增发获得公司股票，是常见的股权激励形式。由于股票取得价格与公允价值的差额应该做费用处理，这对利润影响极大。实务中，股份支付公允价值的计量就成为会计处理的难题。未上市公司的股票不存在公开交易价格，可选择的计量标准一般有净资产、近期私募价格、基于现金流折现的评估价。净资产容易取得，但往往远低于真实的股票价值；私募价格尽管不等同于公允价值，但其也容易取得，且至少比净资产更接近公允价值；而评估价是基于未来现金流估计，显然缺乏可控性。所以，股份支付的处理，应选择私募价格作为确定公允价值的基础。

（2）环境压力。事实上谨慎原则的运用更多地依赖于会计环境及会计人员良好的职业判断和职业道德。要进一步深化企业产权体制的改革，优化企业的会计行为，尤其要加强企业内部控制制度的建设。努力提高会计人员的专业水平和判断能力，提高会计人员的职业道德水平。判断谨慎原则的运用是否恰当，可通过下列“四性”来把握。

适用性。所涉及的会计事项是否确定，不确定程度多大。会计判断时必须充分取得可靠依据，注意对经济业务具体情况的了解。

独立性。会计人员运用原则是否受制于他人，是否独立运用了职业判断。注意观察企业内部控制制度的合理性及机制的运行正常。

合理性。运用目的是否正当，运用范围是否正常，有否考虑谨慎原则运用的限制性。注意掌握会计人员的业务能力及道德水平。

公开性。原则运用有否披露，披露是否合理、允当。如不确定性的说明，谨慎原则的应用时间、范围和程序，运用对企业财务状况和经营成果的影响程度及其变动情况。

第三节　会计控制

关于企业发展流行一种经典说法：十年发展靠机遇，二十年发展靠战略，五十年发展靠制度，百年发展靠文化。这里隐含着企业控制及其重要性，而会计控制是企业控制的重要形式与内容。

一、会计控制的理解

1. 会计控制的背景

会计控制源于早先直接对物品、财产的控制，公司制度产生后转向间接控制，如产权、人权控制。

产业革命后，成本控制成为会计控制的主要内容，受管理科学的影响，人们又把注意力集中到组织控制方面。美学者安东尼（Anthony）在《管理控制系统》一书中把公司中的控制划分为“业务控制、管理控制和战略控制”三种，其中将会计控制纳入管理控制。

我国会计学界最早提出会计控制的是杨时展，他认为：按照传统的认识，会计的任务在于财务上反映一个企业的经济活动的过程和结果，可称为反映论；按照今天的认识，会计工作的任务，在于控制一个企业的经济活动，提高企业的经济效益，可称为控制论（杨时展，1982）。郭道扬对会计控制理论作了进一步发展，他认为，从现代经济管理对会计所提出的要求出发，以及从市场经济下会计所担负的重大经济责任出发，现代会计的基本职能应当归纳为反映和控制。而为了达到反映与控制目的，现代会计在发展中逐步建立了它的两大工作系统：其一，会计的信息系统；其二，会计的控制系统。会计是人类为实现对社会经济的控制所进行的一项基本活动。现代会计控制思想的产生，标志着人类历史上会计思想的第二次变革。会计控制、科技控制以及经济控制是并行的三大控制系统，以企业为主体的微观会计控制体系由市场控制、计划控制、过程控制、成本控制、库存控制、价格控制、营销控制等相互关联的环节组成（郭道扬，1992）。

会计控制是企业内部控制的主要内容，企业重视并强化会计控制的主要原因有：①应对经营风险。激烈的市场竞争和巨大的经营风险，迫使企业摸索内部控制建设之路。全面构建设计合理、执行有效的内部控制体系，这既是企业精细化管理的需要，也是企业应对经营风险的需要，更是企业提升核心竞争力的需要。②解决融资困难。融资困难制约着企业的进一步发展，企业存在会计基础不实、财务数据不准的情况，使得银行利益难以保障，增加了企业融资的难度。③成本控制。大多企业选择低成本战略，其顺利实施的前提是成本费用的有效控制，加强内部会计控制既能保证会计信息的质量，更能有效控制相关成本，实现企业预期目标。

2. 会计控制与内部会计控制

1972 年，美国审计准则委员会（ASB）第 1 号公告，提出会计控制的定义：会计控制由组织计划以及与保护资产和保证财务资料可靠性有关的程序和记录构成。会计控制旨在保证经济业务的执行符合管理部门的一般授权或特殊授权的要求；经济业务的记录必须有利于按照一般公认会计原则或其他有关标准编制财务报表，以及落实资产责任；只有在得到管理部门批准的情况下，才能接触资产；按照适当的间隔期限，将资产的账面记录与实物资产进行对比，一经发现差异，应采取相应的补救措施。

2001 年 6 月，财政部《内部会计控制规范——基本规范》指出：内部会计控制是指单位为了提高会计信息质量，保护资产的安全、完整，确保有关法律法规和规章制度的贯彻执行等而制定和实施的一系列控制方法、措施和程序。

内部会计控制方法主要有：不相容职务分离控制、授权批准制度、会计系统控制、预算控制、财产保全控制、风险控制、内部报告控制和电子信息技术控制。

内部会计控制重心在防范差错、防范舞弊，通过内部会计控制间接实现业务控制，提升企业的内部管理水平。

理论上说，内部会计控制只是会计控制的重要内容，实践中，常常将两者混同使用。

3. 会计的控制理念

最初，会计控制与内部控制并未严格区分，随着企业面临更多的不确定性，越来越多的企业认识到了会计控制的重要性，而内部控制评审列入注册会计师的法律责任，会计控制与内部控制相分离，会计控制也被职业界所重视。

会计控制的客体就是资金运动，会计控制的主体是会计部门及利用会计信息对资金运动进行控制的其他有关决策部门，会计控制的组织体系是以会计部门为中心渗透到企业每个部门的网络系统。

现代企业管理越来越多地要求将内部控制和内部会计控制区分开来，并将内部会计控制作为内部控制的中心环节。在单位建立和完善内部控制体系的过程中，会计控制无疑是内部控制的基础环节。要抓好内部控制，首先应当从会计控制入手，同时兼顾与会计相关的控制。

一般意义上，控制是指控制主体按照给定的条件和目标，对控制客体施加影响的过程和行为。企业运行要素涉及资金流、信息流和物流，资金流需要通过会计系统来运作，主要的信息流由会计系统生成和传递。

从会计发展趋势看，会计正由传统上的信息提供转向信息的运用，会计的价值将更多地取决于会计信息的运用，使其影响企业的运行，助力企业增值，如资金调配、支出控制、税负安排、资源整合等。

会计控制理念意指企业会计部门及会计人员借助自身职业行为对企业运行的影响。这里自然包括会计的内部控制并涉及企业的内部控制。

会计控制理念着重于会计的功能视角下的分析，而并非通常说的会计的内部控制以及职业界提及的会计控制。对复杂的组织运行而言，控制是必要的手段，控制体现高超的技术与策略。

会计控制理念下，会计人员不局限于自身信息系统的安全或产品质量，更关心会计信息的影响力，更好地用好会计信息，更多关注企业运行机制及运行质量，重视会计的价值再现，如产品生产与销售向产品研发与流程再造转变。

会计控制除重视财务信息控制外，还将控制触角延伸至企业分工与企业组织，影响组织上的控制。组织控制、权力制衡、主体间的牵制或制约，体现双向性，任何行为设立牵制或制约的两极，即权利与义务的两极；两极地位平等，权利义务对称与对等。

二、会计控制的路径

企业会计控制的路径主要有内部会计控制、信息的运用和会计链拓展。借助会计信息化建设，实现会计从核算型向管理型转变。

1. 内部会计控制

内部会计控制重在会计自身的控制。对会计资料如凭证、账簿及报表的检查审核实现对企业经济活动的合理性、合法性进行审核与监督。通过制订定额等指标实现对企业生产经营过程中耗费的控制，保证经济活动按既定目标运行。通过会计工作责任制，激励会计人员主动完成会计工作目标。

会计控制并非由会计部门独立完成，它可以向其他决策部门提供信息，各部门利用会计信息对价值运动进行局部控制。只有将各部门的间接控制与会计部门的直接控制结合起来，才能实现最佳的会计控制。

内部会计控制由控制环境、风险评估、控制活动、信息沟通、监督五部分构成。加强和完善企业内部会计控制，首先应注意企业内部会计控制环境的建设。强化风险意识，包括会计风险、财务风险及经营风险，分析各风险因素，强化风险预测、风险评估、风险防范，将风险控制在一定范围内。提高相关人员的道德修养和专业素质，倡导以人为本的企业文化，激发会计人员的积极性和主动性，协调好企业内部各种关系，变“控制我”为“我控制”，达到内部会计控制的最佳效果。

内部会计控制的实现还要求公司治理结构完善。企业经营管理问题，很多与内部机构设置、人员配备、职工责任相关，如“内部人控制”容易导致会计信息的失真。另外，企业应实施恰当的监督，如内部审计，对内部会计控制进行及时的评判，发现问题，及时消除隐患。

2. 会计信息的充分运用

会计的控制还体现在对企业会计信息的充分运用上。除正常提供企业会计信息外，企业会计部门或会计人员还应充分利用自身信息优势，在企业的成本控制和风险控制上发挥作用。

成本控制包括产品生产成本、营销费用及税务成本的控制。

风险控制则包括融资风险、投资风险和税务风险的控制。

除成本控制和风险控制外，会计信息的充分运用还包括对企业的经营诊断。如会计人员在了解公司业务运营特点的基础上，提出业务改进的建议；在企业经营资金紧张时，除拓宽融资渠道外，还应提出对采购批量的控制、采购时点的恰当选择及购销匹配的建议；当销售效益不佳时，对销量、折扣、联销分成比例等因素进行比较分析，找到效益下降的主要原因，并提出相应的可行性建议。

就会计来看，所有业务表现在会计上都最终成为数据，会计分析的过程就是透过数据分析业务的过程，以不同的管理视角看待业务运营的过程，帮助业务人员发现目前经营中存在的管理弊病并找出根治的方法，这也是对会计价值的挖掘。

手工处理与信息化下的控制变化体现在：①控制形式：人机控制；②控制重点：原始数据录入、数据处理程序设计；③控制授权，身份识别；④控制范围：不再局限于人与事，侧重制度设计、机构与人员配备、信息处理环节与技术控制。

3. 会计链拓展

借助于企业管理的信息化建设，实现企业经营管理信息的整合，将会计信息、业务信息等有效整合，如由全面质量管理、业务流程再造、企业资源计划（ERP）等基础上发展起来的业务流程管理，借助计算机网络实现信息集成。企业内部控制从层面控制转向对作业和职工价值增值能力的控制。

推动会计从核算型转向管理型，实现会计信息生成到会计价值再造的转型。通过会计链的拓展，带动企业管理水平提升，向管理要效益。

重视客户及供应商信息的共享与沟通。如了解客户需要并及时与供应商在经营上进行协调，在产品价值链的各环节都以顾客的需求作为组织生产和安排库存的基础；根据最终客户的需求合理安排物流；根据企业流动性要求提出收款计划。

不但关注企业自身的流程和管理，而且还要关注企业在整个产业链中的位置，并捕捉整体供应链的情况，以便为企业创造更多的利润。

典型的供应链，一般包括五个环节：原材料采购、中间品、制成品、销售网络和最终用户；涉及许多不同的主体——供应商、制造商、分销商、零售商和最终用户。一旦供应链的某个环节出现资金紧张，就会导致整个供应链失衡。企业的良性发展同样依赖于整个供应链体系的均衡，可利用供应链融资，通过与银行沟通，由银行以企业为核心向其下游经销商贷款，提升经销商的资金实力，进而保证整个供应链资金供应的安全稳定。

财务共享服务提升会计链效率。国际财务共享服务管理协会（IFSS）的定义：财务共享服务是依托信息技术以财务业务流程处理为基础，以优化组织结构、规范流程、提升流程效率、降低运营成本或创造价值为目的，以市场视角为内外部客户提供专业化生产服务的分布式管理模式。

埃森哲的一项调查显示，在全球共享服务领域得到最多应用的就是财务业务。其中应付账款业务实施比例占83%，总账业务占65%，固定资产管理占57%，应收账款占56%，薪资支付占55%，差旅及费用报销占50%，财务报告占48%。[1]

财务共享要求财务业务标准化，尤其是那些重复率高、业务量大、标准化程度高的业务，如应付账款、总账、固定资产、应收账款、工资、费用报

---

[1] 财务共享："工厂化"会计服务．中国会计报，2012年8月24日．

销等，应进行流程再造及标准化。信息共享使会计人员从烦琐的日常核算中解放出来，管理者有更多的精力、思路去从事核心业务，如供应链、定价和生产方面的预测、盈利能力、风险管理和战略制定事宜。财务共享可减少低水平重复作业，提高生产效率，节约成本，同时有助于管理观念更新，如组织优化、流程优化、信息共享、资源整合等，而统一对内资金调剂、对外投融资的功能，能防范资金风险，谋取最大的资金收益。财务共享还有助于整个企业内部信息的标准化建设，对成员单位运营也可起到很好的监督作用。

财务共享中心具有对内对外服务能力，以市场化的模式与客户建立关系，提供财务外包服务，收取共享服务费和咨询费用。

三、会计控制的演进

传统会计控制是从查错防弊到内部牵制，进而发展到内部会计控制。从保护性控制转向效益性控制。在现代管理理论影响下，借助信息技术，会计从原有的核算、监督转向为控制。会计控制有了新的发展，形成不同于传统会计控制的特点。

表 4：传统会计控制与现代会计控制的比较

	传统会计控制	现代会计控制
控制目标	资产安全	价值增值
控制内容	要素单项控制	价值链控制
控制方式	适时控制	实时控制
信息计量	货币计量	货币、实物、时间计量
控制重点	结果控制	过程控制

第四节　信息披露

会计信息披露作为一种企业会计信息公开的形式，对会计职业实属一种无形压力，也是对会计技术操作是否公允的考验。信息披露同时也是对企业社会责任的试金石。

一、会计信息披露的解读

1. 会计信息披露的涵义

信息披露制度又称信息公开制度，源自资本市场的一种制度建设。一般指证券发行者将公司财务经营等信息完整及时地予以公开，供市场理性地判断证券投资价值，以维护股东或债权人的合法权益的法律制度。在会计职业中，财务会计提供对外会计信息，信息用户主要为投资者、债权人、政府部门等企业会计信息相关者，而这一概念被泛化为信息披露。会计信息披露可理解为企业向社会的一种信息公开行为。

会计信息披露制度起源于企业所有权与经营权分离和委托代理关系的形成。历史上，企业债务危机迫使国家以法律的形式介入会计信息披露管制，要求企业必须同时向债务人披露相关会计信息。股份公司的设立，提出股东了解会计信息、直接监督企业经营的需求。英国股市崩盘，确立会计信息公开披露的雏形。而经济危机的爆发，将会计信息披露问题提升为重要议题，由证券交易委员会出面提出会计信息披露管制，并要求相关会计组织制定会计准则，催发行业自律性规范管制、制度管制、法律管制的多层次会计信息披露管制模式形成。

理论及实证研究支持政府管制及信息披露与资本市场有序发展，如会计信息具有公共产品属性，公共产品具有外部性和搭便车行为，会导致会计信息市场的失灵，因此必须借助规范的会计信息披露机制来限制资本市场上的垄断和投机行为。

按会计理念来理解，会计信息披露为一种企业会计信息公开的形式，信息公开是最好的监督，也即人们常说的：公开，透明，阳光下的运行。企业制作并提供的会计信息接受社会评价，这给会计职业带来无形压力，无论是技术处理还是人为判断都存在考验，应经得起推敲。信息披露同时也表明企业对社会的态度，体现企业的社会责任。

站在公司的角度，从保护投资者和债权人的利益出发，对不确定性会计信息应充分披露。如或有事项，除了一部分能确认为负债需在资产负债表中单独反映外，其他大多数情况都只能是表外信息，在报表附注中披露，这部分信息可能隐藏着巨大风险，如为其他单位贷款提供担保等，这对信息使用者而言，非常重要。当会计的主观不确定性和客观不确定性的存在使会计不确定信息无法避免时，我们可以更多地依赖表外信息的披露来补充和完善，提高信息的质量。既然有些信息不能准确计量，那么可以通过充分披露后让信息使用者自己判断并对报表中的数据进行调整，以提高会计信息决策的有用性，同时充分披露还能抑制公司利用会计的不确定性操纵会计信息。

2. 会计信息披露的影响

会计信息披露的影响可从内外两方面进行分析。

（1）对外影响主要针对资本市场。信息的披露不仅对行业监管、公司自身的稳定、社会资源的趋利性流动、资本市场的良性发展及资源的最优配置具有不可替代的作用，而且为信息使用者提供决策有用的会计信息，有助于做出准确决策。透明、公正的信息是市场赖以存在的基础，而政府又是市场的主要组织者和管理者，由政府通过强制性措施规范信息的披露，有利于保持资本市场的有效运行。

对会计信息的强制性披露被认为是政府会计管制的重要内容。强制性信息披露试图解决会计信息市场失灵问题。经济学观点认为，无管制状态下产出的会计信息不可能实现帕累托最优，即会计信息市场失灵必然导致社会资源配置不公。强制性信息披露可以缩小上市公司自愿信息供给和投资者信息需求期望间的差距，并保持既兼顾公平又考虑效率的合理水平。

会计信息披露中，保护相关利益者的权益，以尽量减小因信息不对称而带来的无效率或低效率，也应是企业会计信息披露追求的目标。会计信息披露表达的也是企业的一种社会责任，借助信息披露，企业向社会传递自己的能量，宣传自身形象，吸引潜在投资者、债权人、客户及供应商，使得企业利益相关者在了解企业责任履行情况的同时，积极参与对企业的监督和评价，协调企业的经济效益和社会效益。企业可获得较高的市场信用，取得合作伙伴的信赖、支持与深度合作，得到投资者的追捧。

（2）对内影响强调的是企业自身因信息披露引发的后果。信息披露对企业的影响首先在会计工作的规范化及信息化建设上，利用计算机、信息及网络技术，提升会计核算的质量；其次是促使会计工作重心由核算型向管理型转变，拓展会计管理的职能，加强内部控制。信息化下，信息处理要求更为规范，迫使各部门强化自身管理，如由主要编制会计报表转向编制报表与内部管理；事后核算转向事前预测、事中控制和事后核算并行；提供信息反映情况转向综合反映情况并运用信息参与经营决策，调控企业行为。管理水平系统化，信息流、资金流和物流的统一，将业务信息纳入（财务）会计信息系统，系统功能由（财务）会计部门延伸到企业其他的各个部门，实现企业经营管理信息的共享，提升信息的及时性及预测反馈价值。

在信息披露压力下，企业会计的内容有了新的扩张，对企业的作用有了新的理解：会计不再是传统意义上的记录、反映的手段、方法，提出了会计信息的安全性及对会计本身的监管，会计更应积极参与企业的内部控制，会计应是企业竞争力的重要内容。会计必须参与企业风险的管理，如风险判断、风险评估、风险承受度、风险控制、风险应对。只有在风险控制下提高企业的盈利能力才是可持续的。

二、会计信息披露的实施

1. 强化企业的信息化建设

在现有条件下，中小企业也可实现企业信息化，选择合适的财务软件，配备得力的人员，设计高效的组织框架，打造具有自身特色的信息化系统，将产供销、资金流、物流信息化网络化。

完善企业信息平台建设。企业会计信息披露需要合适的平台，大、中企业可建立自己的公司网站，小企业的信息披露可由地方政府指定某一平台进行，上市公司则有资本市场要求的公开平台。企业会计信息披露也应考虑成本，注意集中披露与定期披露结合，网络披露与纸质或程序披露结合。

2. 信息披露的职业判断

信息披露目的是为信息用户提供更多信息源，以利于他们作出更准确的决策，即需要处理好会计信息可靠性和相关性两大关系。

一般而言，对企业会计信息披露是否适当，可通过以下方面进行判断：一是重要性，影响决策的重要信息有否遗漏；二是恰当性，所披露的信息应与使用者决策相关并可靠；三是公允性，所披露信息应保持公正，不能以偏向特定使用者的利益为导向；四是充分性，披露信息的完整与全面，包括定量信息和定性信息、财务信息和非财务信息、表内信息和表外信息。

会计信息披露与企业产权机制有关。产权越分散，对会计信息披露的要求越高。两权分离下的企业，经营者作为代理人，直接管理企业成为企业的“内部人”，其拥有较为完全的内部信息；而企业的投资者作为委托人，不直接参与企业的管理，成为企业的“外部人”，在会计信息了解上出现不对称。由于双方目标或利益的不一致，极易诱发“道德风险”问题。

信息披露与企业规模也有关，中小企业大多两权合一，业务范围较小，内部层次简单，信息传递环节不多，信息披露主要用于融资和纳税，会计信息披露相对可要求从简。

3. 规范信息披露内容

按现行资本市场信息披露的要求，上市公司必须实行强制性信息披露，即由相关法律、法规和章程所明确规定的上市公司必须披露信息的一种基本信息披露制度。强制性信息披露的内容一般包括公司概况及主营业务信息、基本财务信息、重大关联交易信息、审计意见、股东及董事人员信息等基本信息。会计信息披露的内容：有关企业财务状况、经营成果和现金流量等消息的重要报道，包括招股说明书、上市公告书、定期报告和临时报告等。财务报告的内容比较复杂，如应包括企业社会责任信息的披露。

强制信息披露的形式包括公告、置备和网上推介三种形式。公告是指必须在中国证监会指定的报刊上或者专项出版的公报上刊登，并在中国证监会指定的网站上公告，公告的层次较高，具有较高的社会扩散效应；置备是有关重要信息文件存放在指定场所供公众查阅，置备的持续时间较长，但影响的范围和力度较小，只有主动性的投资者才能知晓有关信息；网上推介的强制性只适用于证券发行之前帮助证券发行人发行证券通过互联网宣传发行信息。

从中小企业会计信息披露的目标看，小企业可采用简要形式的财务报告体系。中型企业应提供年度、半年度财务会计报告，季度财务会计报告可不作要求。半年度财务会计报告应当包括：会计报表、简要会计报表附注、简要财务情况说明书。一般而言，企业会计信息是否对外公开，主要取决于其社会影响。中小型企业尤其是小型企业一般股东数少，债权人也相对集中，因此，通常没有强制对外公开的要求。然而，既然中小企业已经编制了财务报告并大多实施了审计，从增加企业社会信用和维护社会公众利益出发，有必要建立如下披露体系：建立地方性的企业会计信息披露媒体和渠道，如工商、税务系统的出版物或网站，可供社会公众随时进行查阅；中型企业强制性披露经审计的年报，包括资产负债表和利润表以及它们的附表、简要现金流量表、财务状况简要说明，披露时间可以较大型企业适当延长；小型企业可自行选择是否对外披露，若披露，则仅需披露简要资产负债表、简要损益表以及财务状况简要说明，同时对披露的报表必须接受第三方注册会计师的审计，披露时间可比中型企业更长。此外，应加强企业社会信用的宣传，造成披露信息的企业具有良好信用的氛围，给予纳税或银行信用方面的便利或优惠，促进中小型企业会计信息的披露。总之，对中小企业财务报告进行适当简化，对其确认、计量标准区别对待，不仅有助于提高中小企业会计信息的质量，减少会计操作成本，节约社会资源，也符合中小企业经营运作的特点，有利于调动其积极性，促进其健康发展。

信息披露也是各方间的博弈。主张企业的自愿披露、积极披露，体现企业文化及企业的社会责任意识。让社会接受企业、认同企业、督促企业才是上策。自愿披露的内容：会计原则、其他法规未作规定，从现有财务数据及环境作补充说明公司经营状况、计划、战略规划，会计计量的复杂性、公司治理、生态保护等。

4. 内幕信息及商业机密

信息披露涉及两个相近概念，即内幕信息与商业机密。内幕信息是指证券交易活动中，涉及公司的经营、财务或者对该公司证券的市场价格有重大影响的尚未公开的信息。如对公司的重大事件、分配或增资计划、股权结构的重大变化、债务担保的重大变更、主要数额较大资产的抵押、出售或者报废、重大损害赔偿、收购方案等。内幕信息由证券交易法规范。商业秘密是指不为公众所知悉，能为权利人带来经济利益，具有实用性并经权利人采取保密措施的技术信息和经营信息。商业秘密由商法规范。

商业机密有狭义与广义之分，我国采用了广义的商业秘密，它一般泛指工业、商业和管理三个方面的秘密信息，包括工业技术、商务、管理、财务或其他性质的秘密知识和经验。从会计职业角度看，属于会计人员应保守的商业机密的范围更为宽泛，它不局限于法律层面，还应包括职业道德层面，主要有：①技术信息。指生产技术有关信息，如设计、程序、产品配方、制作工艺、制作方法、质量控制、技术研发、技术影响分析等。②经营信息。

指一切与企业生产营销活动有关的信息，如采购渠道、进货价格、供应商名单、生产计划、生产成本、经营战略、产品资料、营销计划、广告策划、竞争策略、销售方式、客户名单、销售渠道、销售价格、标底标书等。③管理信息。指企业组织和管理生产经营活动信息，包括企业内部管理模式、方法、经验、人力资源信息、财务信息等信息。管理信息的主要成分是财务信息，如资金具体来源（资本、借款）、投资计划、现金流向、利益相关方的背景材料、成本费用、内部控制、收支结构、单位内部的预算、决策资料、税收筹划资料。这里有些信息也属内幕信息。

商业机密的特征在于秘密性、价值性和独特性。企业应加强对商业秘密的管理，如规定商业秘密的内容，确定密级，明确接触人员范围，采用严格的借阅办法，减少泄密的可能。在技术转让或合作时，也要讲明商业秘密的内容，并约定保密义务和违约责任。加强对接触商业秘密人员的管理，如高管、技术人员、会计人员。除进行经常的保密教育外，还应制定严格的工作规章，并与接触商业秘密的人员签订保密协议。同时，应教育职工，强化保密意识，加强失密防范。作为财务信息的制作者，会计人员应主动防范、阻止或报告侵犯商业秘密的行为。树立信息安全意识，强化保守单位商业秘密职责。会计人员应尽可能地做到不该知道的事不问，不该说的话不说，未经单位领导同意不得向外散布有关的财务和管理信息；不为任何诱惑所动，坚持原则，坚守纪律，在任何情况下都不能泄露本单位秘密。信息披露必须考虑适度性原则，权衡信息披露与商业秘密保护的关系，如考量信息披露的成本与收益约束、考虑会计信息的有用性以及使用者处理信息的能力与时间。优先保护股东的知情权，尽最大可能保护公司的商业秘密，科学设计股东知情权的程序，如对于含商业秘密的文件，设置限制或提出某些要求。会计人员加强自我保护，应明白哪些信息不能外泄，哪些信息得慎重对待，管好自身的信息。网络环境下信息的共享远比信息的控制来得容易。教育下属认同企业实施严格的信息安全措施，注重培养员工自发地形成对企业的忠诚感和责任感，平衡商业秘密管理带来的副作用。会计职业本身就是一个信息源，会计人员除注重自身要求外，还应主动做好防范。现在企业财务事项委托他人较多，如审计、评级、咨询、承销，还有战略投资、管理顾问等，对重要的财务信息应加强保密管理，如重要资料的备份及分级保管、存储信息的加密或加锁，不轻易流露或扩散单位的财务信息等。

5. 信息披露与企业监管

信息披露也是对企业管理的制度约束。内部控制机制是会计信息质量监管的核心和基础。信息的不对称催生了监管问题。会计监管是以确保会计资料真实、完整为目标，主要由单位内部会计监督、会计工作社会监督和会计工作政府监督管理三部分组成。单位内部会计监督的重点，主要是建立健全内部会计控制和约束机制，强化单位负责人和会计人员的会计法律责任，因而内部控制成为会计监管的核心基础。

内部治理结构是会计信息披露的组织保证。内部治理结构是由股东会、董事会、监事会和经理层等形成的相互制衡和监督体系。内部治理结构一方面保证股东利用公司披露的会计信息对公司经理层进行约束和激励；另一方面又保证经理层向股东会、董事会、监事会和外界披露系统、及时、准确的会计信息。现实往往是企业内部治理失衡、内部控制失控，如“一股独大”的股权结构模式、流于形式的内部控制机制。

外部监管机制是会计信息质量监管的重要力量。外部监管主体包括第三方中介机构的外部监管、独立董事的外部监管以及社会舆论的外部监管。在会计监管模式中，政府监管具有广泛的法律授权，使它成为整个监管模式中的主要监管者。作为社会监管的注册会计师协会，则通过制定有关市场运行的基础性规则，探索新的注册会计师行业监管模式，构建新的监管机构，有权限制不符合道德和胜任能力标准的注册会计师从事上市公司审计业务。在独立董事的外部监管方面，上市公司应建立独立董事工作程序，该工作程序及其执行情况应该是监管机构对上市公司的检查和考核的内容，而独立董事在监管上除了要独立更要真正“董事”，不做花瓶董事。作为社会舆论的外部监管，对上市公司进行舆论监督，是新闻媒体义不容辞的责任，上市公司的相关信息披露应主动邀请新闻媒体参与，取信于社会公众。此外，新闻媒体及其他监管方式的监督是一种重要补充，新闻媒体的监督一般不受证券市场有关法规的约束，它的法律地位和权利由新闻法规来约束，但它又对其他监管主体发挥着独特的、不可替代的作用，其职责是向社会如实地公开披露各市场主体的会计行为，以形成舆论压力。

会计信息披露，从制度层面分析，实为会计监管问题。如果说国家监管属强制性监管，则企业自身的监管及会计人员的自觉更为重要。国家监管总是时滞的、被动的，这既涉及制度设计层面，也涉及会计操作层面。市场经济的本质是信用经济，假设市场是谁也不信任谁的，则只有国家能够承担维护产权和契约权益的责任，这份责任的具体承载必须通过市场所需要的制度，国家有责任和义务确保与维护制度的正常运作，从而建立社会公众的信心。会计政策、会计制度的制定权在于国家政府，具有法律支持的监督管理权也归属于国家。良好的会计政策与制度的制定，国家自有一套机制、程序，不是本章讨论的重点。至于对会计本身的监管，矛盾多多，引起矛盾的主观与客观因素相互交织，既存在认识论的误区，也存在方法论上的不足。理论上说，监管的漏洞总会存在。因此，会计的监管思路需要不断创新，监管手段必须不断调整。

主要参考文献：

[1] 财政部会计司．国际会计准则［M］．北京：中国财政经济出版社，1992.

[2] 财政部．企业会计准则［M］．北京：中国财政经济出版社，2006.

[3] 葛家澍，杜兴强．财务会计概念框架与会计准则问题研究［M］．北京：中国财政经济出版社，2003.

[4] 杨时展．现代会计对传统的挑战［J］．浙江会计，1982（6）.

[5] 郭道扬．会计控制论（下）［J］．财会通讯，1989（8）.

[6] 郭道扬．21 世纪的战争与和平——会计控制、会计教育纵横论［J］．管理会计（台湾），1994（3）.

[7] 沈生宏，刘峰．权责发生制、公允价值和会计信息相关性［J］．会计研究，1996（5）.

[8] 张德容．谨慎性原则与其他会计原则的冲突与对策［J］．财会月刊，1999（12）.

[9] 葛家澍．财务会计的本质、特点及边界［J］．会计研究，2003（3）.

[10] 葛家澍，杜兴强．关于会计信息的相关性和可靠性问题的思考（上）［J］．财会通讯：综合（上），2004（11）.

[11] 崔志娟．论财务会计计量观［J］．财会通讯，2007（9）.

[12] 王福胜，李伯丽．谨慎性原则的经济学思考［J］．会计之友，2008（24）.

[13] 毛新述，戴德明．会计制度改革、盈余谨慎性与盈余管理［J］．会计研究，2009（12）.

[14] 刘运国，吴小蒙，蒋涛．产权性质、债务融资与会计谨慎性——来自中国上市公司的经验证据［J］．会计研究，2010（1）．

[15] 高建普．会计人员保守单位商业机密的解读［J］．财经界（学术版），2010（4）．

[16] 姚圣．生存权保障、会计控制与环境监管［J］．北京理工大学学报（社会科学版）2011（2）．

[17] 杨丹，王宁，叶建明．会计谨慎性与上市公司投资行为——基于资产减值角度的实证分析［J］．会计研究，2011（3）．

[18] 张兆国，刘永丽，谈多娇．管理者背景特征与会计谨慎性——来自中国上市公司的经验证据［J］．会计研究，2011（7）．

[19] 盖地，罗斌元．会计确认的再认识及应用——基于事实判断和价值判断的认知论释义［J］．会计研究，2011（8）．

[20] 程六兵，刘峰．银行监管与信贷歧视——从会计谨慎性的视角［J］．会计研究，2013（1）．

[21] 沈永建，梁上坤，陈冬华．职工薪酬与会计谨慎性——基于中国上市公司的经验证据［J］．会计研究，2013（4）．

第五章　会计的职业判断

会计的职业判断也称会计判断或职业判断。会计的职业判断是会计理念的具体运用。职业判断能力是会计特有并推崇的一种职业能力，职业判断能力与职业道德水平构成会计人员职业素养的两大支柱。

第一节　职业判断的重要性

职业判断的重要性早已被职业界所认可，也为社会所接受，但对其涵义的理解还有分歧。

一、职业判断的理解

1. 职业背景

职业判断是会计独特的一种职业行为，其存在有其深厚的职业背景。

(1) 理论。从理论层面分析，一是会计的不确定性。不确定性是财务会计系统运行的一大特点。如因经济业务本身难于精确测量、业务复杂多变及业务结果的不唯一带来的会计对象的不确定性，因税法与会计法规的变更、会计政策的变化等引起会计环境的不确定性；因会计要素反映的不确定性，会计定义带来的不确定性，运用会计原则或准则带来的不确定性；因技术、道德等的影响所引起会计行为的不确定性等，这些都需要会计人员作出判断。

二是会计的艺术性。会计信息多用户，会计目标多元化，会计过程也是不同利益主体的博弈过程。会计处理是一定约束下的主观行为，会计判断对政府、财税部门、企业管理当局、投资者、债权人和债务人及其他利害关系人的决策具有鲜明影响，会计处理结果将直接影响税收以及财富分配。美国注册会计师协会认为“会计”的解释首先是艺术，因为对同一业务的会计表现方式可以有很多种，且都是会计准则所认可的。

三是会计的道德性。会计信息生成过程中，会计人员始终面临着客观性与相关性、稳健性与适用性、利益驱动与公允揭示等观念和立场的矛盾与斗争，而这显然受个人道德因素的影响。

（2）实践。从会计实践看，一是会计处理复杂化。产业升级、企业竞争、跨国经营，使经营风险、财务风险和会计风险剧增。对可能发生的风险需要预计、评估和测算；新的经济业务、新的交易方式等出现，企业规模增大，地理分布分散，经营多样化、投资多元化，这些都推动了经济活动向复杂化、高级化发展。复杂的经济环境，使会计人员对会计事项进行正确确认和计量的难度加大，同时客观上会增大选择余地。

二是会计制度执行空间，也即职业判断存在的制度背景。我国借鉴国际惯例颁布实施的会计准则，以原则导向替代了以往的规则导向。从会计准则的执行上分析，准则的具体表述可以分为显性和隐性两类。显性是指规定表述详细并有量化标准，易于操作；而隐性恰好相反，需要执行者解读，由于每个人学习能力、职业经验等不同，对准则的理解会存在较大差异。会计的选择范围扩大增多，在会计政策选择、会计估计、会计计量等多方面给予会计判断更大的空间，如会计方法的选择、会计信息披露的选择，企业有选择政策的可能。

三是道德风险。会计确认、计量、记录和反映有赖于会计人员来完成，尽管会计职业道德是会计行为的底线。在实际工作中出于自我保护、完成企业目标、迎合考核要求和企业自身利益等考虑，会计人员选择相应的会计处理方法也是一种无奈，但其间显然存在极大的道德风险。

2. 会计职业判断

从会计制度环境看，西方国家较早意识到职业判断的作用。如英国会计准则在序言中指出：会计准则并非僵硬不变的条文的汇总，它不能取代根据各种信息作出判断的活动。1985 年加拿大特许会计师协会（CICA）下属的会计准则委员会开展“财务报告中的职业判断”调查研究，包括职业判断中会计人员和审计人员心理研究、职业判断动机研究、会计职业判断绩效在会计环境中的决定因素分析等。

理解职业判断涵义首先应认清其若干特征：职业判断源自会计的职业活

动，是会计工作的重要内容；职业判断受企业实际、制度规范等约束有其客观性；职业判断更多具有个人色彩，有赖于判断者的立场、知识、经验及能力。

会计职业判断是会计人员对会计事项的确认、计量、记录和报告的原则、程序、方法等所进行的判断和选择。它主要解决“是何”、“何时”、“何价”和“如何做”等问题。会计判断能力是会计人员在面临不确定情况时，依据自身对职业规则的理解和自身经验，对会计事项作出分析、判断、选择和决策的能力。

我国会计制度的原则导向下的改革，会计的职业判断被提出、运用及研究，如提出会计职业判断的涵义、基本特征、影响因素、动机分析、原则和方法（夏博辉，2003）；比较系统地研究了会计职业判断的基本理论、一般过程与方法、主要内容以及如何改善判断质量等问题，提出会计职业判断程序一般包括理解问题、确立目标、提出备选方案、收集资料、确定标准、分析比较、得出结论等（许燕，2003）；阐述会计原则、会计标准和会计职业判断导引三者的关系，并且指出我国的会计标准制定模式应以原则导向为主，以规则导向为辅（孙丹，2004）；研究了会计职业判断在公允价值会计中的运用问题（刘百灵，2007）；对会计职业判断的制约因素进行了分析（吴美璇，2009）；基于会计制度作了弹性的会计职业判断研究（刘洋，2010）。

二、职业判断的重要性

职业判断要求会计人员在相关制度约束的范围内，根据企业环境及经营特点，运用自己的专业知识和职业经验，对会计事项处理和财务报告编制应采取的原则、方法、程序等方面作出判断或选择。

职业判断本身是会计活动的内容之一。近年来国内学者对职业判断对企业的影响及资本市场的影响有多方位的分析。如从会计职业判断与盈余管理的关系角度阐述会计职业判断执行机制的重要性（王跃堂、赵子夜，2003）；如何通过会计职业判断优化会计政策的选择（许道文，2006）；从契约理论角度探讨会计准则制定导向与会计职业判断的相机选择问题，并选择较有代表性的个案定量分析新准则实施后会计职业判断对企业财务信息的影响（于长春，2009）；从会计反映的角度论述交易的会计实质与法律形式的关系以及会计利益相关者的操纵方式，然后从税收征纳双方角度详细论证交易的税收实质判断与其外在法律形式之间的关系及具体表现方式（余杰，2009）；以同时发行A、B股的公司为样本，研究发现这些公司所报告的净利润差异主要不是来自会计准则而是来自会计职业判断，会计职业判断背后的经济动机在于上市公司想要达到保牌的目的（刘峰、王兵，2006）；职业判断是会计准则执行机制建设的关键环节，是影响会计信息质量的重要因素，高质量的职业判断需要完整的会计职业判断框架作支撑，并提出从职业判断主体、判断客体、判断标准、判断环境和判断程序等方面构建会计职业判断框架（王清刚，2012）。

再观察会计教育。通过会计教育内容的分析以及对会计教育过程的反思，可以认为会计操作技能、会计职业判断及会计职业道德构成会计教育的三大主线；账务处理实习与会计专业判断能力训练构成会计专业实践教育的两大支撑点；以职业判断训练为主题的“会计专题”课程、以账务处理训练为主题的“会计实训”课程和以会计职业素质综合训练为主题的“会计实习”课程是会计专业实践教育的“大三角”。

三、职业判断的动机

按行为心理学观点，会计人员的职业判断应有其实在的动机，这可从会计人员及企业角度作些分析。

1. 自我保护

两权分离下，企业高管都面临投资人的监控与考核，存在自身业绩、地位及待遇等现实问题；而企业管理者的业绩，还会涉及个人名誉及社会影响，这在我国都是一种特殊的资源。受其影响，企业高管在生成或提供会计信息时，总会在法规大框架下，选择有利于自身利益的会计政策。会计人员处理事项时，在可选择的前提下，首先考虑的是不得罪企业高管而寻求自保，力争在国家利益、企业利益与个人利益的权衡中求得主动。

2. 迎合指标

企业受多方管理，如总公司、政府部门、社区及证监会等，现代管理通常采用量化考核办法，企业面临一系列的指标监控，给企业经营管理以很大的压力，如销售增长、费用控制、资产减值情况、资产流动性、净资产收益率、每股收益、每股净资产等，这些指标是否完成，往往是企业获取某些资源或优惠的条件，如利税排名、融资条件等。出于这个考虑，企业在对外提供会计信息时，会不自觉地会权衡利弊，按自己的期望生成并提供有利于自身的会计信息。

3. 控制税负

会计核算结果对企业应交税金有直接影响，不同的会计处理方法、会计政策选择影响着税收的早交与迟交、多交与少交，而税金支出又是企业重要的现金流出。对企业而言，有效地规划企业的现金流，既有助业务开展，又能平衡现金流量，追求企业价值的最大化，在这个考虑下，企业往往需对税收进行筹划，而会计职业判断就自然会将其列入重要选项。

4. 长远发展

对企业来说，如何处理好短期效益与长远利益的关系，往往是个难题。出于长远考虑，其具体工作必须服从企业的整体战略目标。会计职业判断，同样应把握好长短关系的处理。如职业判断时，注重大多数投资人的意见，从企业长远发展考虑问题，选择更加谨慎的会计政策，加强对企业运行的控制，提高会计信息的质量和监督作用。

四、影响会计职业判断的因素

影响会计职业判断的因素可从内、外两方面进行分析。

1. 外部因素

外部因素是指会计环境及会计事项，主要包括会计法规、公司治理结构、企业经营特点及管理要求和会计事项。

（1）会计法规。包括《会计法》、《公司法》、《税法》、《审计法》、《注册会计师法》等会计法律规范以及会计准则、会计制度等会计技术规范。会计法律、法规为会计职业判断行为提供了法律依据，限定了会计人员运用判断的程度，并通过惩罚等措施约束会计人员的判断。会计技术规范本身就是最直接、最基本的判断依据，规定越具体、越完善，可操作性就越强，会计人员进行判断的空间就会受压缩。执行会计规范时，必须把握好规范的适用、规范的理解、规范间冲突的处理。

（2）公司治理结构。企业存在多个利益主体，他们有着不同的利益诉求。公司治理结构就是这些利益主体在责权利上的划分和相互制衡的机制。可分为外部治理机制和内部治理机制，前者主要是市场对公司所实施的间接控制，包括资本市场、经理市场、兼并市场等；后者主要是企业内部通过组织程序所明确的所有者、董事会和高级经理人员等相关利益者之间的权利分配和制衡关系。由于很多契约的确立以会计信息为基础，会计人员与管理当局又存在事实上的雇佣关系，因此，公司治理结构往往会影响某些会计行为的发生。如结构缺陷会使权力制衡机制被削弱，使得职业判断受到管理当局的干预。股权比较分散的上市公司作出政策判断和选择的程序会复杂些，对会计政策揭示的要求也比较高。而独资和合伙企业，由于股权单一，会计政策的判断和选择也相对简单。

(3) 企业经营特点及管理要求。如受企业的行业特点、经营范围、产品结构、经营规模、组织形式、资金来源状况、理财环境、内部管理等诸多因素的影响。生产经营特点不同，企业的经济业务必然存在差别，对会计信息的揭示范围和要求的程度也不同，所抉择的会计政策往往具有较大的差异。如金融企业与工商企业在职业判断上差异明显，大企业与小企业对职业判断的要求不同，这在国家实施的会计制度中反映突出。企业的一些现实考虑对职业判断也有影响，如企业的知名度、企业的资本构成、企业的分配政策、企业的增长目标及股权激励机制等。企业结合经管目标对财务报告质量提出要求，受其影响，职业判断的重点或倾向也会发生变化。

(4) 会计事项。主要表现在：问题的复杂性、重复性、规范程度、类型以及要求质量的判断等方面，其中前两项最为重要。如未被定义的问题，它很少有或没有现成的指南可遵循，解决它需要较强的判断力和洞察力；问题的复杂性还表现在经济业务的不确定性上，经济业务不确定性越高，对会计判断的要求也越高，会计风险也越大。如有些新的或复杂的会计事项的处理，除考虑企业自身特点，了解企业实际，还得按对会计理念的理解选择实质重于形式的原则进行处理。

2. 内部因素

会计人员自身方面的因素。判断作为思维的一种方式，具有强烈的主观色彩。会计人员的知识、经验，乃至性格、习惯、心态等个人因素都会影响会计判断的结果。内部因素主要包括职业意识、职业能力和职业道德。

（1）职业意识。职业意识指的是人们有关职业的观念形态，包括对职业和对从事的工作的看法、理解、评价、满意感和愿望等。职业意识通常由就业意识和择业意识构成。

会计的职业意识具体内容：职业感觉、职业理念、思想及境界；职业谨慎、工作的灵活性；对会计目标的认同、职业价值判断、工作关系协调等。

（2）职业能力。包括知识结构，实践经验，智商，思维方式，分析、解决问题的能力。良好的会计判断能力要求会计人员具有合理的知识结构和宽泛的实践经验，专业经验能更好地融合于特定判断相关的知识，使问题得到迅速而合理的解决。会计法、企业会计准则、企业会计制度的建立与完善，为会计职业判断提供了一个广阔的空间。可以说，会计职业判断贯穿于会计工作的始终，涉及方方面面，在会计实践工作中主要表现为：会计原则的选择与协调，会计处理方法的选择，会计估计，重要性原则、划分收益性支出与资本性支出原则、实质重于形式原则的实际运用。会计职业判断水平受制于会计人员的职业判断能力和会计人员的职业道德水准两个方面。

（3）职业道德。包括品德、纪律、责任。品德：正直、诚实、公正、客观；纪律：行为约束；责任：立场、处理各方关系。会计人员面临各种利益矛盾冲突时，有可能在会计判断中屈从于管理当局的意愿，难以保持客观中立。行为受到人的价值观的影响，具有高尚价值取向的会计人员就易排除利益干扰。另外会计行为也会受到外界其他因素的影响，如有关法规的严格执行、职业道德的要求、社会舆论等。

第二节 职业判断的内容

职业判断的内容可从不同角度进行归纳，如从会计处理流程看，会计职业判断涉及确认、计量、记录和报告各环节。确认主要是判定经济业务或会计事项能否进入及何时进入会计系统，并作为何种会计要素反映，且通过应予归属的具体会计科目加以明确认定。计量主要是对计量单位和计量属性的判断，计量属性则主要在历史成本、现行成本、现行市价、可变现净值、未来现金流量现值之间进行判断选择。记录主要是会计凭证、账簿等载体的选择和运用，比较简单。报告主要是判断在报表体系中应反映哪些会计要素，以何种方式披露，披露哪些信息等。

从解决问题性质看，会计职业判断主要是回答“是什么”、“在何时”和“怎么做”。“是什么”主要决定事实是什么，需运用哪些原则和定义。“在何时”主要是决定事项确认的时机。“怎么做”主要是一些计量问题，包括计量属性、方法的选择。

还有从更高的立意来分析，如Brown、Collins等人认为会计职业判断的内容包括三个层次：第一个层次是语意判断，第二个层次是应用判断，第三个层次是制度判断。

这里选择从过程与结果两个角度考察职业判断的内容。

一、职业判断过程分析

为便于学习和操作，不妨将职业判断过程细化为五个环节。

1. 搞清问题的缘由及要求

了解与问题有关的所有信息，包括问题本身的信息、处理问题的因果关系及环境因素等。厘清头绪、清晰认识，对于一些复杂事项，可借助图表、逻辑等辅助分析方法，如复杂的租赁、促销、加工业务等。

2. 确定处理的标准

搞清被判断对象的具体情况后，按会计处理原则，选择处理事项的标准。如：完成企业目标还是节税？短期效应还是长远考虑？如坏账准备的计提，是公允反映坏账损失还是考虑盈余管理做高利润？固定资产折旧是合理反映固定资产损耗还是考虑节税？对于复杂事项，也可将问题分解为较简单的子问题来分别解决。

3. 提出备选方案

按处理标准提出不同的处理方案以供选择。这些处理方案必须符合会计规范和企业总体管理要求。随着信息的获得，对备选方案也可能会修改和补充，有时也可听取财务部门其他人员或不同部门的意见，取长补短。

4. 反复评价

备选方案提出后，需要根据处理标准结合企业的总体目标进行反复比较，有时需要利用更多的信息，比如企业的历史数据、行业的最新动态、新的法规。收集信息时，也可能会发现原有方案需作调整，经必要的修改后，继续进行比较、评价，按评价要求列出各方案的优劣。

5. 确定最终处理意见

对各方案所列评价意见进行综合权衡，最后选出最优的作为最终处理意见。

二、职业判断的结果分析

会计判断主要包括重要性、会计风险、信息可靠性程度、会计程序方法的选择以及会计分析的合理性等。

1. 重要性

重要性是现代会计理论和实务中的一个重要概念，是决定会计风险的直接依据之一。影响重要性水平的因素很多，对重要性的判断离不开特定的环境，重要性会因时间和空间的不同而改变。重要性原则要求，对于那些预期对进行经济决策可能发生重大影响的事项单独反映或重点说明；对于不太重要的经济事项，可以在会计记录或报表上予以简化或省略。由于我国会计准则未对重要性作出明确的定义，而且在实际工作中，不同的事项，判断其重要性的标准也会根据时间、地点、经济环境、业务性质等而不同。因此，对于一项经济事项是否重要，是否对企业会计信息披露构成影响，是否应单独揭示，应视其自身性质及相关情况而定，在一定程度上也取决于会计人员的职业判断。会计人员在处理会计事项时，必须运用专业判断，根据企业所面临的环境，并考虑其他相关因素，才能准确把握重要性水平，合理运用重要性原则。

以固定资产残值为例，残值率根据不同企业允许估计并采用不同的比率。一般而言，固定资产净残值都很小，特别是科技含量较高的仪器、设备，报废时几乎没多少价值可收回。从重要性原则出发，可以不考虑这类固定资产残值。又如由于安全、环保等法规的制约，有些固定资产报废时可以收回的残余价值可能不足以支付清理费用，即净残值出现负数。在计算折旧时则可将其绝对值加在固定资产成本中。

2. 会计风险

会计风险，理论上也即会计的不确定性。

Joel Siegel 和 Shim 认为，不确定性是指“对导致一系列可能结果的一种或多种备选方案的认识状态，但这些特定结果的可能性要么无法知道，要么无实际意义。与风险不同，不确定性的目的不明确，无法对全面认识备选方案作出假定。在实务中，决策者趋向于对不确定性与风险不作明确区分”。

理论研究将会计的不确定性分为外生性的不确定性和内生性的不确定性。外生性的不确定性是指会计信息系统之外的不确定性，内生性不确定性是指会计作为一个信息系统在信息加工过程中的不确定性。外生性不确定性包括会计对象的不确定性和环境变化所引起的不确定性。内生性不确定性包括会计要素的不确定性、会计原则运用所带来的不确定性、具体会计准则所带来的不确定性及会计人员行为所引起的不确定性。

对不确定性的处理可考虑充分披露原则、谨慎原则、中性或公正原则、重要性原则及权责发生制原则，还包括其他一些重要的会计原则，如相关性、可靠性、可比性和配比、实现原则等。当然在这个原则体系中，真实与公允是指导思想，可靠性、相关性、稳健性、充分披露等是核心，权责发生制仍是确认的基础，重要性原则和中性原则等是计量、估计和判断的应用原则。

在实务中，会计风险是指由于会计人员未能履行社会责任给社会带来损失的可能性。如税务、工商管理部门或会计师事务所进行专项检查、专项审计、例行审计时，揭示企业在不遵守法律法规时出现的风险；由于会计核算所反映的违法行为被举报而产生的风险；由于内部控制不严密，造成会计核算失控，致使企业财产物资受损产生的风险等。会计人员必须保持职业谨慎，运用专业判断，对单位的会计风险要素进行全面评估，确定可接受的会计风险水平。

以固定资产确认为例，会计准则对固定资产的定义比较原则，不再作是否为“生产经营性”这样的区分，使用年限超过一年，单位价值不作规定，只强调价值较高。准则要求根据实质性控制权和能否带来实质性经济利益两点，并考虑企业具体情形加以判断，而准则对于不同交易类型采用不同的确认标准，加大了职业判断的难度，也存在粉饰企业业绩的可能。

3. 信息的可靠程度

会计过程也是信息加工过程，其生成信息的有效性取决于被加工信息的可靠性。可以观察企业会计部门的人员素质、结构及相互关系初判会计信息的可信度，也可以通过对企业内部控制的分析来确定其被加工信息的可靠性。

这需要对单位管理制度的具体执行过程进行评判与分析。

如固定资产后续支出的处理，究竟作资本化还是作费用化处理合理，需要对后续支出的具体情况进行深入细致的考察，掌握信息的可靠性。如果资产的所有权为他人，则理应做费用化处理；若所有权属自身，则还应判断其资产改善及受益状况，选择资本化或部分资本化及费用化，关键在于税负影响的考虑。

4. 会计政策的选择

会计政策是指企业进行会计核算和编制财务报告时所采用的具体原则、方法和程序。因经济活动的复杂性和多样性，使得在会计实务中对某一会计事项进行确认、计量、揭示时需要在多个会计原则间作出选择，而会计原则之间也有矛盾。在特定条件下，某项会计原则是否选用，选用度多大，多个原则的使用顺序及不同原则间的最佳组合等，都需运用会计判断。

由于经济活动的复杂性以及企业的特殊性，会计准则允许企业在一定的范围内对同一经济事项采用不同的会计处理方法。而多种会计处理方法之间本身绝无所谓的优劣，会计人员只有在工作中运用自身的职业判断，在可选的会计处理方法中，选择适合本企业具体情况的会计处理方法，以利于为企业提供更可靠的会计信息。如企业领用或发出的存货，按照实际成本核算的，应当采用先进先出法、加权平均法、移动平均法、个别计价法或后进先出法等确定其实际成本，但哪种方法更适合企业的实际情况，更能公允地反映企业的盈利能力和资产状况，则有赖于会计人员的职业判断。

会计程序是指一个企业处理会计业务的先后顺序。手工处理与电子处理的要求不同，同样的会计信息化流程，还存在流程再造的需要。会计流程也即企业会计信息的加工链，拉大信息链意味着增大人为干预的可能。

5. 会计估计及分析的合理性

在会计工作实践中，经常需要利用最新信息对具有结果不确定性的交易或事项作出判断，对未来事项是否发生及未来事项的发生时间与影响予以估计。常见的需要估计的项目有：坏账、或有损失、固定资产折旧年限与净残值、无形资产和待摊费用的摊销期限等。这些项目必须通过会计人员合理预测与推断加以确认、计算，会计信息才能如实地反映，其确认、计量、揭示的合理准确与否很大程度取决于会计人员职业判断能力的高低。

在会计工作中，常需要利用最新信息对不确定性的交易或事项作出分析，对某些数据作出评判。从经济活动看，会计估计发生在非交易场合；从会计过程看，会计估计发生在确认和计量环节，如持有资产的再计价、折旧，摊销时年限及净残值的估计，资产报损估计，或有事项的估计，收入的某些估算，非交易资产的估价及某些成本计算参数的估计等，分析的合理性在很大程度上取决于会计人员的职业判断能力。

由于经济活动本身的不确定性，现行制度规定多种计量属性选用，按重要性原则或出于成本效益考虑，企业管理人员对复杂问题的简化处理及会计面对特殊事项等，因此企业进行会计估计不可避免。有估计，自然存在分歧和不同的理解。由于会计政策和会计估计存在可选择性，中间存在职业判断的弹性空间，会计人员应尽可能地掌握信息，准确判断事项的基础有否发生变化，对分析作出合理的预计。

第三节 职业判断的运用

会计工作中如何合理有效地运用职业判断，需要职业思考和经验积累。

一、职业判断中的若干思考

1. 职业判断与会计的艺术性

会计的艺术性体现着会计职业的价值。一个算术题，多个答案，你会断定其必有误；但对一个会计问题的解决答案，你还认为这样，那只能被认为外行，这也即会计的艺术所在。美国注册会计师协会曾认为“会计”的解释首先是艺术，理由是对同一业务的会计表现方式可以有多种，而且都为会计准则所认可。

面对复杂的经济事项，会计准则只能提供一种总体要求或处理原则以及一定程度上的操作性指导，具体处理必然需要职业判断，这也正是会计的职业价值，如财务报表中的每一个项目都包含着大量的会计估计及职业判断。高质量的职业判断可以提高会计信息质量，但职业判断也有可能会给会计操纵提供空间。

职业判断体现会计的艺术性，要求在职业判断中妥善处理会计信息用户的利益关系，做到技术与人文的协调。职业判断需要技术支撑，更需要考虑职业环境影响，特别注重所提供会计信息给企业管理当局、投资者和潜在的投资者、债权人、政府部门及其他利害关系人带来的后果判断。充分考虑各方面的因素和听取各方面的意见，较好地处理其“客观中立性”与“经济影响性”之间的平衡。

2. 职业判断与企业税负

职业判断中一个重要的评判因素是企业的税收负担，这在中小企业更为突出。如会计政策的选择，首先列入评判标准的是税负，比较常见的有存货的计价方法、固定资产折旧方法、费用的摊销方法等选择；而在会计估计中还是考虑税负或税收影响较多，如坏账准备的计提、固定资产使用年限和净残值的确定、资产减值的判断及准备的计提以及或有事项的处理。

以企业税负或税收影响作为职业判断标准的首选因素，应注意税收政策的变化以及得到税务部门的认可，如督促业务部门提供并保留真实、合法的凭据，及时办理税收报批手续等。

3. 职业判断与职业谨慎

职业谨慎通常列为职业判断标准的第二选项。职业判断中，除优先考虑企业税负外，还应强调必要的职业谨慎，当然这种谨慎不能过分，更不能被他人误解为会计人员有意作假。原则导向下的会计准则，给予企业更多的职业判断权利及广阔的判断空间，但必须用于使企业更稳妥地确认当期收益，更真实地反映企业的财务状况，这样也就更符合谨慎要求。进行职业判断时，会计人员应根据具体情况，选择合理的条件和衡量的标准。企业内部也应有制度约束，避免企业高管及会计人员利用判断空间，出现会计处理的随意性，提供带有倾向性的财务报告，误导投资者及债权人，将职业判断作为企业盈余管理的手段。从多年上市公司与审计机构之间的会计处理差异情况的报道看，差异主要集中在收入或收益确认，不管是有意还是无心，上市公司的会计处理通常比较激进，而审计机构则显得更为保守与谨慎。

二、职业判断能力的提高

职业判断能力的提高离不开深入细致的理论学习和广泛的实践活动，并注重理论与实践的结合。

1. 树立职业判断意识

会计人员自觉形成一种职业判断的意识，充分认识职业判断的必要性和重要性。转变观念，更新思维方式。职业判断是会计工作的重要内容，也富于挑战性。职业判断能力是衡量会计人员综合素质的重要内容。如何提高自身的职业判断能力，这既是会计从业者的迫切需要，也是未来会计人员的学习要求。经济和社会发展对会计工作提出更高的要求，具体的会计处理无法套用书本，需要会计人员的职业判断。职业判断及这方面能力的提升，也要求会计人员不能吃老本，应跟上形势，主动学习，相互交流，积累经验。

树立正确的职业判断意识，需要纠正某些认识误区，如会计职业判断必然导致会计信息失真，灵活作出职业判断必会引火烧身，还是随大流或听领导意见办保险。

2. 重视并善于学习

加强专业知识的学习，提高理论水平。必须重视会计基础理论的学习，尤其是会计处理的原则把握。纠正会计学习重实践、轻理论或片面认为会计没啥理论的错误认识。知识的学习不能局限于会计本身，还应逐步拓展到与会计工作相关的经济、金融、贸易、管理、法律等领域。在知识学习的同时，也应注意自身职业能力的培养，如观察能力、分析能力及思维能力等。

会计职业强调经验积累，而经验的积累需要学习，学习并非向书本学，更重要的是向周围人学习，向已经处理过的会计事项学，善于学习，勤于积累。工作岗位有计划地进行轮换，能促使会计人员全面熟悉各会计工作岗位的业务，有助提高综合业务素质。会计人员还应当注重业务处理做法及经验的交流，提升自己的职业判断能力。

重视会计实践活动，广泛的实践活动有助于对理论的深入理解及掌握。通过实践，会计人员更能具备适应复杂多变的会计环境的能力，根据自己对职业的理解，运用会计处理的原则解决新问题。职业判断能力如其他能力一样，只能从会计工作中逐渐培养、积累起来。

3. 增强业务指导及培训的针对性

如果说树立意识和善于学习是提高职业判断能力的内部条件，则外部条件主要为职业方面的相关培训和指导。对在岗人员来说，有关部门应当积极宣传新的会计准则和各项法规制度，对其要点、难点问题有针对性地进行阐释，及时组织并且动员社会力量对会计人员进行全方位、多层次的业务培训和指导。对在校会计专业学生而言，应增加职业判断方面的训练，调整教学内容，改进教学方法，使其具备初步的职业判断的能力。

职业判断能力的训练或指导，需要选择合适的教学方法。启发式、讨论与交流式更为奏效，会计人员应有主动性，保持对热点问题的敏感，大胆提出问题，在讨论或交流中充实自身的知识，修正看问题的角度，消除自己错误的理解，增强自身的职业判断能力。

三、职业判断举例

这里选择若干上市公司的案例，并作一定的分析判断。

1. 银行承兑汇票风险的判断

（1）问题提出。企业销售接收客户商业汇票是常事，而接收银行承兑汇票通常被认为风险较小，但现有环境下，结果也许会出乎意料。

（2）案例说明。红宝丽股份有限公司（002165. SZ）2013 年 7 月 11 日发布关于销售收到假票据的公告，公告说：公司销售业务接收银行承兑汇票，在回收货款过程中，发现一份银行承兑汇票是假票。2013 年 7 月 9 日，公司为防范风险，对该票据及其他银行承兑汇票进行了鉴别，发现还有其他假票据，合计金额 6896 万元。经初步核查发现，涉及的假票据都是由公司某业务员提供。2013 年 7 月 10 日，公司已向南京市高淳公安分局申请立案，公安部门已受理。公司已经启动了核查程序，核查假票据涉及的业务及往来情况，以确定存在损失的可能性。鉴于核查需要时间，目前还难以确认假票据造成损失的具体数额或者损失幅度。该事项可能会对 2013 年半年报业绩产生一定影响。公司将根据该事项进展情况及时披露相应信息。[1]

（3）分析判断。银行承兑汇票是由在承兑银行开立存款账户的存款人出票，向开户银行申请并经银行审查同意承兑的，保证在指定日期无条件支付确定的金额给收款人或持票人的票据，对出票人签发的商业汇票进行承兑是

---

[1] 谢岚．红宝丽近 7000 万元货款成假汇票．证券日报，2013 年 7 月 12 日．

银行基于对出票人资信的认可而给予的信用支持。

银行承兑汇票一般有三个月到六个月的付款期限。对于上市公司来说，这等于给予其客户也就是购货方赊销期限。

企业接收商业汇票应有内部控制制度。如红宝丽在《企业内部财务管理制度》中对银行承兑汇票结算有所规定：收到购货单位交来的银行承兑汇票后，市场部应认真审核，及时填制银行承兑汇票签收单，经往来核算岗位确认后移交银行，不能及时移交的交财务部销售管理岗位保管，并建立暂保管台账。

企业在执行制度时必须讲求实效，会计人员收到大额汇票时理应认真审核，若为银行承兑汇票还应与签发银行核对票据的真伪。对其风险的判断还应结合目前环境及银行方面的信息。

票据风险中危害最大也最难以防范的是欺诈风险，即不法分子利用票据进行诈骗所产生的各种风险，主要形式有票据伪造、票据调包、票据圈钱和票据逃债。

票据问题频出，也暴露出现行企业资金不足和银行信贷管理上的问题。

近年来银监会多次表示，银行承兑汇票规模快速攀升，首先值得高度关注的是，部分已经由银行贴现的票据通过跨业务合作等渠道从银行表内转出，实质由银行理财资金购买。银监会一再强调：票据业务要有真实贸易背景。

有企业为了短期资金周转，可能用假的增值税票去“包装”，虚构贸易，骗取银行开票。票据中介在其中就扮演了“职业包装师”的角色。签票需要保证金（一般为30%），从而带来一些存款。各大银行盲目开票也是受利益的驱动。

“空转”的链条形成：企业存入保证金，伪造贸易背景，申请签发行承兑汇票，签发行收取保证金后开出汇票，收款人往往是关联企业，关联企业通过贴现获得银行资金，之后再存入保证金，伪造贸易背景，获得更大额汇票并贴现。[1]

近年来，有关票据案件屡有曝光。对此，银监会2011年以来连续三年发

---

[1] 李小晓．银监整肃票据．新世纪，2013年6月13日．

文对票据业务进行整顿。2011 年 6 月，银监会发布《关于切实加强票据业务监管的通知》，要求立即停办违规票据业务，全面开展票据业务检查，重点检查会计科目设置与执行的规范性、银行承兑汇票贸易背景的真实性、贴现资金流向的合规性以及是否通过票据贴现逃避信贷规模等。2012 年 10 月，银监会发布《关于加强村镇银行票据业务监管的通知》，要求银行业金融机构加强银行承兑汇票业务统一授信管理，防止签发超过企业授信限额的票据，防范各种“倒票”违规行为。

2013 年 5 月，《关于排查农村中小金融机构违规票据业务的通知》（银监办〔2013〕135 号）要求各银监局及各省级农村信用社和农村商业银行对截至 2013 年 4 月末的票据业务逐家逐笔排查。检查侧重大额异动交易，即重点检查贴现资产和负债、买入返售和卖出回购票据发生额较大的机构，以及与商业银行互为对手大量交易的票据业务。

这些信息应引起会计人员的注意。在接收大额票据时，根据自己掌握的信息，判断可能存在的风险，及时与业务部门、信用部门等进行沟通，并有策略地求得银行等票据签约方的支持。

红宝丽公司 2012 年度实现主营业务收入 165494 万元，净利润 7840. 87 万元；而 2013 年一季度实现主营业务收入 48527. 9 万元，净利润 2359. 62 万元。这么大额的银行承兑汇票理应判断为具有重大影响，没引起重视或警觉当为会计人员的失责。

2. 政府补助还是重组收益

（1）问题提出。2013 年 6 月 18 日大华会计师事务所发布关于 TCL 集团股份有限公司（000100. SZ）（以下简称 TCL）子公司深圳市华星光电技术有限公司（以下简称华星光电）委托贷款获得豁免的会计处理的专项核查报告。报告称，2013 年 6 月 14 日，TCL 子公司华星光电收到深超科技发来的《深圳市深超科技投资有限公司关于华星光电委托贷款豁免事宜的通知》，华星光电将该债务豁免认定为与资产相关的政府补助，将其确认为递延收益，并在相关资产使用寿命内平均分配，计入当期损益。[1]

[1] 陈予燕. TCL 集团 51 亿政府补助之惑：会计处理存疑. 证券市场周刊，2013 年第 28 期.

这里委托贷款其实为政府借款，而借款属于企业债务，政府债务豁免作政府补助还是作债务重组，显然会有不同的解读。

（2）案例说明。液晶面板作为液晶电视的核心部件，对于传统电视机产业的转型升级，以及绿色、节能平板电视的推广普及具有重大意义。国家将平板显示产业作为重点扶持产业列入了国家“十一五”发展规划和“2006—2020年信息产业中长期发展纲要”中最重要的发展项目之一。2009年国务院批准印发了《电子信息产业调整和振兴规划》，明确将发展TFT-LCD产业列入重点任务和重大工程。

2009年11月，TCL与深圳市深超科技投资有限公司（以下简称深超科技）在深圳合作投资建设第8.5代薄膜晶体管液晶显示器件（TFT-LCD）生产线项目（华星光电）。合作方深超科技主要代表深圳市政府，作为扶持集成电路及新型平板显示器件产业发展的运作载体。华星光电项目总投资额高达245亿元人民币。该项目投资额巨大、技术难度高，还具有较强的生产经营周期波动性，特别是作为新建项目，前期的折旧成本将明显高于已经运行多年的国外同类企业。为了鼓励企业参与投资和建设高世代液晶面板生产线，深圳市政府在项目确定的同时出台了配套的优惠和支持政策，其中委托贷款豁免是最重要的支持承诺之一。

根据深圳市政府项目优惠政策及TCL与深超科技签署的《关于共同投资建设第8.5代液晶面板生产线项目的合作协议》，深超科技为华星光电项目建设提供不超过54.1亿元人民币的委托贷款。在项目二期量产后连续3个月达到月投入玻璃基板9万片时，经专业机构对实际产能进行评估后，由深超科技报深圳市人民政府批准，对该笔委托贷款形成的债务予以豁免。

截至2013年6月14日，华星光电累计收到深超科技用于华星光电第8.5代TFT-LCD项目建设的委托贷款510092.22万元人民币，根据第三方专业机构出具的产能评估报告，华星光电已达到项目优惠政策所要求的产能条件。

2013年6月14日，华星光电收到深超科技发来的《深圳市深超科技投资有限公司关于华星光电委托贷款豁免事宜的通知》，根据第三方专业机构出具的华星光电第8.5代TFT-LCD生产线产能评估报告和深超公司与TCL集团签署的合资建设华星光电项目的合作协议以及深超科技与华星光电签署的委托贷款合同的约定，深超科技同意豁免华星光电第8.5代TFT-LCD项目

510092.22万元人民币的债务，并将配合华星光电办理抵押解除等相关手续。

这里大华会计师事务所认为，本次华星光电获得的委托贷款豁免，实质上是深超科技代政府履行给予企业的优惠政策；由于华星光电作为新建项目，前期折旧成本明显高于国外同行企业；此项补助将有助于改善华星光电前期的竞争力，且符合政府补助无偿性和有条件的特征。

根据《企业会计准则——基本准则》及《企业会计准则——政府补助》的相关规定，该笔委托贷款豁免属于一项与资产相关的政府补助，应当确认为递延收益，并在相关资产使用寿命内平均分配，计入当期损益。华星光电按资产预计使用寿命确定折旧年限，其中生产设备折旧期为7年，动力配套设施折旧期为10年，厂房建筑物折旧期为30年。该项补助总额510092.22万元，在华星光电第8.5代TFT-LCD项目相关资产的剩余折旧年限内平均分配计入损益。预计2013年将增加华星光电收益约3.8亿元（自2013年6月14日起计算），2014—2018年期间每年将增加华星光电收益约7.02亿元，剩余12.10亿元的补助金额在2019—2041年按相关资产剩余折旧年限分期平均摊销计入损益，每年具体金额尚需年度审计时最终确定。

（3）分析判断。首先应对事项的性质作出判断。

TCL集团与深超科技在深圳合作投资建设华星光电项目，合作方深超科技主要代表深圳市政府，作为扶持集成电路及新型平板显示器件产业发展的运作载体。华星光电项目注册资本100亿元，由TCL集团与深超科技按55%和45%的比例共同出资，项目总投资与注册资本差额由华星光电向银行贷款或通过其他融资方式解决。这里要判断深超科技虽主要代表深圳市政府，其投入资金的性质是政府补助还是政府资本。

根据《企业会计准则——政府补助》规定，政府补助指企业从政府无偿取得货币性资产或非货币性资产，主要为财政拨款、财政贴息和税收返还，但不包括政府作为企业所有者投入的资本。结合政府补助的特征：一是无偿性、有条件；二是直接取得资产。

深超科技按45%初始投资入股华星光电，并按公司化运作，即共担风险、共享收益，显然不符合政府补助“无偿性”的特征。

作为经营实体的双方，若为财务困难的债务豁免，则适用《企业会计准则——债务重组》：相关利得直接一次性计入当期损益。即债务豁免不涉及资产直接转移的经济支持，不应算作政府补助。

其次不同处理影响后果的分析。

2011 年 9 月，深超科技将其持有的华星光电 15% 股权转予三星电子。

2013 年 5 月，TCL 集团以 31.8 亿元获得深超科技持有的华星光电 30% 股权。至此，TCL 集团持有华星光电 85% 股权，三星电子持有 15%。

由于在华星光电债务豁免之前，深超科技持有的华星光电股权已经全部转让，50 多亿元的债务豁免应该全部计入当期损益，而非递延收益。如此一来，TCL 集团 2013 年的业绩将会大幅提升，而 2013 年以后的各年将不会受益。

参照同行业的京东方（000725.SZ），2011 年 8 月，京东方公告称，拟在鄂尔多斯市建设一条总投资为 220 亿元的第 5.5 代主动矩阵有机发光二极管显示器件生产线，并将因此获配总量不低于 10 亿吨的煤炭探矿权。

同年 10 月，京东方出售了为此所组建能源公司 80% 的股权，成交价格为 36 亿元，但京东方并没有把这一收入视为政府补助，而是将其看做子公司股权转让，一次性确认 30 多亿元投资收益。

这易使人怀疑，华星光电的委托贷款债务豁免可能是深圳市政府的不得已而为之。

华星光电自 2010 年 3 月打桩后历时 17.5 个月，于 2011 年 8 月初投产，10 月中旬量产。公司 2011 年收入 1.36 亿元，净亏损 1.46 亿元，资产负债率已达 60%。

2012 年，华星光电实现销售收入 72.37 亿元，净利润 3.15 亿元，其中经营性亏损 6300 万元。由此计算，公司当年获得营业外收入近 4 亿元。当年，公司账面上的资产负债率已经升至 65% 以上。

有人分析指出，通过将政府补助模糊处理，TCL 便可轻松实现盈余调节，“比如将本该计入递延收益的政府补助，在需要时一次性计入当期损益”。

再次是债务豁免的时点。

债务豁免前，深超科技持有的华星光电股权已全部转让。而在 2013 年 6 月上市公司中期财报即将发布之际，深超科技宣布对华星光电的债务豁免。

这里可分析先债务豁免再股权处置与先股权处置再债务豁免对谁有利。《企业会计准则解释第 5 号》有一项特别规定，企业接受代为偿债、债务豁免或捐赠，按照企业会计准则规定符合确认条件的，通常应当确认为当期收益。但是，企业接受非控股股东（或非控股股东的子公司）直接或间接代为偿债、债务豁免或捐赠，经济实质表明属于非控股股东对企业的资本性投入，应当将相关利得计入所有者权益（资本公积）。这就是说，深超科技处置持有的华星光电所有股权前，二者仍属于投资与受资的关系，深超科技豁免华星光电51亿元债务，按《企业会计准则解释第5号》的规定，华星光电接受非控股股东深超科技债务豁免，实质属于非控股股东对企业的资本性投入，应记入权益类科目“资本公积”，而不是计入当期损益。

而深超科技处置持有的华星光电所有股权后，两公司不再有任何关联关系，深超科技豁免华星光电的债务，应按《企业会计准则——债务重组》的规定，将债务重组收益记入损益类科目“营业外收入”。

最后是处理动机的判断。

结合不同处理的影响及债务豁免时间的安排，TCL的动机大致清晰。再看政府、企业及企业高管方面的情况，是否能够印证前面所作的分析。

根据深圳市政府《2013年预算草案》，2013年市本级支出预算安排中，突出创新驱动发展战略，安排科技研发、产业技术进步、知识产权保护和“孔雀计划”等支持自主创新和吸引人才投入约53亿元，比上年预算数增加4.4亿元；突出构建现代产业体系，安排金融、物流、战略性新兴产业和转型升级等支持重点产业资金约30亿元。

也就是说，主要依赖政府补助盈利的TCL，此次巨额的债务豁免如果算作政府补助，应当在上述83亿元的预算安排当中，而此次债务豁免补助的金额高达50多亿元，TCL一家占比超过60%。这是否不太合理，或是政府有意之为？

TCL 2012年年报显示，公司递延收益11.65亿元，其中与收益相关的政府补助为3.01亿元，与资产相关的政府补助为8.64亿元。

2011年，公司递延收益10.34亿元，其中与收益相关的补助为4.20亿元，与资产相关的6.14亿元；2010年，公司递延收益8.4亿元，其中与收益相关的政府补助为2.45亿元，与资产相关的5.95亿元。

公司2011年年末《股权激励计划（草案）修订稿》的行权条件是：2011年、2012年和2013年营业收入较2010年的增长率不低于12%、24%和

36%，公司2011年、2012年和2013年归属于上市公司股东的净利润及扣除非经常性损益后的净利润较2010年同口径数据的增长率均不低于12%、24%和36%，2011—2013年公司加权平均ROE及扣除非经常性损益后的加权平均ROE均不低于6%。

尽管营业外收入比肩甚至远超净利润，但TCL集团2011年和2012年业绩均已达标。

3. 收入确认：谨慎优先

(1) 问题提出。华锐风电科技（集团）股份有限公司（601558. SH，以下简称华锐风电）董事会2013年3月7日发布关于前期会计差错更正的提示性公告。公告称，根据《企业会计准则——会计政策、会计估计变更及差错更正》、中国证监会《关于公开发行证券的公司信息披露编报规则——财务信息的更正及相关披露》等相关规定，将对2011年度财务报表的会计差错予以更正。公司2011年度净利润多增1.68亿元。差错源于公司对销售收入的确认。[1]

(2) 案例说明。自查发现，公司2011年度财务报表的有关账务处理存在会计差错。根据公司财务管理制度的规定，公司关于收入确认的具体依据为同时满足以下三项条件：①公司已与客户签订销售合同；②货到现场后双方已签署设备验收手续；③完成吊装并取得双方认可。根据目前自查情况，公司发现2011年度确认收入的项目中部分项目设备未到项目现场完成吊装，导致2011年度的销售收入及成本结转存在差错。

相关会计差错更正事项对公司2011年财务报告主要会计数据的影响：营业收入92903万元，营业成本66171万元，净利润16835万元，其中净利润占21.7%。这属重大事项。

(3) 分析判断。华锐风电是中国第一家自主开发、设计、制造和销售适应全球不同风资源和环境条件的大型陆地、海上和潮间带风电机组的专业化高新技术企业。华锐风电实现了跨越式的发展，2008年新增风电装机容量1403 MW，行业排名中国第一、全球第七；2009年新增风电装机容量3510

---

[1] 彭燕岚. 华锐风电上市首年现业绩拐点 差错更正疑点重重. 中国资本证券网，2013年3月8日.

MW，行业排名中国第一、全球第三；2010 年新增风电装机容量 4386 MW，行业排名中国第一、全球第二。

它还创造了中国风电设备制造业多项第一：第一次引进国际先进的兆瓦级风电机组技术；第一次实现国产化兆瓦级风电机组规模化生产；第一次开发可适应全球各种风资源条件和环境条件的 1.5 兆瓦系列风电机组；第一次研制出具有自主知识产权的 3 兆瓦系列陆地、海上及潮间带风电机组，等等。

华锐风电在发展过程中执行风电项目，设备销售给客户以后货款回收遇到了很大的问题。这与行业有关：风电项目审批比较困难，前期投资较大。5 万千瓦以下的项目由省发改委审批，超过 5 万千瓦由国家发改委审批。风力发电机组的技术由国外引进国内消化，技术不是很稳定，产生的故障率比较高。付款方式一般分为发货之前支付 10% 的预付款、供货之间支付 50% 的进度款，工期结束后支付 30% 的尾款，质保结束后支付 10% 的质量保证金。但是因为行业的特殊性，往往在未付款的情况下就开始发货，在工期结束以后只提交了 10% 预付款，导致了供货商资金链条的紧张，生产压力增大。拖欠原因主要是建设方业主资金有困难，很多业主也是靠银行贷款进行项目建设，项目执行到验收阶段，若留有很多问题没及时解决，业主会拖延付款。

我国风电建设一哄而起，市场上风电设备制造企业数量众多，已经出现产能过剩的局面，使得市场竞争激烈，行业利润率不高。企业都打价格战，搞放账销售。

在这样的行业发展背景下，华锐风电自 2011 年年初上市以来风波不断，如高价发行、小股东告状、业务萎缩、业绩下降、员工裁员、人事变动等，表明公司经营管理问题严重。公司自曝部分收入提前确认，意味着公司财务上同样问题不少，而且有调控利润嫌疑。

上市首年经营拐点征兆显现。考察应收账款，Wind 数据显示，华锐风电近几年应收账款不断攀升，2007—2011 年对应数额分别为 5.9 亿元、9.1 亿元、39.2 亿元、89.7 亿元和 118.7 亿元，五年增近 20 倍，至上市首年即 2011 年，更是首次超过营业收入。同时预收账款骤降，2009—2011 年分别为 48.69 亿元、16.3 亿元和 2.97 亿元。预收账款越多，表明产品越受市场欢迎，对下游的议价能力也就越强。

2013 年 1 月 31 日，华锐风电发布 2012 年业绩预告，称预计 2012 年经营业绩将出现亏损，净利润为-4.9 亿元左右。原因主要有宏观经济波动、行业及产业政策调整影响在手订单的执行，另外客户延迟付款对公司财务费用和坏账准备产生了不利影响。

至此，多少能看出华锐风电出现前期会计差错的缘由。事实上收入的前置与虚构收入还是有本质上的区别，收入前置的恶意成分比较少。这里也必须提出，前期差错更正将影响前后两年的会计信息，如果有意而为，则是一计多谋，既保了 2011 年业绩和股价，又可用来修饰 2012 年甚至影响 2013 年的报表。

出现差错的原因，在于收入确认。现在分析收入确认是否存在漏洞。根据前文所述，收入确认所需满足的三项条件易见，未涉及货款收取，而且第三条人为因素太大，总体上说这个确认条件不谨慎。另外，像风电这种专业设备都得由设备提供商负责安装，这样安装公司有求于华锐风电，在这种背景下，设备安装的认定很难公允。

企业会计准则要求，跨期的劳务收入可按完工百分比法确认当期收入。提供劳务交易的完工进度，依据已完工作的测量决定。企业确定完工进度可选用下列方法：累计实际发生的合同成本占合同预计总成本的比例；已经完成的合同工作量占合同预计总工作量的比例；实际测定的完工进度。

实践中，项目在同一会计年度开工并完成，可根据项目完工验收单，在项目完工时确认收入，确认的金额为竣工结算书或合同总金额；项目开始与完工分属不同的会计年度，且在资产负债表日能对该项交易作出可靠估计，则可按完工百分比法确认收入。

2013 年 5 月 31 日，证监会通报称，华锐风电涉嫌虚增收入、虚转成本、虚增利润等违法违规行为，证监会已经对其正式立案。

4. 研究开发费用列支

（1）问题提出。相对于营业收入和成本，费用列支为企业内部事项，其发生额更容易被操纵，这里包括支出的定性和费用量化。而研究开发费用除资本化与费用化、费用的摊提或分配、费用的多计少计或早计迟计外，还涉及税收的加计扣除。

（2）案例说明。华鲁恒升（600426. SH）2012 年发生的研发支出为 2.35

亿元，而其中被资本化的部分就多达 2.34 亿元，从占比上看似乎不太合理。[1]

（3）分析判断。先看会计规范要求。《企业会计准则——无形资产》规定，企业内部研究开发项目的支出，应当区分研究阶段支出与开发阶段支出。研究是指为获得并理解新的科学或技术知识而进行的独创性的有计划调查。开发是指在进行商业性生产或使用前，将研究成果或其他知识用于某项计划或设计，以生产出新的或具有实质性改进的材料、装置、产品等。

准则规定，对于企业内部的研究开发项目（包括企业取得的已作为无形资产确认的正在进行中的研究开发项目），研究阶段的支出，应当于发生当期归集后计入损益（管理费用），即费用化；开发阶段的支出在符合特定条件时可以确认为无形资产，即资本化。

这里区分研究阶段和开发阶段就成为研发支出会计处理的关键。

怎样判断或区分这两个阶段，准则应用指南中有些解释，但操作性并不太强。研究阶段具有计划性和探索性，是为进一步的开发活动进行资料及相关方面的准备，因为已进行的研究活动将来是否会转入开发、开发后是否会形成无形资产等均具有较大的不确定性。将研发活动人为地划分为两个阶段并非易事。研究开发项目很可能是一个反复进行的过程，研究和开发有可能交叉进行。准则应用指南中，对可以计入研究阶段的活动，仅以列举形式说明，这里需要作职业判断。开发阶段相对于研究阶段而言，应是已完成研究阶段的工作，很大程度上具备形成一项新产品或新技术的基本条件。开发阶段发生的研发支出采用部分资本化，即符合条件的支出才能资本化。准则应用指南中提到，开发阶段研发支出资本化，必须同时满足下列条件：完成该无形资产以使其能够使用或出售在技术上具有可行性；具有完成该无形资产并使用或出售的意图；无形资产产生经济利益的方式；有足够的技术、财务资源和其他资源支持，以完成该无形资产的开发，并有能力使用或出售该无形资产；归属于该无形资产开发阶段的支出能够可靠地计量。

再考察研发费用的抵税因素。

---

[1] 田刚．成本结转，海亮股份大演虚增“魔术”．证券市场红周刊，2013 年第 22 期．

研发费用的处理，会计与税收的口径不同。会计对研发费用的处理，除会计准则的总体要求外，还参照财政部颁布实施的财企［2007］194号文件，而税务总局在审核企业“研发费用”并执行“加计扣除”政策时，按照的是国税发［2008］116号文的规定。如果进行高新技术企业申报，则研发费用的审计确认标准也不一样，其按照的是国科发火［2008］362号文件：关于《高新技术企业认定管理工作指引》的通知。正因为这些原因，会计人员在进行研发费用的处理时容易出现混乱，而税务部门对研发费用审核又比较严格。一般来说，企业列支的研发费用远大于实际能享受“加计扣除”的费用。

在研发费用中往往大头是人工费，企业通常将在职研发人员的工资、奖金、津贴、补贴、社会保险费、住房公积金等人工费用以及外聘研发人员的劳务费用作研发费用列支；而税务部门强调的是在职直接从事研发活动人员的工资、薪金、奖金、津贴、补贴。

“加计扣除”强调“专门”用于研发活动。如何理解这个“专门”？应判断为所发生费用的用途必须与产品对应。如公司计划开发两个项目，分三年完成，购买了一批专用设备，当年企业只做了一个项目，则在核算时可将购买的所有设备的折旧费列入研发费用，但在税务部门“加计扣除”核审时，只认可当年项目用到设备的那部分折旧费。

本例中，华鲁恒升的研发费用作费用化的较少，这方面的动机应该说可能不大。

最后，分析这样处理的结果对企业的影响。

就华鲁恒升来说，其主营业务为尿素、DMF等化工类产品生产，这种企业的研发不可能没有研究阶段，而费用化占比不足1%也不合理；再结合公司的资产负债表及附注，无形资产也几乎全部为土地使用权，并没多少技术资产。而2012年发生的研发支出为2.35亿元，其中高达2.34亿元被作资本化处理，显然公司是为了推迟费用的列支，以减少多列支对当年损益的影响。可以判断公司对2012年发生的研发支出的处理存在问题。

5. 工程成本结转

（1）问题提出。由于工程建设相对复杂，再加上建设项目往往外包，会计部门对工程的在建费用不易掌控，工程成本结转问题较多，如工程结转的时间、工程在建费用的列支以及费用的摊提等。

（2）案例说明。锦州港（600190. SH）2012年的资产负债表中，在建工程是一个大项目，期末净值近乎于固定资产的一半。其中“三港池东岸区通用泊位工程”又是涉及金额最大的项目，期末余额高达6.28亿元，在财务报告附注的“工程进度”中仍然被标示为“在建”，但是“工程投入占预算的比例”却已经高达109.48%。[1]

（3）分析判断。对重资产行业的公司来说，折旧费通常构成费用中的大头，而工程未转为固定资产就无须计提折旧，这样调节工程完工结转的时点，可起少计或迟计费用的效果。

从工程建造与结算过程看，会计上的工程完工结转确实比较复杂，因为会计核算讲依据、靠手续，而工程部门则讲质量和责任。《企业会计准则——固定资产》要求结转的时点为“达到预定可使用状态”，其实质如何判断？回到锦州港这个实例，看第三方报道，辽宁新闻网在2012年6月19日报道：“据码头工程项目负责人介绍，目前三港池东岸通用泊位的800米岸线已经有500米具备生产条件，整个码头工程已经完成总工程量的90%”，“三港池东岸的东侧45万平方米的堆场作为东岸三个码头配套的散杂货堆场也将会在7月底正式交工，目前排水沟的施工已经接近尾声，堆场的84座降尘喷枪站也已经完成安装；北岸堆场在今年年底也将会有25万平方米率先投入使用”。

再看工程项目的实际，一项耗资巨大的泊位工程似乎不可能等到全部完工后才投入使用，也即存在部分完工投入使用的可能。

还有报告附注中，披露这个“工程投入比例”已经高达109.48%的项目，意味着工程接近完工。

事实上，对于工程完工手续与结算分离实际，会计上采用预估办法进行结转也有先例。

6. 关联关系判断：实质重于形式

（1）问题提出。关联交易是指关联方直接转移资源、劳务或义务的行为，而无关价款收取。公司经营特别是公司购并中，关联交易是一个极为重

---

[1] 田刚．成本结转，海亮股份大演虚增“魔术”．证券市场红周刊，2013年第22期．

要的法律概念，涉及财务监督、信息披露、少数股东权益保护等一系列法律环境方面的问题。关联方包括自然人和法人，主要指上市公司的发起人、主要股东、董事、监事、高级行政管理人员及其家属和上述各方所控股的公司。《企业会计准则——关联方披露》列举十一种常见的关联交易：购买或销售商品、购买其他资产、提供或接受劳务、担保、提供资金、租赁、代理、研究与开发转移、许可协议、代表企业或由企业代表另一方进行债务结算及关键管理人薪酬。企业间关系本比较复杂，再加上特有的国情，给关联关系判断带来困难。关联关系的判断关键在于关联方的认定，而关联方的认定涉及对控制、共同控制及重大影响的理解。

（2）案例说明。2012 年 2 月 13 日，中国资本证券网发表报道《富奥股份借壳 * ST 盛润：5.9 亿关联交易差额成谜》，内称："* ST 盛润（000030. SZ）2 月 9 日披露的重组预案称，2010 年，富奥汽车零部件股份有限公司（以下简称'富奥股份'）向一汽轿车股份有限公司（以下简称'一汽轿车'）销售商品总计 49576. 44 万元，而一汽轿车（000800. SZ）2010 年报披露称，2010 年，公司未与富奥股份发生关联交易"[1]。

2012 年 2 月 24 日，一汽轿车董事会发布澄清公告，公告说，本公司控股股东中国第一汽车集团公司（以下简称"一汽集团"）与富奥股份的关系及是否存在关联关系的判断依据，是 2009 年和 2010 年年末一汽集团持有富奥股份 35% 的股权，对其具有重大影响，富奥股份是一汽集团的联营企业。依据关联方披露准则列举的关联方关系中该企业与其联营企业互为关联方。公司的实际情况为：本公司与富奥股份的关系未包括在关联方披露准则列举的条款中；本公司与富奥股份存在采购交易业务，其中 98% 以上采购交易业务来源于富奥股份的子公司。交易双方完全是依据公允的市场定价原则签订合同的。公告披露公司与富奥股份母公司 2009 年、2010 年的交易情况，公告指出，根据上述判断，本公司认为与富奥股份及其下属子公司不存在关联关系，其交易不属于关联交易。

2012 年 2 月 24 日，针对近日有关媒体报道，公司 2011 年 2 月 10 日披露

---

[1] 王瑾．一汽夏利一汽轿车界定 * ST 盛润 A 为其关联方．证券时报，2012 年 3 月 16 日．

的重大资产重组相关材料中，公司吸收合并对象富奥股份披露的与一汽轿车、天津一汽夏利汽车股份有限公司（以下简称“一汽夏利”）之间销售商品的关联交易与一汽轿车、一汽夏利2009年、2010年年度报告中披露的向富奥股份采购商品的关联交易之间存在重大差异。*ST盛润A发布澄清公告。

公告披露富奥股份与一汽轿车、一汽夏利之间销售商品的交易是客观真实的，富奥股份2009年和2010年与一汽轿车发生的销售商品交易金额，说明其中差额主要为交易双方记账时间的差异导致，不影响财务报告的真实、准确、完整。

富奥股份与一汽轿车、一汽夏利之间关联交易差异的产生原因：在本公司重大资产重组信息披露材料中，富奥股份将一汽轿车、一汽夏利认定为关联方，富奥股份将与一汽轿车、一汽夏利的交易作为关联交易披露；而一汽轿车在其2009年、2010年年度报告中未将富奥股份认定为关联方，故一汽轿车披露的关联交易中未包括与富奥股份之间的交易；一汽夏利在其2009年、2010年年度报告中将富奥股份母公司认定为关联方，而未将富奥股份合并报表范围内的控股子公司认定为关联方，故一汽夏利2009年、2010年年报中披露的向富奥股份采购商品关联交易金额仅包括向富奥股份母公司采购的金额，分别为733万元和1783万元。

富奥股份将一汽轿车、一汽夏利认定为关联方的依据为：一汽集团自2007年12月改制成立富奥股份，至2011年3月持有富奥股份35%的股权，2011年3月至今持有富奥股份31.25%的股权，本次重大资产重组完成后将持有本公司24.31%的股权，一汽集团对富奥股份实施重大影响。根据《企业会计准则——关系方披露》第四条“下列各方构成企业的关联方：（五）对该企业实施重大影响的投资方”，一汽集团为富奥股份的关联方。而一汽集团分别持有一汽轿车和一汽夏利53.03%和47.73%的股份，均为其控股股东，故富奥股份将一汽轿车和一汽夏利也认定为关联方。按照《公开发行证券的公司信息披露编报规则——财务报告的一般规定》（2010），并且考虑富奥股份与一汽集团及其子公司交易的重要性，富奥股份对关联方关系及交易进行了充分披露。

一汽轿车与*ST盛润同时发布公告，说明双方的关系。其中，一汽轿车根据《企业会计准则——关联方披露》认为，一汽轿车与拟置入*ST盛润的富奥股份不存在关联关系，而富奥股份则依据同样的法规认为自身与一汽轿车存在关联关系。

（3）分析判断。上述分歧的焦点应该集中在两家公司对《企业会计准则——关联方披露》的理解上。在上述会计准则中，共列举10种关联方的情形。问题在于＊ST盛润对这些列举的条件做了开放式理解，而一汽轿车则选择封闭式解读。

富奥股份认为，根据构成关联方的条件之一，"对该企业实施重大影响的投资方"，一汽集团为富奥股份的关联方。由此推断，一汽集团持有一汽轿车53.03%的股权，为其控股股东，故富奥股份将一汽轿车也认定为关联方。而一汽轿车则认为公司与富奥股份的关系不符合上述10种情形中的任何一种描述，所以双方的关联关系不能成立。

在关联方披露准则列举的情形中，有一种比较接近一汽轿车与富奥股份的实际情况，即"与该企业受同一母公司控制的其他企业"。但差异就在于，富奥股份并非被一汽集团控股，而只是一汽集团的联营方。由于上述会计准则将实际控制与有重大影响区别对待，因此一汽轿车与富奥股份的关系不适用于"与该企业受同一母公司控制的其他企业"这一表述。

事实是，在监管关联关系及其关联交易的过程中，一直存在"实质重于形式"的原则。公开资料显示，虽然富奥股份控股股东是两家吉林省国资委控制下的投资公司，但从单一一家公司持股来看，一汽集团是富奥股份第一大股东，而且富奥股份主营业务是汽车零部件，一汽集团对该公司的实际影响力可想而知。另外，从单纯的关系传递性角度来看，富奥股份与一汽轿车的关联关系也应当成立。富奥股份是一汽集团的关联方，一汽集团是一汽轿车的关联方。

职业判断中必须注意的是，相关会计准则所列举的情况或情形应被理解为一种原则导向。未明文列出、存有疑问的情况出现时，会计人员应考虑谨慎要求，厘清复杂关系，作出合理判断。

还应指出的是，《特别纳税调整实施办法（试行）》对于关联方的定义更加详尽，外延更加宽泛，在判定标准如何判定企业是否存在关联交易，是否需要进行特别纳税调整，《企业所得税法》和《特别纳税调整实施办法》规定了两个原则：独立交易原则和具有合理商业目的的安排原则。

2012 年 3 月 16 日，三方再次发布公告，终于分歧消除。一汽夏利、一汽轿车均承认＊ST 盛润 A 为其关联方。中瑞岳华会计师事务所作出了关于富奥股份与一汽轿车、一汽夏利之间关联方交易的说明。

一汽集团自富奥股份于 2007 年 12 月改制成立至 2011 年 3 月期间持有富奥股份 35% 的股权，2011 年 3 月至今持有富奥股份 31.25% 的股权。一汽集团系对富奥股份具有重大影响的投资方，按照关联方披露准则应被认定为富奥股份的关联方。一汽轿车、一汽夏利是一汽集团的控股子公司，从《企业会计准则讲解》（2010）关于关联方关系认定的相关条款理解，母子公司应当视为一体，即从富奥股份的角度应当将一汽轿车、一汽夏利随同一汽集团一并认定为关联方。富奥股份 2009 年、2010 年向一汽轿车销售商品金额占总销售的比重分别为 8.26% 和 8.83%；富奥股份 2009 年、2010 年向一汽夏利销售商品金额占总销售额的比重分别为 1.54% 和 2.08%。一汽轿车 2009 年、2010 年均为富奥股份前 5 大销售客户之一。

基于以上相关规定并结合交易的情况、影响程度等因素进行综合考虑，注册会计师认为富奥股份在其财务报告中将一汽轿车和一汽夏利认定为关联方并且披露相关交易符合企业会计准则的规定，有利于报表阅读者全面了解富奥股份的财务状况和经营成果。

从一汽轿车角度进行判断。富奥股份的前身富奥汽车零部件有限公司为一汽集团的全资子公司，富奥股份于 2007 年 12 月改制成立后，一汽集团变为对富奥股份具有重大影响的投资方，不再对富奥股份构成控制关系，因此，一汽轿车与富奥股份之间不再满足上述关联方披露准则中关于关联方的认定，即一汽轿车与富奥股份之间并不存在控制与被控制关系，也不存在同受一方控制、共同控制的情况，一汽轿车与富奥股份的这种关系也未包含在关联方披露准则规定的 10 个判断标准中。关联方披露准则中还规定："关联方交易的披露应遵循重要性原则。判断关联方交易是否重要，不应以交易金额的大小作为判断标准，而应当以交易对企业财务状况和经营成果的影响程度来确定。"因此，一汽轿车管理层认为，一汽轿车与富奥股份不构成关联交易，同时一汽轿车 2009 年及 2010 年从富奥股份采购的零部件金额分别仅占当年采购总额的 1.11% 和 1.57%，比重较小，可以不披露此交易事项。

从一汽轿车管理层对富奥股份是否为其关联方的判断过程及依据来看，

一方面，在关联方披露准则中列举构成关联方关系的判断标准当中，确未包括从一汽轿车的角度出发需要认定富奥股份为关联方的情形；另一方面，一汽轿车2009年及2010年从富奥股份采购的零部件金额占当年的采购总额比重较小。综合两方面因素，注册会计师在2009年、2010年年报审计时认同一汽轿车管理层对于关联方关系及其交易的认定和披露。

鉴于目前一汽轿车与富奥股份双方对关联方关系认定存在的差异，注册会计师在咨询相关权威部门意见，并基于关联方披露准则相关规定和实际交易情况进行再次判断后认为，一汽轿车对关联方范围的认定不够全面，一汽轿车应当将富奥股份（包括子公司）认定为关联方。但由于涉及金额所占关联交易比重较小，因此并不影响报表阅读者对一汽轿车2009年、2010年年度财务状况和经营成果的正确理解。注册会计师将在以后一汽轿车编制财务报告时，提示公司按照企业会计准则及其他监管要求充分披露关联方关系及其交易。

2013年3月23日，＊ST盛润A发布关于撤销股票交易退市风险警示和变更证券简称的公告[1]。该公告称，盛润股份股票交易实行退市风险警示后，公司控股股东、董事会、管理层积极通过实施破产重整和重大资产重组等措施进行债务重组，改变主营业务，提升资产质量，恢复盈利能力和持续经营能力。目前，公司破产重整计划已经执行完毕，重大资产重组亦已实施完成。公司已符合申请撤销股票交易退市风险警示的条件，且不存在股票交易实行其他风险警示的情形。2013年3月20日，公司重大资产重组实施完成，公司董事会于2013年4月18日向深圳证券交易所申请撤销公司股票交易退市风险警示和变更证券简称。经深圳证券交易所核准，2013年4月24日起恢复正常交易。公司股票简称由“＊ST盛润A”、“＊ST盛润B”分别变更为“富奥股份”、“富奥B”，证券代码仍为000030、200030。

7. 减值准备定多少

（1）问题提出。出于谨慎考虑，在资产负债表日，判断资产减值情况，计提资产减值准备，将资产减值损失列入当期损益。减值按不同资产类别处

[1] 一汽轿车、＊ST盛润A公告.

理，尤以债权、存货为重。在实际计提时，涉及多项职业判断。而相关法规对企业坏账准备计提比例没有制度上的强制性，计提比例由企业自行决定，因此随意性、主观性较大。

（2）案例说明。欧菲光（002456. SZ）2012 年全年净利润同比大增 1459. 82%，在靓丽业绩的背后，有人对公司 11 亿应收账款却未计提任何坏账准备虚增利润提出异议。[1] 2013 年 3 月 12 日披露的年报显示，2012 年公司 6 个月以内应收账款达 11. 44 亿元，占应收账款总额的 98. 38%，而坏账计提比例为 0。如果按 5% 的坏账计提比例计算，公司 2012 年少计提坏账准备 5720 万元，扣除所得税影响，涉嫌虚增当期利润 4290 万元，占当期净利润的 13. 4%。

江南化工（002226. SZ）年报显示，公司 2012 年存货达 9577. 38 万元，比 2011 年的 8322. 61 万元增加了 1254. 77 万元。存货占公司总资产比例达 2. 77%。不仅如此，从 2008 年上市至今，公司的存货都在逐渐增加。而令人疑惑的是，江南化工自从 2008 年上市至今将近五年的时间里，从未对存货计提跌价损失。对此疑问，公司会计人员向记者解释道："公司从 2008 年开始至今，对产品销售价格都是执行国家指导价，对公司存货影响不大，因此，公司自 2008 年起就没有对存货计提过跌价准备。"当记者问及价格波动较大的原材料存货为何不计提跌价损失时，公司会计人员则解释说，公司使用原材料较快，往往在跌价前就使用完了，因此不存在跌价问题。

（3）分析判断。坏账准备的计提，计提方法可以选择。《企业会计准则——金融工具确认与计量》规定，一般企业应收款项减值损失的计量，以金额重大、非重大作为区分标准。对于单项金额重大的应收款项，应当单独进行减值测试；有客观证据表明其发生了减值的，应当根据其未来现金流量现值低于其账面价值的差额，确认减值损失，计提坏账准备。即对于单项金额重大的应收款项，必须首先采用个别认定法，此时应以应收账款总账所属的各个明细账户为对象计提坏账准备，不得按赊销总额或销货总额，还应结合客户的信用状况和偿还能力综合考虑坏账认定；其次，个别认定法的计提

---

[1] 段鹏．欧菲光业绩注水 11 亿 应收账款零计提．中国资本证券网，2013 年 3 月 16 日．

比率，不是所有欠款客户用一个相同的比率，而应根据不同的信用状况选择不同的比率。

对于单项金额非重大的应收款项，以及经单独测试后未减值的单项金额重大的应收款项，可以按类似信用风险特征划分为若干组合，再按这些应收款项组合在资产负债表日余额的一定比例计算确定减值损失，计提坏账准备。这里所说的“具有类似信用风险特征的金融资产组合”，应根据企业对应收账款的风险关联程度进行深入分析，如以相同账龄的应收账款为具有类似信用风险特征，或者以同一地区、同一客户群的企业的应收账款为具有类似信用风险特征。那么，在这种原则的指导下，可以选择账龄作为类似信用风险特征而采用账龄分析法，或者直接按同一特征的应收账款组合的余额选择余额百分比法确认减值损失，计提坏账准备。

结合会计信息化，企业对坏账的估计通常选择账龄分析法。账龄分析法的理论依据是：账龄越长，计提坏账的百分比就应该越高。仔细分析却不一定。应收账款账龄越短，信誉就越高，坏账风险就小吗？账龄与坏账并非如此绝对的比例关系，坏账风险与计提比例应综合各种因素来考虑，如财务状况、经营成果、现金流量、历史上的履约情况、担保与抵押等；有担保的，还要考察担保方的实力；有抵押的，要核查抵押物的情况，并评估抵押物的公允价值及抵押率等。

总之，应综合考虑并用定量与定性相结合的方式来判断风险特征。并非账龄 1 年的应收账款一定比账龄 5 年的应收账款发生坏账的可能性小，坏账计提比例相应较低。实务中，如果应收账款管理得当，或者由于对方（债务方）的财务状况、经营成果、现金流量等综合因素的好转，账龄 5 年的应收账款反而会安全；相反，对于账龄 1 年的应收账款，如果对方（债务方）财务状况急转直下，即使账龄较短，也有可能收回无望。

因此，账龄分析法计提坏账准备有可能造成会计信息失真，并有可能成为上市公司的利润调节器，虽然《企业会计准则——金融工具确认与计量》弱化了按账龄分析法计提坏账准备的思想，而力推个别认定法，但在实务中，尤其是在上市公司中，账龄分析法仍是普遍采用的计提方法。这也许是习惯使然，也许是企业根据自身情况作出的职业判断，当然也有可能是滥用职业判断以期操纵利润。

纵向横向对比分析。对比同行业上市公司，凤凰光学（600071. SH）6个月以内坏账计提比例为6%，水晶光电（002273. SZ）6个月以内坏账计提比例为6.5%。欧菲光6个月以内应收账款的坏账计提比例明显比较激进。

调整坏账准备的计提比例仍属会计估计变更，只影响当期利润，不进行追溯调整。

存货跌价准备的计提。查阅江南化工2008年年报发现[1]，在“原材料价格变动情况”一栏中记载：原材料和周转材料上半年有较大幅度上升，四季度开始回落。由此可见，公司的原材料价格在当年的波动较大。公司在“存货跌价准备的计提情况”一栏中注明“未有减值现象出现，公司未对该类资产计提减值”。2009年，公司在“原材料价格变动情况”一栏中写道“年初价格较上年有所回落，四季度后主要原材料硝酸铵又呈现上升趋势”，在2009年年报的“存货跌价准备的计提情况”一栏中注明“未有减值现象出现，公司未对该类资产计提减值”。2010年，江南化工原材料价格再次出现波动。2010年年报显示，年初价格同上年基本持平，9～11月份主要原材料硝酸铵价格呈现上升趋势，12月份略有回落。2011年，公司再次公告称，主要原材料价格较上期呈现明显上升趋势。在2011年年报中，还是注有“未有减值现象出现，公司未对该类资产计提减值”。对于原材料价格大幅变动，为什么未考虑材料跌价损失，公司会计人员解释：公司使用原材料比较快，往往在原材料跌价前就已经使用完了，所以才没计提跌价准备。而江南化工2008—2012年的年报显示，公司原材料库存为公司正常生产20天到25天的需求量。问题在于炸药原材料成本的波动幅度较大，尽管生产周期短，但在资产负债表日，不可能材料价格恰好不变动，不计提跌价准备，一不谨慎，二不相关。

再考察公司产品。从2008年9月起，公司产品销售价格开始执行国家的指导价格，基本回避了价格波动的风险，公司意见无须计提产品跌价准备。事实上，公司对产品的销售价格可以在国家的指导价格上有所浮动，一般是在国家指导价格10%的范围内上下浮动。据查，2012年产品销售价格高于国

---

[1] 矫月．江南化工上市近五年存货零计提 原材料价格波动被无视．证券日报，2013年3月28日．

家2008年的指导价格，相比2011年也有一定上涨。对比同类企业，近五年内，有多家公司对存货跌价进行过计提，如联合化工（002217. SZ）、同德化工（002360. SZ）、久联发展（002037. SZ）、雅化集团（002497. SZ）、雷鸣科化（600985. SH）等都曾有计提存货跌价准备的记录。可见对存货跌价准备的计提，主要还是公司有自己的考虑。

8. 未决诉讼要否披露

（1）问题提出。未决诉讼是否披露属于或有事项披露范围。或有事项，在会计上是指过去交易或过去事项形成的一种状况，其结果须通过不完全由单位控制的未来不确定事项的发生或不发生予以证实。常见的或有事项，包括已贴现的商业承兑汇票，未决诉讼、仲裁，为其他单位提供债务担保等。对于或有事项，除了按规定予以确认外，还应当分不同情况加以披露。对于或有事项，需要判断要否确认或披露，如何确认或披露。

（2）案例说明。因为隐瞒重大事项，宁波富邦（600768. SH）于2012年7月遭证监会行政处罚，由此也连累了公司2012年年报被会计师事务所出具“非标”意见。而2013年5月8日，两名投资者诉宁波富邦隐瞒重大事项涉虚假陈述的案件也正式开庭[1]。

（3）分析判断。2013年4月，宁波富邦2012年年报出炉，公司在2012年实现营业收入97746. 72万元，同比下降9. 2%；净利润513万元，上年同期为亏损492. 58万元。

对于这份年报，天健会计师事务所为宁波富邦2012年财报出具了带强调事项段无保留意见的审计意见。该事务所提出两点原因：①北京市第一中院于2011年9月一审判决信联讯通讯设备有限公司向上海文盛投资管理有限公司支付借款本金等共计5654. 51万元，宁波富邦等对该债务承担连带清偿责任。宁波富邦不服该判决，已向北京高院提请二审上诉。2012年7月，宁波富邦公司收到北京高院的民事裁定书，由于原信联讯公司及其实际控制人涉嫌刑事犯罪的案件尚未侦结，裁定中止二审审理；②2012年宁波富邦扣除非经常性损益后净利润为-2059. 40万元。

---

[1] 张曌．宁波富邦隐瞒重大事项被诉连累年报被“非标”．大众证券报，2013年4月14日．

事实上，有关上述重大事项，宁波富邦在2010年年报和2011年半年报中并未披露此信息半字。由于宁波富邦重大诉讼未予公告，2012年7月，证监会对公司以及相关责任人进行警告并处罚，其中对公司给予警告，并处以30万元罚款，对董事长郑锦浩等六名高管给予警告，对五名高管处以不同金额罚款。

需要提及的是，2011年2月3日，宁波富邦收到北京第一中院发出的上海文盛投资诉宁波富邦等四公司借贷合同纠纷一案民事传票，宁波富邦所涉诉讼有关资金占其最近一期经审计净资产绝对值不低于39.2%，属于重大诉讼事项。

正是由于此，杭州股民胡先生、胡女士以宁波富邦证券虚假陈述为由，向宁波中院起诉，涉案股数合计10.04万股，索赔金额67.4万元。

杭萧钢构（600477.SH）、东盛科技（600771.SH）都是因为信披违法被证监会处罚，由此引发股民索赔。入选“全国法院十大调解案例”的杭萧钢构案股民调解获赔400余万元；被《人民法院报》评选为“2012年全国十大案例”的东盛科技案148位股民调解获赔1295万元。这两股民索赔成功案例无疑给了宁波富邦股民依法维权的信心。尽管宁波富邦股民索赔金额不大，但公司潜在的风险可谓不小。

主要参考文献：

[1] 夏博辉．论会计职业判断［J］．会计研究，2003（4）．

[2] 王跃堂，赵子夜．会计专业判断：基于盈余信息治理的思考［J］．会计研究，2003（7）．

[3] 杨家亲，许燕．会计职业判断研究［J］．会计研究，2003（10）．

[4] 陈立军，许道文．会计职业判断与会计政策选择问题［J］．大连海事大学学报（社会科学版），2006（2）．

[5] 刘峰，王兵．什么决定了利润差异：会计准则还是职业判断——来自中国A、B股市场的初步证据［J］．会计研究，2006（3）．

[6] 刘百灵．谈公允价值在会计职业判断中的应用［J］．会计之友，2007（31）．

[7] 于长春．会计职业判断的内部控制研究［J］．上海立信会计学院学报，2009（6）．

[8] 余杰．经济实质与法律形式的选择、判断及经济后果——基于会计反映和税收征纳的

比较分析 [J]. 财经科学, 2009 (11).
[9] 王淅勤, 邱静, 高玲玲. 审计职业判断质量标准研究 [J]. 中国注册会计师, 2010 (4).
[10] 高建普. 会计判断与会计教育 [J]. 吉林教育, 2010 (7).
[11] 蔡春, 朱荣, 谢柳芳. 批判性思维与审计专业判断 [J]. 审计与经济研究, 2011 (6).
[12] 吕景秋. 会计职业判断能力新解——兼谈会计职业判断能力提升的路径 [J]. 天津商业大学学报, 2011 (6).
[13] 王清刚. 会计职业判断框架构建研究 [J]. 商业经济与管理, 2012 (7).

第六章　会计思维

思维是人脑对现实事物间接的、概括的加工形式，是人的高级心理活动形式。思维过程主要包括分析、综合、比较、分类、抽象、概括、具体化及系统化等。思维方式是指一个时代人们认识和研究事物的方法及手段的总和，是一种支配人的思考与行动的规范、风气和样式。思维方式可反映人们思考问题的价值观，表现出展开思维的途径、思维的视角、思维的空间以及思维习惯等多重涵义。会计思维属于一种职业思维，从思维方式上看，会计思维可以包括简单思维和复杂思维。

第一节　会计中的简单思维

人们行事总是需要抓住问题的关键或主干而舍弃其细节，这便是简单思维的由来。从思维学角度看，简单思维是一种与复杂思维相对的特殊的思维方式，其核心在于简单或简化，目的在于提高效率或效能。简单思维也可理解成化繁杂为简单，这是一种解决问题的理念。

思维方式反映认识问题的立场与视角，决定解决问题的基本思路和方向，不同思维方式即使采用了相同的会计方法，得出的结果也可能大相径庭。简单思维下对经济业务的判断或会计事项的处理同样有其自身的价值，它要求在会计实务中抓住问题的实质或主要属性而对问题做出概括简练的处理。简单或简化回答的是会计该“怎么想”或该“怎么做”，是解决问题的一种方法论。简单与复杂是同一个事物的两个方面，如果说宏观分析偏向复杂化，则微观操作侧重简单化。简单思维的运用在会计工作中并非罕见，但不可否认我们对简单或简化的认识存在误区，操作上存在混乱，严重损害会计作为一门学科甚至科学存在的必要。如现时会计理论追求复杂化处理，试图使人感觉到会计的严谨和高深，但会计处理的程式化及片面追求所谓的精确化只能强化人们对会计的误解，在实务上会计人员很难照搬这些理论或规则处理具体事项，因而更加剧了会计信息的扭曲；会计人员对实务的灵活处理又被各方认为作假，极大地伤害了会计人员的感情，扼杀了会计人员的能动性和创造性；会计处理不讲究方式方法，套用条条框框，也波及正在接受教育的未来的会计人员，而这种影响更为可怕。

一、简单思维的表现形式

实践中，会计中的简单思维可从理念、判断及操作等方面观察其表现。

1. 理念

简单思维是一种方法理念，可体现会计人员的智慧。财务会计重在对外提供企业的财务信息，而这些信息有着自己的质量要求，这些质量要求本身存在一定的矛盾性，会计人员应根据不同时点、不同对象以及不同要求，处理好会计信息的生成和披露，把握会计本质，才能做好自身的工作。

在会计工作中，需要将复杂问题通过变换转化为简单问题；将难处理的问题转换为易于解决的问题；将未解决的问题变换为已解决的问题。会计人员应善于在较复杂的现象中找出其共同点，“透过现象看本质”，从变化的“多”中抓住不变的“少”或以不变应万变，这是一种化归思维，它把不同的或多样的事物或者统一于最基本的东西，或者统一于可以量化的东西。(Edgar Morin，2001)

最简单的思维是线性思维，分为正向思维和逆向思维。借助逆向思维对其可能的后果进行分析和预判，再倒过来思考，可以使问题的解决更为简单或顺畅。如会计政策的选择，需要由后果往前因推理，选择企业可承受影响限度内的会计政策。

2. 判断

判断是以一种简单思维的视角观察问题、分析问题，其反映的是一种良好的思维能力。对复杂问题作简化分析，按其经济事实和会计本质作出合理的职业判断，也是会计人员的基本功。对于企业所面临的经济业务或会计事项，有时会碰到准则中或书本上没有具体或明确说明的情况，需要会计人员根据自身经验和对职业的理解作出合理的判断，这时适当运用简单思维十分必要。

对于业务性质的判断，对核算事项的简化，突出主线或主因，侧重分析会计判断或处理对企业的影响。如资本化还是费用化的判断，除准则明确规定外，当资本化难以确定时应选择费用化。费用化处理除税收考量外，还比资本化省去成本分配和后期摊销。再如会计处理中的溯源分析，利用会计事项的连续性，遇到较复杂的事项，往往先可追溯其原先如何处理，再考虑现时处理的办法。如投资转让，是冲成本还是做收益，只要查看原先处理即明白。其实这也可看成一种因果分析。按因果关系分析事物，可简化事物的各种矛盾关系，以首尾两端来分析，容易找到问题的关键和实质。具体思考有两种途径：由果溯因，寻求引起变化的事实，往往呈发散性思维，这在管理上相当有用；由因求果，与前者思维方向相反，侧重分析有可能导致的影响或后果，在会计处理中相当实用，往往可提供简化处理的理由。

3. 操作

操作层面，简单思维的运用比较常见，将复杂问题分解并突出问题的关键，对纷繁的会计事项进行综合或概括以便抓住重点。如简化分类、计算简化、参照相近事项处理等。

（1）简化分类。适度归类，合并或汇总处理，按总括处理，主要项目反映。如科目账目简化、报表项目结构从简。账务处理程序中就有汇总处理，折旧中若残值不大予以忽略；领料、销售等适当汇总后再一并处理；人工费用按受益对象汇总后再分配；与产品关联不大的生产费用计入制造费用再分配；债券发行费用并入折溢价核算；以前年度补税额较小直接计入当年损益而不再记入“以前年度损益调整”科目。会计估计变更采用未来适用法：会计估计的变更仅影响变更当期，有关估计变更的影响应于当期确认；会计估计的变更既影响变更当期又影响未来期间，有关估计变更的影响在当期及以后各期确认，即对前误不作修正，也就是不追溯调整。

（2）计算简化。直线折旧、平均摊销；成本按定额按比例分配；简单平均即简单算术平均，不采用加权平均或折现。如长期借款或债券利息可在半年末或年末或项目竣工交付使用时计提，而不一定在月末计提；类似地，费用分摊也不一定按月进行。产品成本计算中更应考虑管理的要求，选择更简化的方法。如简化分批法，按产品批别设立明细账，产品完工前，账内只需按月登记，直接计入费用（如原材料）和加工工时，不必分配加工费用，计算该批在产品成本；只在产品完工月份，才分配加工费用，计算完工产品。在同类的计算方法中选择较简单的方法。

（3）参照相近。将未知转化为已知，化复杂为简单或化难为易。对较复杂经济业务或会计事项的处理，通常可适当地转换或变形，将它与熟悉的处理相对比，参照熟悉的方法进行处理，这也是一种简单思维的运用。如债务重组中，材料抵债的处理可参照产品抵债的处理，只在产品销售与材料销售对应的业务性质方面有所差别。代理出口业务核算可对照自营出口业务核算，容易理解。

（4）时点移动。收支确认的时点前移或后置，适当运用现金收付制，可减少应计项目，多少可避免期末的结转及调整。另外，损益的先记后记，费用的早摊迟摊，在同一会计年度内确认，影响的只是各月损益的分布，这些也可减少某些账务处理。

（5）减少差异。会计实务中，会计处理与税收处理的差异常会导致复杂，缩小会计处理与税收处理的差异，因信息披露及控制要求的不同，会计处理尽量选择税收处理要求进行，避免或减少因会计处理与税收处理不同所导致的差异的复杂调整。会计与税收差异的调整以及纳税的调整，对一般会计人员来说，并不是件简单的事。

二、简单思维的理性分析

简单思维的理性分析可通过正反两方面来说明。

1. 合理性

简单是与复杂相对的一个范畴，它的存在有其合理性。

（1）从会计环境看，经济活动存在着无法回避的不确定性，会计对象本身又存在着一定的模糊性，人们只能抓住其主要的属性加以概括。会计信息具有一定公共产品的属性，要让财务报告使用者明了，这就要求会计信息的确认、计量、记录和报告的全过程简明易懂。会计信息的复杂化处理会拉长人工作业链，加大非正常干扰的概率，影响会计信息的可靠性。

（2）从会计技术上看，准则导向下的会计规范，本身存在灵活处理的空间，如会计确认、计量属性的选择以及会计政策的选择存在不确定性。会计信息质量就有这方面的要求，如重要性就是要求对会计事项区别其重要程度而采用不同的会计处理方法和程序，对那些所谓次要的会计事项，作简化处理、合并反映。如发现以前期间重大的会计差错，应调整发现当期期初留存收益及相关项目，而对非重大会计差错，则直接计入发现当期的净损益和有关项目。谨慎性要求会计处理时保持职业谨慎，宁可高估成本和费用也不多计收益，如将研究阶段的研发支出费用化。实质重于形式要求我们重于实质而并非重在形式上的烦琐精确，追求实质上完善而不是追求技术上的完美。另外，出于成本效益的考虑，处理问题时常因得不偿失而放弃精确处理，转而选择简化，如对外币业务中因汇率变动引起的外币债权债务的折算差额，不追溯调整原来的相关账户，而将其直接作为汇兑损益处理。

（3）从文化上考察，会计处理的简单化表明会计的艺术性特征，同时也蕴含着中国传统的处事原则，能简化的不必烦琐，抓事物的主干而不是究其枝节，老子的“大道至简至易”，世事简明而富于变化是中国传统文化的精华。简化处理体现了中国人处理问题的思维方式：突出要点、简化过程。会计理论与会计实务的脱节，大多表现在对会计事项的简化处理上，刚走上会计工作岗位的会计专业学生对此感受颇深。事实上，会计规范中某些具体指南、说明也存在有违简单思维的规定，如对债券投资分为三种不同的金融资产处理，而交易性金融资产与可供出售金融资产的界定并非严密，但其期末计价处理对损益的影响完全不同，显然有过于复杂且易导致企业盈余管理之嫌。

简单或简化是一种科学哲学思想，也是一种科学方法论，它强调的是复杂由简单构成，任何复杂的事物最终都可归结为简单对象来处理。形式上，追求一种确定的、简捷的、明晰的思想；方法上，体现还原论（将高级运动形式还原为低级运动形式）的思想；内容上，是忽略某些细节、关系、条件的近似性认识。简单思维向人们传递这样一个理念：一定质量下的从简处理符合行为的经济性原则，也即在经济事实和会计映射之间能找到一条直线就不必寻求折线。企业总是以简单处理问题回避因精确处理问题而带来的某些风险。就会计人员本身来说，处理问题总是倾向于简明扼要而避免烦琐。如长期股权投资的初始计量时，将同一控制下的企业合并视为企业内部交易，采用账面价值结转而不考虑公允价值，这正是出于简化考虑。

（4）人的素质上，简单思维向会计人员提出了更高的要求。在信息社会中，将复杂事物进行简化需要对经济事实的准确判断和对其会计处理后果的深刻分析，更多地借助个人能力和集体智慧。简化处理并非降低会计信息质量，而是在同样的质量要求下使处理方法或手段更科学合理，如企业设账、规划核算流程、设计证表等必须考虑有效和简化。简化处理表明个人的思维品质，只有高品质的思维才能将复杂问题简单化。再如计提减值准备，按现行规定显然太麻烦，找出更合理的方法并不是件轻松的事。计提了减值准备的资产折旧或摊销的调整问题，这在实务中是个较复杂的问题。以固定资产为例，《企业会计准则——固定资产》指出：已计提减值准备的固定资产，应当按照固定资产的账面价值以及尚可使用寿命重新计算确定折旧率和折旧额；如果已计提减值准备的固定资产价值又得以恢复，应当按照固定资产恢复后的账面价值以及尚可使用寿命重新计算确定折旧率和折旧额。因固定资产减值准备而调整固定资产折旧额时，对此前已计提的累计折旧不作调整。可见，按规定，每期期末要检查要否计提固定资产减值准备，如果计提或调整，就要重新确定以后各期的折旧额，这工作量太大，除非有专门的软件，否则电算化也难以处理。若按简单思维，固定资产不必计提减值准备，可通过折旧反映。减值与折旧无本质区别，两者划分为损失和费用分别确认不恰当，减值可通过变更会计政策（变更折旧方法）和变更会计估计（变更使用年限）来解决。

2. 可能的负面影响

会计中的简单思维有可能产生负面的影响。

（1）局限性。从思维学上看，简单思维固然有它存在的合理性，但世界事物是复杂的，简单思维无非强调复杂性事物是由简单性元素聚合而成，复杂在某种意义上是简单的累加。简单思维并不否定世界是复杂的，也并不承认简单或简化是解决问题的唯一方法。简单思维的局限性主要在于将丰富多变的会计对象和会计人员作了简单定格，可能会产生两个极端：一是将会计人员简化成物，是资本下的劳动力，没有自己的理解或主动；二是将丰富而具体的会计事项简化为抽象或单调的对象。过于追求简单化或强求行事的简捷、高效，容易导致会计人员的“物化”或事项的“抽象”，淡薄会计人员的生命力，忽视会计事项的复杂性与多样性。

（2）消极后果。事物总有两面性，简单思维也可能会带来一些消极的后果。首先，过于运用简单或简化会强化人的惰性。人总是贪简求便厌繁怕难，放任简单化会使会计人员不思进取，想当然地处理业务。其次，简单化处理会引起某些会计原则的矛盾，如会计准则中，对投资转入（捐赠、盘盈等）旧固定资产的入账价值作了简单处理，出现企业固定资产计价标准混乱，这有违可比性原则。简单化的泛用、滥用在技术上会影响会计所提供信息的相关性，如会计确认不清晰，会计计量不合理，会计披露不充分。再次，不分主次一味采取简单化有违事物发展的规律。因为经济活动具有复杂性，尤其存在着风险。在国际化的背景下，企业的经营更开放、更深入，其竞争更加惨烈，简单处理业务可能会造成企业不必要的损失。如计提存货跌价准备，企业可以根据自身情况按单项、类别和总体计提，其中按存货总体计提最简单，但最不稳健。最后，简单思维也有可能被某些人用来制造虚假会计信息，在会计处理简单或简化的幌子下，很可能包藏着损人利己的意图。

三、简单思维的运用

简单思维的运用必须有赖于会计人员的认识以及会计的技术条件、人文环境和自身素质。

1. 认识与意识

正确认识简单思维与复杂思维的辩证关系。会计中合理运用简单思维的目的在于简化对象、简化方法、突出共性、抓住本质、提高效率。

树立简单思维意识，倡导在会计工作中运用简单思维，并非否定复杂思维。应辩证地看待简单与复杂。首先简单与复杂具有相对性，会计处理中简单与复杂并非绝对，简单是相对于复杂而言，以前认为简单后来有可能发现它是复杂的，反之亦然。人的认识规律是从简单到复杂，再从复杂到简单螺旋式上升的。在问题的分析阶段，应多角度多因素地找出问题的缘由，剖析可能影响的因素，设计多种解决问题的途径，再根据实际情况进行优选，找到解决问题的最佳方案，即分析问题复杂在先，处理问题简单为上。

2. 技术条件

就技术而言，会计本身也是对复杂经济现象的一种简化处理，如何运用简单思维，关键在于把握好尺度。我们应树立这样一种职业意识：不同的会计问题应区别对待，问题的处理必须对信息用户负责，这也是提高会计人员素质的基本要求。

我们应善于运用重要性原则、实质重于形式原则和稳健性原则，重视简单思维的后果分析。高度重视会计信息的充分披露，避免因简单或简化而遗漏重要会计信息，体现企业用户至上的经营管理理念。

分清轻重主次和繁简详略，简化核算，节约人力，提高工作效率。运用重要性原则，有利于把握住问题的实质，抓住关键点。如成本核算中设置成本项目时可根据重要性原则调整，一般按照"直接材料"、"直接人工"、"制造费用"设置专栏，但若企业发生的废品损失、停工损失很多，可增设"废品损失"、"停工损失"成本项目；若企业耗用的燃料和动力较多，可增设"燃料和动力"成本项目等。若自动化程度较高，则可不单设"直接人工"成本项目，只设置"直接材料"和"加工费用"两个成本项目。

简单化处理还与技术处理条件相关，对具有较高素质的会计人员来说，随着计算机技术的普及，处理死板、复杂的计算已非难事，尤其是对成本的计算，成本计算中的简化更多是考虑内控或避税。

3. 人文环境

人文环境通常被解释为一定社会系统内外文化变量的函数，而文化变量包括共同体的态度、观念、信仰系统、认识环境等。人文环境也称为社会文化环境。

(1) 制度文化。需要明确制度导向，引领会计处理的理性化，包括合理的简单化和适度的复杂化。制度建设中首先将人文因素置于前列，制度的人文价值导向应高于技术导向，制度建设应强化人的创造性和进取精神，只讲物欲将扭曲会计人的职业品格。会计准则和应用指南的修订以及企业的管理制度也应体现这一要求。

在有关会计规则的制定中，避免人为地制造会计处理的复杂性，可分层次提出要求，在规则中采用"不得"、"应当"、"可以"等以示不同的要求。《小企业会计准则》提及多方面的简化：如采用历史成本计量减少再计量；采用直线法摊销折溢价；选用简单核算方法如成本法核算长期股权投资，应付税款法核算所得税等。考虑是否简单化处理涉及职业判断，应尽量减少人为因素的影响，提倡职业判断的适度和适时；应大力提升会计人员的职业判断能力和职业道德水平，会计教育包括学历教育和继续教育，更应强化这方面的教育。

同时还应充分考虑税法对会计核算的要求，做好税务处理与会计处理的协调。

设计企业内部制度时，也应倡导求简理念，突出人文关怀，而非技术束缚，摈弃形式主义的管理模式。

（2）职业文化。会计人员应树立科学的职业理念，会计信息理应反映人的理性，体现人的正常情感，尽管会计信息不得不带有浓厚的群体色彩，受所处群体规则、习俗和行为模式的制约，但会计人员还应坚守自己的职业本分，投射出良好的社会价值取向。管理上对制度化、数字化过分依赖，容易诱发教条主义或形式主义，不按规范的变通处理会使法律所主张的社会价值导向失去作用，企业应张扬理性自觉，鼓励进取，适度容忍试错。营造良好的职业氛围和技术应用的职业环境。

4. 自身素质

简单思维的运用还在于人的能动性，这里会计人员自身素质当为关键。①善于学习，这里的学习并非仅指专业上的学习，而更重要的是下基层，接触企业一线员工，熟悉经营业务，读懂管理流程，掌握现行税收管理要求，这样才能作出合理判断，在会计处理上更有底气。②学会思考。简化是处理复杂问题的常用手段，简单思维要求会计人员在分析、解决问题时具有高度的概括和归纳能力。简化处理需要更多、更广的设想，考虑问题宜细致，以减少或避免简单化可能造成的不利后果，具体不妨换位思考，如可站在国家（税收）及投资者或债权人的角度考虑对会计信息质量的要求。③站稳立场。经济和社会的快速发展，对会计人员提出更高的要求，会计工作风险增大。应克服中庸、无争、从众的行为弱点，注意个人自律，坚守会计职业道德底线。

另外，在审计、业绩考核及责任界定时，应鼓励会计人员独立思考和大胆创新，要注意区分操作性与操纵性、客观原因与主观原因、方式方法不当与别有用心等情况，便于作出公平公正的评价，也给会计人员主动积极甚至创造性的工作予以肯定。

5. **简单思维运用举例**

这里选择一个食堂管理的实例[1]。

职工午餐问题是每个企业都要涉及的。受企业规模等因素的影响，有的企业设有内部食堂，有的企业直接给员工发放午餐补贴，有的则采取与餐饮公司合作的方式提供午餐。如果企业采用自己经营或承包经营，众所周知，食堂管理是较有难度的，尤其是采购成本的控制。

（1）食堂管理的复杂性。首先是采购。涉及采购物品的专业性，供应商多样性，现金结算，无发票，菜品质量和价格每天变化等。如何控制采购：①业主或管理者亲自去买，显然不明智。②用亲信，就一定可靠，不会私吞菜金？两个人同去，购买、监督分开，难道两人不会联手？何况还有个成本效率问题。③如公开招标选总供应商，对标准产品，如饮料烟酒和粮油等商品采购可行，但对非标准产品，如青菜土豆鸡鸭鱼肉，质量和价格每天都可能变，这就无法操作。而标价低的供应商就一定可信？商品质量一定有保证？另外，如果采购员每天被不同的人盯着，这也有损采购员的人格尊严，加大其心理压力及对抗情绪。

其次是食堂及就餐人员的结构。厨师属于技术人员，影响大；而其他人员多由勤杂工组成，技术性及规范化较弱。对就餐者而言，食堂提供的产品及服务既普通又普遍，各人对产品及服务的倾向又不同。企业职工包括食堂员工个个都可以发表意见，如价格、质量、数量、卫生、布置及安排等。

最后是经济效益。对承包人而言，食堂属微利行业，若自己经营，食堂大多需要补贴；食堂饭菜价格敏感度高，提价受限；从采购、制作到管理对成本的控制要求较高。显然不太适合复杂的管理。

（2）采购的控制。食堂管理者往往看重采购中的回扣，因为他们担心如果采购员每天克扣一些菜金，就算每个人的菜金很低，数百人加到一起，一年下来也是一笔不小的数额。因此管理者很自然地会尝试用各种方法控制采购中的回扣。

这里需要分析采购员拿回扣的具体情况。首先，问题出在这样的公司：

---

[1] 食堂老板的管理真谛，http：//bbs. esnai. com/thread-4592801-1-5. html.

自己经营食堂，而管理食堂的人不懂行；或是某些行政部门经理兼管，他们本身有很多事要管，不可能在食堂这种低水平管理上花精力。而大公司惯用一整套制度、流程，强调内部监督、内部控制，搞得相当复杂，想当然地以为靠监督就能解决吃拿回扣问题。实际上采购那些非标准产品，如蔬菜、鸡鸭鱼肉，质量和价格局外人无法把握。例如青菜，刚从地里摘的与昨天摘的淋点水的价格与质量显然水同，如何控制？猪肉上午的卖价就与下午收摊时的卖价相差不少；而采购员不想给企业省钱，可以少讨价还价或者多付运费；采购时摊主给采购员个人点儿鱼肉，节日送些烟酒、水果，摊主为了拉住卖主，可以变换方式，这如何管？管得住吗？更关键的是是否真的需要管。管不来的事，就不能硬管；可以管的事，得选择合适的方式管。

采购最怕的是采购员拿回扣，而食堂采购情况复杂多变，如何从中选择简单应对，这就考验管理者的智慧。首先，压缩拿回扣的空间。这个食堂每人每天伙食费用定额 7 元，扣除主食和其他费用，每人每天副食费用只有 4 元钱。食堂要求用这 4 元钱做出四菜一汤，显然这里没有多大拿回扣的空间。分权分流，不同的物资由不同的人采购。其次，及时掌握物价，至于菜价信息掌握，管理者自身也会去菜场，对市价应该比较清楚，在进价上做文章也难。最后，从整体上看，回扣并不是食堂管理的重点。因为经营讲究的是开源节流，即先得有营业额，而后才会有利润。管理的重点是如何让食堂就餐者满意。

压缩拿回扣的空间。一让就餐者制约采购。如每人 4 元钱的菜金，要求做出就餐者满意的四菜一汤。如果在这个前提下，你还能拿到回扣，那只能承认你的能耐。二采购权适当分散。对于不同的物资采购，一般的公司都会考虑统一采购，以便控制价格以及减少管理漏洞，实际上，这种办法并不是很有效。比较合理的方法是选择分散采购。这是因为，一个人过手的金额越少，贪污的可能性也越小；手头金额大，越容易引起诱惑。另外，就采购而言，买的人不如用的人懂行。

如何分散采购权，即如何实施分类采购。首先按性质分。若为标准产品，不管金额大小，能招标的就不独立采购，如粮油招投标，盐、味精、酱油、醋也招投标。不能招标采购的，如需要每天买的副食青菜，不论金额多大，直接交给最懂行的大师傅。充分相信他，没有必要派人监督。食堂只监督买回的东西是不是短斤少两，这是因为现在大部分东西都由大师傅去市场选择然后订货，货由供应商送来，这样需要厨房小工复秤记录，也是第三人验收。清洁用品、员工制服这些杂品由每个食堂经理购买。炉灶器具锅碗瓢盆等固定资产则由管理者亲自负责。这样人人负责一部分，不仅能采购到最合适的物资，而且每人买的品种少、金额小，即使有人想吃点差价，也会因容易暴露、心虚而不敢犯事。

(3) 提升服务质量。如何使就餐者满意，这是食堂管理中的重点。

先要分析就餐者的结构，包括人员构成、餐饮倾向等。如就餐者以农村来的小伙居多，他们优先考虑的是份量能保证吃饱。由于伙食费一定，如何才能使他们吃饱？把权限下放给大师傅，让他们去精打细算。这方面他们有的是经验和办法，如多采购质量稍差些的过季菜、处理菜，不买里脊、子排多买肥肉、杂排。放权给大师傅后，当他到菜市场采购时，看到便宜的菜鱼肉时，马上就能想到可以做什么样的菜，讨价还价后，立即做出选择。

白领们喜欢自助餐，但往往是眼大肚小，多要但吃不了，不是硬撑，就是偷着倒掉。食堂员工怕后面的人不够，就尽量少给，这样总会争吵。经验告诉食堂管理者，合餐一定比分餐省；可是分餐卫生、方便和时髦，所以一般公司食堂大都采用分餐。解决这个难题，可以采用折衷办法，将分餐制改成合餐制，如八人一桌、四菜一汤、公筷分菜、凑齐再吃，就餐者还比较容易接受。

要想少花钱吃饱饭，只有一招——多吃饭少吃菜。管理者和大师傅在制定菜式时就想方设法，让午餐和晚餐中都必须有一个口味重、能下饭的菜。比如梅菜扣肉、红烧鱼、腌菜炒大肠、麻婆豆腐等。做这些菜必须多放油、盐、酱油、味精、调料，巧妙就在于原材料可以不用很新鲜的，进价可以节省不少。

食堂管理中还有一个难题是就餐者口味不同。做餐饮的人其实不怕投诉，因为顾客投诉的都是一些看得见的问题，这些问题都好改。最难在于口味上。如果职工就餐没有选择，他们往往把对饭菜的厌烦借助别的事情发泄出来，如饭菜质量有问题和服务态度不好。仔细想来，每个人都有家，家里也就能做那几样菜，你怎么不烦？在外面跑来跑去，回到家一吃，还是家里做的饭菜可口。食堂管理者想出一招：食堂每星期停一天，公开理由是食堂员工也要休息。这也是一种逆向思维，与别的食堂不一样，别人都希望职工每天都来食堂吃饭，因为多吃一天，食堂就多赚一天钱。这招的真实用意在于，让那些整天在食堂吃饭的职工自己回家去做一做，或者到外面饭馆换换口味，对比一下价钱，这样他们就知道食堂的饭菜物有所值。当然食堂管理者要有十分把握，职工自己花7元钱，在任何地方包括自己做，绝不可能比在食堂吃得好。

当然放权后也需要鼓励或激励，比如让食堂就餐者每个月对饭菜质量打分，适时听取大家意见，根据这些确定奖金、加薪及福利等。

（4）管理的关键在于管好人。人的管理，别人怎么管都不如自己管自己。前面的一些管理对策，管理者更多在于思考人的管理。谁都知道买东西是个好活，被人家敬烟敬酒还请吃饭，还有可能拿点回扣。可是好事就要尽可能让大家都有份，不能我整天烟熏火燎，你整天在外面风光，否则就会引起嫉妒及流言蜚语。如果把权力分散开来，大家都可以轮流沾光，信息公开还可以互相监督。当然管理上也不是为分散而分散，该集中的还是要集中，如把粮油酱味的招标权下放到一个食堂经理那里，由他代替其他食堂采购员。当然招标是轮流坐庄，下一年由另外一个食堂的经理负责。

很多管理者认为员工都想少干活多拿钱，这完全是片面的。事实上，员工是想少干那些不好的活，比如洗菜、擦地这些脏活和累活。如果让洗菜的小工监督过秤，不给他们钱都高兴干。为什么？不仅能到厨房外面凉快凉快，喘口气抽口烟，掌握秤杆子还能受到别人尊敬。他不仅需要复秤，还要记录；短秤了，还要找大师傅对证。是人，哪个不想有点权力？所以管理原则就是让所有人都有点小权。

人有权无责、有权无法都容易乱来。洗菜小工抽别人几根烟是小事，上万斤米面的采购就容易出大事。虽然把米面的招标权力交给食堂经理，但是招标必须按管理者制定的方法招。招标结果任何人包括评标者事先都不可能知道。因为这个做的是吃的生意，入嘴的东西不能只拼价钱低，否则拼来斗去，什么毒米、地沟油都混进来了。因此招标方法永远是：第一，至少有四家无关联的供应商投标；第二，必须有一家新的供应商；第三，中标者是最接近四家平均价钱的投标者。任何人违反这个规则，就等于犯了法，这些必须交代清楚。

食堂管理如何入手？从诸多矛盾中找到主要矛盾，倒不失为一种上策。这位懂人性的管理者，借多年管理的经验，提出了独到管理之策。其采用的就是分析问题复杂化，处理问题简单化，抓准抓实，颇有中国人的管理智慧。如选择营销中的比较策略，同时也显示关爱食堂员工之心，颇具人情。管理说到底是人性的管理，这更符合我国国情及社会发展潮流。看清人性的弱点，信任、沟通，有抓有放，权力制衡。

第二节　会计中的复杂思维

复杂思维与简单思维相对，复杂思维的提出与现代社会经济的复杂多变及不确定有关。会计工作中的复杂思维主要作为一种方法论来运用，而并非处理问题的复杂化。

一、复杂思维的内涵

1. 缘由

科学哲学上提出复杂性思维，它作为20世纪80年代逐渐兴起的研究自然现象与人文现象的一种新的方法论，是对自笛卡儿（Descartes）以来的西方现代主义哲学家所表现的简单性思维方式，如工具理性主义、技术操作主义、还原论等的超越。复杂性思维伴随系统科学、信息科学的发展为会计理论与实践提供了一种新的方法论视角，而会计学科本身也有复杂性思维存在的空间。

（1）不确定性。不确定性是复杂性思维或复杂思维的基本成因，而会计本身具有不确定性。美会计学家亨得里克森（Hendriksen）认为："会计上的不确定性产生于两个方面：第一，会计信息一般都与预期要在未来持续存在的实体有关；由于各种分摊常常是在过去和未来期间进行的，对于这些分摊的合理性和未来的预期依据就必须作出假定。尽管这些关于分摊的假定和预期之中，有些可能在以后期间也有效，许多分摊却不能完全加以查证。第二，会计上的计量常被假定为代表那些需要对其不确定的未来数额加以估计的财产的货币表现。”[1]

从生成源分析，会计不确定性包括外生性的不确定性和内生性的不确定性两种，这两种不确定如前所述。从人为角度分析，则可将不确定性分为主观和客观两种。主观不确定性受人影响，对其认识也因人而异。客观不确定性则如交易或事项的不确定、因时间导致的不确定及会计环境的复杂多变等。

（2）认识盲点。在会计实践中，我们常常注重认识的内容，而忽视认识的机制，如将复杂问题视为偶然或个例，会计处理时只考虑自身利益，会计分析时仅仅单向或一维等，在分析问题解决问题时，很少顾及问题或事项的背景、整体、多维度。尤其不自觉地将会计工作与企业经营管理联系起来，工作中的分工、岗位及责任制，也影响了会计人员的认识。在集体意识消减、团结精神弱化、个人利益张扬的今天，应重新提出复杂系统的认识思想——把任何信息放入它的背景或整体中来认识，从关注系统的组成要素到关注要素之间的关系来解决这个问题。构建一个有背景的、整体的、多维度的、复杂性的思维范式，来认识会计工作并解决现实会计问题。

（3）职业封闭。世界本是复杂的，就职业而言，这种复杂性也表现在要素之间的关系上。认识要素之间关系的基本方法就是加强相互理解。关系表现为要素之间的相互沟通和交流，而交流要以理解为基础。分工与合作的频繁、竞争造成感情缺失，缺乏交流，当然理解别人就需要一种对人类复杂性的认识。会计部门与企业其他部门、会计人员与企业高管、会计人员之间、企业内外，因会计岗位有一定的对企业机密保守的要求，也会影响会计人员之间的交流。

（4）人文背景。思维方式本质上是一种思维习惯，是个人成长过程中逐步形成的一种思考问题的方法和模式，也是民族在长期的历史发展中形成的一种较为固定的元认知模式。在东西方文化的比较上，中国人更偏重于复杂思维。中国人思维方式称为统觉思维，注重整体性，强调事物之间的联系、主体和环境之间的和谐以及相互间的影响。中国传统文化关注人事，关心社会伦理，强调做人的道理，主张主观内求式的思维方式，推崇“内省式”的

---

[1] （美）亨德里克森（Eldon S. Hendriksen）．王澹如，陈今池编译．会计理论．立信会计图书用品社，1987.

智慧。

2. 内涵

复杂思维首先从复杂性说起。复杂性的提出首先出现于科学研究。20 世纪系统论研究及信息技术的发展，引发协同学、超循环理论、突变论、混沌学和分形学等一系列复杂性科学的兴起及发展，极大地改变了当代科学家的思想及思维方式。复杂性科学主要揭示物质进化机制的耗散结构和导致复杂过程的自组织现象，突破了机械论科学的孤立性、片面性、静止性等局限，将被经典科学的简化理性所排除的多样性、无序性、个体性因素引进科学的视野，将矢量时间、熵、不可逆性、偶然性、不稳定性、突现性、非线性等大量新概念运用到科学研究之中。到目前为止，尽管人们对于“复杂性”还没有一个严格、精确的定义，但一般认为，整体性、非线性、不可逆性、不确定性、不稳定性是复杂性的重要特征。从这些特征来看，社会的发展问题是典型的复杂性问题。

从目前研究的情况看，对复杂性内涵的表述尚未一致，这里选用一种比较通俗的描述。复杂思维是指人们在认识自然界与人类社会现象时的一种存在多个意义不确定、非线性、非周期的思维方式。

会计中的复杂思维强调的是在会计理论研究、会计教育以及会计实务中，必须注意到背景、事项、业务以及处理等的复杂性，考虑问题应基于因素或条件的复杂性。

3. 特征

复杂思维主要有下列若干基本特征。

（1）自组织性。自然界与人类社会是一个复杂巨系统，这个复杂巨系统又由多子系统构成。牛顿认为，事物的发生与结果必须有外力的推动，即系统的运动必须有外界力量的介入，体现一种他组织性。而自组织性则是这样一种组织：系统的运动过程是系统内部的子系统与个体因素相互作用的结果，这个过程没有人为的策划、组织与控制，体现一种事物运动的内驱力，通过系统间既交换物质又交换能量的方式达到一种自我更新与生成的特性。

（2）非线性。这里所指的非线性主要是从因果关系的角度来理解。线性因果关系是指目的外在于手段，结果是预设的，不存在过程性结果，同样的结果一定是由相同的原因引起的；同样，相同的原因必定产生相同的结果。

而非线性的因果关系则是指事物之间存在一种多结构、多维度、多水平的关系，任何事物既是原因又是结果，事物的发生过程具有变量因素的影响。

（3）整体性。人们在认识并解决问题时总习惯于把事物原本相互联系的整体分解成各个具体的部分，重视并研究具体的部分，以为部分简单相加就等于整体。这是一种西方思维方式。复杂思维要求重视复杂系统中的各种要素及其相互关系，以一种整体思维来把握事物性质和规律，实现整体大于部分之和的正效应。

（4）开放性。开放性是指交流、相互影响。系统的复杂性在很大程度上表现为开放性。系统之间的各自为政、不与外界环境发生关系则体现一种简单性，进而带来事物间的封闭性。系统之间的关系错综复杂，既有系统内部之间的相互开放，又有整个系统与外界开放的行为。

复杂思维采取的是一种非线性、整体性、开放性的思维方式。这与简单思维下的线性、机械还原性、封闭性有着很大的不同，突出体现为反思与超越。

4. 意义

复杂思维的实用意义在于其认知价值和方法论价值。

（1）认知价值。总体上看，在近代尤其是20世纪上半叶，西方哲学的主流思潮是分析性的、还原论的。这种思维方式认为世界是由可以分割开来的大小不等的实体组成的，这些实体之间由某些作用力来维系，较高等级实体的属性都能从组成它的较低等级实体的属性和相互作用中得到解释，它们都受某种决定论的支配，沿着单一轨迹进化。这种认知图像遵从的是一种简化还原原则，为了认识的方便，把复杂系统分解还原为简单系统，把复杂对象划分为一个个部件，用分析的方式，略去了对象中的很多因素，对对象只作局部的认识和近似的把握，认为认识局部就可以求得整体的认识。

用复杂的思维认识事物，就是要把我们的思维方式向着多维思辨的最高级层次上提升。再不能只凭感觉、靠经验，以非此即彼或单线类比的思维方式来认识问题和现象，而是要将感觉与思维并举，直觉与理性交叉，分析与综合齐行，经验与理论互映，具体与抽象同视，局部与整体共融，个别与一般相连，主体与客体一致，形成发展的、联系的、多层面多角度的看待事物的眼光。如在会计制度建设中，要注意人的复杂性，使制度运行更完善、更合理、更有利于人的关系协调和全面发展。

(2) 方法论价值。将复杂思维视为分析和解决问题的一种手段。

从历史上看，人类的思维方式有三种：直观模糊的思维方式、精确分析的思维方式、整体系统的思维方式。

对会计对象的定性、定量分析，作出对会计事项处理的判断，这种思维方式把对象的质和量限定在一定范围内，容易使影响会计事项处理的各因素间的联系被忽视。整体系统的思维方式将影响会计事项处理的各因素视为一个开放的系统，系统中每个子系统间、层次结构中的要素和要素之间相互作用、相互影响、互相制约着。通过对可能出现的会计后果进行逻辑分析，确定事项会计处理的合理性，从中选择最佳的会计处理办法。

有什么样的思维方式，就会有什么样的处理问题的方式。从反思的意义上说，思维方式的转变是会计整个行业或职业最彻底的革命。

二、若干重要的复杂思维

1. 系统思维

系统思维就是把认识对象作为系统，从系统与要素、要素之间、系统与环境的相互联系、相互作用中综合地认识对象的一种思维方法。系统思维是以系统论为思维基本模式的思维形态，不同于创造性思维或形象思维等本能思维形态，突出思维的整体观。

(1) 常用方法。系统思维常用的方法有整体思考、结构分析、要素分析和功能分析等。

整体思考。在分析和处理问题的过程中，始终从整体来考虑，把整体放在第一位。要求把思考问题的方向对准全局和整体，从全局和整体出发。

坚持系统思维方式的整体性，首先必须把研究对象作为系统来认识，即始终把研究对象放在系统之中加以考察和把握。这里包括两个方面的涵义：一是在思维中必须明确任何一个研究对象都是由若干要素构成的系统；二是在思维过程中必须把每一个具体的系统放在更大的系统之内来考察。如企业资源的配置包括市场（交易）和管理（契约）手段，但企业内部管理很难量化，实现企业资源优化配置受会计信息无法反映企业运行的所有信息之限。

考察思维的逻辑进程，坚持系统思维方式的整体性，必须把整体作为认识的出发点和归宿。即在对整体情况充分理解和把握的基础上提出整体目标，然后提出满足和实现整体目标的条件，再提出各种可选方案，最后方案择优，实现目标。如对存货计价方法的选择，既要考虑不同方法对成本计算及结转的影响，也要顾及总体税负，还应考虑方法选择对部门利益的制约。

结构分析。进行系统思维时，要注意系统内部结构的合理性。系统由各部分组成，部分与部分之间组合是否合理，对系统有很大影响。这就是系统中的结构问题。系统思维方式的结构性就是把系统科学的结构理论作为思维方式的指导，强调从系统的结构去认识系统的整体功能，并从中寻找系统最优结构，进而获得最佳系统功能。优化结构就能产生最佳功能，非优化结构不能产生最佳功能，这是结构决定功能的一个具有方法论意义的观点。

系统思维方式的结构性对认识方法论的基本要求，就是树立系统结构的观点，在具体实践活动中，紧紧抓住系统结构这一中间环节，去认识和把握具体实践活动中各种系统的要素和功能的关系，在要素不变的情况下，努力创造优化结构，实现系统最佳功能。如企业的会计信息化建设，就会涉及现有条件下的企业内部机构与机制的改革，通过运行流程的优化来实现企业现金流、物流及信息流的整合，提高企业整体的经济效益。

要素分析。每一个系统都由各种各样的因素构成，其中相对重要的因素称为构成要素。要使整个系统正常运转并发挥最好的作用或处于最佳状态，必须对各要素考察周全和充分，充分发挥各要素的作用。

要素分析是对系统结构的解剖，也是对系统的更具体的分析。如管理要素分析模型，主要分析企业的经营战略、业务流程、组织架构、信息技术和业绩评价各管理要素之间的相互关系。

功能分析。在要素分析基础上，分析要素的功能，进而实现对系统功能的分析。功能法是指为了使一个系统呈现出最佳态势，从整体出发来调整或是改变系统内部各部分的功能与作用。在此过程中，可能是使所有部分都作更好方面的改变，从而使系统状态更佳；但也有可能为了系统的整体利益，而有意降低系统某些部分的功能。

（2）特点。系统思维方式是一种开放型的立体思维。它以纵横交错的现代科学知识为思维参照系，使思维对象处于纵横交错的交叉点上。在思维的具体过程中，系统思维方式把思维客体作为系统整体来思考，既注意进行纵向比较，又注意进行横向比较；既注意了解思维对象与其他客体的横向联系，又能认识思维对象的纵向发展，从而全面准确地把握思维对象的规律性。

横向思维的优点就在于能跳出自己的小圈子，把事物置于普遍联系和相互作用之中，通过与其他事物的比较来认识和度量自己，进而认识事物运动的特点和规律。

横向思维必须以纵向思维为基础，横向思维属于多向思维。纵向思维的长处是在历史的自我比较中，可以看到自己的优点和取得的成就。

系统思维方式的综合性，有两方面的涵义：一是任何系统整体都是以这些或那些要素为特定目的而构成的综合体；二是对于任何系统整体的研究，都必须对它的成分、层次、结构、功能、内外联系方式的立体网络作全面的综合的考察，才能从多侧面、多因果、多功能、多效益上把握系统整体。系统思维方式的综合是非线性的综合，是从“部分相加等于整体”上升到“整体大于部分相加之和”的综合，它对于分析多因素、多变量、多输入、多输出的复杂系统的整体是行之有效的。

系统思维注重从整体的综合论、透视论、自组织性角度去研究系统的动态变化，侧重研究复杂系统的性质和关联关系，这种思维方式体现着现代科学技术思维的新变化，即从简单性转向复杂性，从线性转向非线性，从严格决定论转向非严格决定论，如统计性、模糊性、随意性、可行性、不确定性、不稳定性、不可逆性，以及转向微观分析与长程关联的结合等问题，这些已愈来愈成为当代科学研究的主攻方向，而混沌研究更是重点，展现着广阔的前景。

2. 柔性思维

简单讲，柔性思维是一种以动态逻辑为基础的多视角、多层次、多模式的复杂思维方式。

从层次上来看，思维由低到高可以划分为五个层次：逻辑思维—辩证思维—系统思维—混沌思维—哲学思维，其中“逻辑思维+辩证思维+哲学思维”构成了初级柔性思维体系，一般也称为古典柔性思维，而“系统思维+混沌思维+哲学思维”构成了高级柔性思维体系。

刚性思维以静态逻辑为基础，柔性思维以动态逻辑为基础，动态逻辑是在静态逻辑基础上的一种超越，而不是分离。

运用简单的思维模式无法理解复杂的问题，运用复杂的思维模式可以深化对简单事物的认识。相比较而言，柔性思维比刚性思维更复杂，所以才能理解复杂的问题，深化简单的事物。

刚性思维与柔性思维的本质区别是：柔性思维先选择思维方法，后思考；刚性思维先思考，而不选择思维方法。人们对问题的最终解决答案不仅取决于思考本身，而且也取决于以何种思维方法思考。

（1）柔性思维的特点。多视角的思维结构。思维视角是指头脑思考问题的角度，对同一个问题从不同的思维视角去观察分析结果是不同的。一般的刚性思维在分析问题时，其思维结构中的视角是单维的，它只能从一个思维视角来看问题，例如“问题—有利视角”或“问题—有害视角”，得出的思维结果是“有利”或“有害”。而柔性思维结构中思维视角是多维的，它可以同时从多个角度来考虑问题，例如“问题—有利视角+有害视角+整体视角+局部视角”，得出的思维结果是“整体的利、局部的利、整体的害、局部的害”。柔性思维的思维视角维数越多，其思维结构就越复杂，对事物的认识就越全面周密，保证了思维不会偏执一端。

多层次的思维结构。思维层次是指头脑思考问题的层次，对于同一个问题站在不同的思维层次上去观察分析，所涉及的领域范畴是不同的。一般来讲，柔性思维结构的层次越多，其思维空间也就越深广。

多模式的思维结构。思维模式是指头脑思考问题的范式。人们在长期的实践活动中渐渐形成一些固定的有效的思维范式，比如，发散思维范式、系统思维范式等，这些思维范式对帮助人们思考具有很重要的指导作用。柔性思维结构的多模式表现为宏观思维范式的多样性，也表现为微观思维范式的多样性。多种思维模式有机地融为一体，可以取长补短、相互协作，根据思维的需要灵活组合，发挥倍增的效力。

如考察企业内部控制时，采取柔性控制的策略或模式，即摈弃以往那种强调监控和纠偏为重点的内部控制，而是选择以预防为主，以健全合理的监控体系为基础的内部控制模式，强调职工的自觉性，借助企业文化营造良好的人文环境，尽量消减那些内耗因素，有利于职工积极性与创造性的发挥，将内部控制看成追求职工利益和企业利益统一的一种制度安排。

（2）运用柔性思维的意义。用柔性思维替代刚性思维，用智能思考替代本能思考。掌握多维思维工具，避免考虑问题只用一种方法。如会计信息的解读应结合业务背景。构建立体的思维框架，使思维更具清晰性、层次性、系统性。掌握“动态逻辑”法则，站在全新的、独特的思维界面观察问题，分析决策。学会钝化小聪明，培养大智慧。面对瞬息万变、错综复杂的情境，用系统思考，以不变应万变。恰当地运用柔性思维，不仅能提高思维效率，而且能提升思维结果的质量，帮助人们在思维时更高效、更系统、更富创造性。真正的柔性思维能帮助我们迅速洞察错综复杂的变化，从众多混乱的概念中抓住核心要点，它是一种化繁为简的大智慧，绝不是随机应变的小聪明。会计管理突出“人本”，其实就是柔性管理的本质。柔性思维追求的是准确率，为了提高准确率，柔性思维需要的是深度思考而不仅仅是灵活性。

三、复杂思维的运用

用复杂思维审视会计理论与会计实践，将会发现其中的许多概念、命题、原理及其逻辑关系存在不同程度的局限与困境，发现我们在处理会计实务时的轻率、主观及随大流。

1. 会计复杂性的理解

从会计学科来看，会计学有自然科学的一般性质和基本规定，也有人文社会科学的基本特点、性质与功能，人们认为，会计既是科学，又是艺术；会计学科需要构建一个稳定的概念体系与理论演绎体系，也要应对会计系统内的各种复杂的利益关系和各类价值取向作出理解性的理论阐释。

会计对象的复杂性、会计方法运用的复杂性为人们所认识，但对其他方面复杂性的认识有待提高。

模糊性和不确定性往往混杂在一起，模糊性指在对事物进行判断时所进行的“亦是亦非”抑或“似是而非”的不明确判断。此时，对事物的性质，很难断言其归属。无论是模糊性，还是不确定性，都是事物所固有的客观属性，它们都可以使得人们在认识事物时难以甚至不能作出准确、唯一的判断。模糊性是对事物确认上的不确定性，而随机性是对事物各种可能发生结果的不确定性。如会计准则中存在着大量的不确定性措辞，会计确认、计量中不确定性与模糊性交织。不同的计量模式中，历史成本虽然客观，但不能反映通货膨胀的影响；现行成本虽然能反映现时的通货膨胀水平，但又缺乏客观性。有关分析、评价方法的模糊性，使得会计信息的揭示上，对于同一类经济事项，由于人们主观判断的不同，也会导致多种多样的财务揭示方式。

会计信息的性质上，名义数值与实际数值混淆，再生性信息与非再生性信息混淆，趋势性信息与偶发性信息混淆，权责利关系信息不清。主要体现产权关系在报表中存在两重性，如专项拨款、少数股权、可赎回优先股，到底归于权益还是负债，尚有争议。不同性质的会计信息对信息使用者而言其价值是不同的。由于不确定性和模糊性的普遍存在，造成信息混乱。会计人员较难选择处理，影响会计信息的质量，而混乱的会计信息也会给信息使用者造成错觉，导致评价失效、决策失误和控制失灵，带来消极影响。

会计人员与企业高管的关系具有复杂性。从企业管理权威架构考察，会计行为显然受高管意图的制约。如何处理好会计规范与企业规范、会计要求与企业要求间的关系，一直困扰着会计人员。这里运用复杂思维审视会计工作的微观环境还是有积极意义的。企业管理受高管素质左右，而人性又是复杂的。会计行为的具体分析，无疑会有意识或无意识地考虑到某种人性假设，而我国社会本身非常重视人性人情。人的成长受周围环境影响，而人又具有自身的主动性及创造性。

思维方式向复杂性转变。在复杂性视角下，会计工作是一个复杂的系统，而并非简单的账务处理过程。应用一种复杂的、多维的、多元的视角来看待会计工作，包括会计人员和会计行为。会计系统是企业管理工作的一部分，自身是由多个要素构成并相互作用的系统，如会计环境、会计过程、会计人员、会计资料等。会计工作具有自组织性与不可逆性。会计信息本身是一个时间的函数，会计过程中会计人员与企业其他部门的人员不仅是以个体参与会计过程，而更多的是角色。行为角色所固有的不确定性与复杂性决定了会计工作的复杂性。需要我们从整体性、非线性、开放性等角度来研究企业微观环境的构建。

运用复杂性思维考察会计理论与实践，可以发现许多有思考价值的问题。

2. 提升观察分析的视角

在会计处理中，应摆脱“二元思维”、“一分为二”、“非此即彼”的二元对立思维模式的影响，即将原来充满线性与非线性、确定性与随机性、简单性与复杂性的会计对象分解为动与静、高与低、大与小、多与少等互不相容的两极，然后加以“非此即彼、非彼即此”的一元化处理。复杂思维既从“一”的角度，又从“多”的角度，更从“一”和“多”的角度去影响和把握一切事物、现象和过程，从而使我们获得对会计处理的整体性把握。强调互补互动、互通有无、“亦此亦彼”的思维方式就是多元共存的思维方式。

人力资本的会计研究中，以人力资源会计代替人力资本会计是一种思路。近年来，国内学者提出人力资本会计研究新视角——职位资本。以职位资本替代人力资本，引入职位资本、职位资产账户（耿建新、朱友干，2009）。而现今已将人力资本等拓展到智力资本。管理学界认为，智力资本是指能为企业创造价值、带来竞争优势的知识与能力，而会计学界认为，智力资本是企业对未来收益非实物形态的要求权。

主流观点认为智力资本包括人力资本、组织资本和关系资本，这里人力资本指企业员工拥有的知识、能力和经验，组织资本指企业整合自身资源的知识和能力，如经营理念、发展战略、体制机制、企业文化、创新能力等；关系资本指企业与社会各方的关系及资源。

企业财务报告从一维信息披露转向多维信息披露，如需要披露财务信息、生态保护信息、社会责任信息及企业内部控制信息（治理）等内容。

要防止会计依附性，强调会计的反思意识。会计过分依赖管理层的意志，容易丧失职业的相对独立性；在会计研究中，容易认定西方会计模式及其研究范式是唯一合理的，进而直接套用国外研究成果，而缺乏结合国情的深入分析。会计教育中应鼓励学生独立思考，鼓励学生提出问题。

3. 以复杂思维推进会计创新

在会计理论研究与会计实践中，以复杂思维去引导或推进会计创新。

（1）在“技术范式”上重视向“价值范式”的转型。无论是理论还是实践，可以存在不同的理念与价值取向。如公允价值的运用，需要综合考虑运用的环境，如社会文化、人员素质、市场化程度、信息技术、配套规范及文化导向。

在会计理论研究中，注意观念更新与技术滥用，强调会计的价值取向，鼓励本土研究与创新，体现技术引进与消化，真正使会计理论研究引领会计实践，解决实践中出现的问题。在会计实践中，不唯技术至上，突出会计技术服从企业整体目标，会计工作由核算型转向管理型，在转型与创新中实现会计工作的价值及会计人员的自我价值。

（2）超越部门意识，加强多方协作。在会计工作中往往将眼光聚集于财会部门，考虑问题从本部门责任或利益出发，割裂企业各机构间的联系，影响财会部门与企业其他部门之间的合作与沟通，工作中甚至出现相互指责的现象。会计工作向管理转型下，会计要求更多更高，需要多层次的工作团体的共同参与，需要多方面的工作协同，这是现代企业发展的必要前提。

（3）强化岗位责任，树立反思意识。复杂思维要求对简单思维批判并超越简单，在强化会计部门及会计人员自身责任的基础上，在会计工作中应树立反思意识，及时进行工作总结，发现存在的问题，提出解决办法，积累工作经验。应注重对思维方式的反思，如财务思维、会计思维、税务思维以及审计思维等思维之间的转换，考虑清楚我们要解决的是什么问题，弄清楚不同思维之间对同一个问题的处理是否一致；如果不一致，有没有协调方法，应该如何避免和化解风险。

（4）跨越控制，实现互动。工作本质就是一种互动实践，互动的意义在于在彼此认可的规范下，主体间积极协调并达成谅解或理解。在复杂思维下，互动使不同视角或利益考虑问题的行为主体，尊重彼此架构联系并使相互关系得到充分的张扬。将企业管理当局、会计人员和事项经办人员三者关系由以前的分割转为整合，尤为重要的是高管由控制会计转为与会计人员对话。这种对话不是简单的对话，而要基于企业整体利益，充分体现主体之间的能动性与创造性。会计人员素质的提升需要主动式互动，除与企业内部相关部门及企业高管互动外，还应主动与外单位进行沟通交流，如税务部门、金融机构以及同行，及时了解职业信息，交流职业经验，同时也可释放一定的工作压力。

4. 认识复杂思维的局限

复杂思维有其自身的适用范围，但在具体工作中宜选择简单思维处理问题。

人类社会生活中的许多现象和问题，有些复杂，但并非个个复杂，但由于思考这些问题的人习惯于复杂思维，那么会将原本简单的问题复杂化。

英国逻辑学家威廉·奥卡姆（Occam）的“思维经济原则”所倡导的

“无情地剔除所有无用的累赘”[1]，被人们形象地称为“奥卡姆剃刀”法则。它要求我们在处理事情时，把握事情的主要实质，把握主流，解决最根本的问题；尤其要顺应自然，不要把事情人为地复杂化，这样才能把事情处理好。

会计内部控制中，多级管理、分环节负责的管理模式，会导致各部门本位意识的强化，企业整体观念弱化，难以形成合力，实现企业目标。另外容易增加管理人员，承担组织管理的信息存储、协调和监控。人事负担就成了难以承受的重负，加大经营过程运作成本。复杂化管理，组织机构臃肿，官僚作风严重，工作效率大大降低。

复杂只会扼杀效率，这是必然的。因为企业的制度如果过于复杂，员工在完成一项任务时，就必须拿出很多额外的时间去应付那些毫无意义的请示、解释，就必须花更多的精力去去繁就简，琢磨复杂化背后隐藏的主旨。

效率往往是从简化开始的。把事情化繁为简的一个关键是抓住事物的主要矛盾。永远要记住杂乱无章是一种必须去除的坏习惯。

有这样两种类型的人：一种是善于把复杂的事务简单化，办事又快又好；另一种是把简单的事务复杂化，使事情越办越糟。当我们让事情保持简单的时候，工作显然会轻松很多。不幸的是，倘若人们需要在简单的做事方法和复杂的做事方法之间进行选择，大部分员工都会选择那个复杂的方法。如果没有什么复杂的方法可以利用，那么有些人甚至会花时间去发明出来。这也许看起来很荒谬，但真有不少这样的事。很多“勤奋”的员工就在做这样的事。

把事情化繁为简的一个关键是抓住事物的主要矛盾。必须善于在纷繁复杂的事物中，抓住主要环节不放，“快刀斩乱麻”，使复杂的状况变得有脉络可循，从而使问题易于得到解决，这也是一种工作能力。事务处理中常可这样分类：即刻办理，次优先，待办。要把最优先的事项从原来的乱堆中找出来，把最优先的待办件留在桌子上，目的是提醒你不要忽视它们。一次只能想一件事情，做一项工作，因此你要选出最重要的事。总之，那些容易把事情复杂化的人应该学会的一种能力是：清楚地洞察一件事情的要点在哪里，哪些是不必要的繁文缛节，然后用快刀斩乱麻的方式把它们简单化。这样能

[1] （英）奥卡姆．给托钵修士少数派的信及其他著作．中国政法大学出版社，2003.

节省不少时间和精力，从而大大提高工作效率。

5. 复杂思维运用举例

这里选择一个内部管理失控的案例❶。

内部管理失控的背后有着复杂的原因。

（1）内部管理失控。归某原为上海同协技术工程公司轻纺工程部经理。1992 年 11 月，山东某公司向同协公司求购精梳机一套，但当时同协公司没有购买此类机械的配额，头脑活络的归某想出一个好办法，利用其他公司的配额到上海纺机总厂定购。随后，归某将本公司的 45 万余元划入纺机总厂。然而，1993 年年初，他代表公司到纺机总厂核账时发现，纺机总厂财务出错：把已提走的设备当做其他公司购买，而他划入的 45 万余元却变为同协公司的预付款。于是，归某认为有机可乘。

1993 年 3 月至 4 月，归某派人到“纺机总厂”以“同协公司”的名义购买混条机等价值 60 余万元的设备。因为有了 45 万余元的预付款，归某仅向纺机总厂支付了 15 万元。随后，他找到亲戚经营的大发纺织器材公司，开出了同协公司以 67 万元的价格购得这批设备的发票。而同协公司不知内情，向大发公司支付了全部购货款，归某从中得利 52 万元。同年 7 ~ 10 月期间，归某又以相同手段骗得同协公司 11 万余元，占为己有。1993 年年底，归某终于梦想成真，开办了自己的公司——中岛纺织机械成套设备公司，并担任法定代理人。

2000 年上半年，纺机总厂发现 45 万元被骗，向公安机关报案，归某随后被捕。法院认定归某贪污公款 64 万余元，构成贪污罪，判处有期徒刑 15 年。

（2）失控背后的复杂性。看似简单的案例，背后一定有复杂的原因。一个普通的轻纺工程部经理，利用手中的职权和相关内部控制的漏洞，竟采用相同的伎俩两次贪污公款。

从大环境看，20 世纪 90 年代，全民经商热，加上国企改制，不少人借机富了起来，在国企中层管理者中表现较为明显。

---

❶ 工程经理沦为铁窗囚，http：//bbs. esnai. com/thread-1626282-1-1. html.

从同协公司内部管理看，其采购业务的相关职务未分离。一般而言，健全的采购业务中，采购员、审批人和执行人、记录人应分离。如果其中关键的职务没有分离，那极有可能发生舞弊。归某利用手中的职权，未经审批程序就私下决定向纺机总厂购买价值60万元的设备，这已暴露了授权审批控制的漏洞。按理还应有第三人执行付款，并与纺机总厂对账，但出于同样原因，对账也竟然由归某一人操办。这样，采购、审批、执行和记录的职务未分离给了归某机会，使其掩盖了同纺机总厂的交易问题，进而上演了后来“偷梁换柱”的把戏。

另外，同协公司的验收和付款制度也存在漏洞。付款员明明将67万元款项划给了大发公司，这纯粹是归某利用其亲戚的关系虚构的交易，如果验收员按照同大发公司签订的购货合同上写明的条款以及发货发票来仔细验货，是不难发现归某冒用大发公司的名义购进纺机总厂价值60万元的设备的“偷梁换柱”的把戏。一般而言，会计部门应该在按购货协议划出款项之后将购货单和购货发票转到验收部门，而验收部门应该在收到会计部门转来的购货单和购货发票副联时仔细查验其发货单位、收到货物的数量和质量后签收。但是同协公司没有做到，验收部门根本就没有仔细查验发货单位，以至于归某的把戏得以蒙混过关，使同协公司支付67万元买进价值60万元的设备，白白损失的7万元落入了归某的腰包。

从轻纺总厂看，其内部控制同样存在问题。一是职务分离，这笔销货业务的收款、发货和记录应该分离，使这些职务相互查验和监督，以防止因一人操纵关键职务而发生错误和舞弊。收款部门收到同协公司的45万元，会计部门应该在银行日记账借记“银行存款”，其他的职员应贷记“主营业务收入”。但是，由于销售部门、收款部门和会计部门协调不力，将同协公司的购货款记成了预付款项。

二是销货业务的执行制度也有问题。企业仓储部门的基本职责是，只有得到一定的授权才能发货。这一权力是通过取得由销售部门编制和其负责人签字认可的发货通知单来获得的。实际发货的品种和数量应记录在有关账册和发货通知单各副联上，并将其中一联交会计部门做账。在整个发货业务中，发货执行者的行为必须受到其他独立职员（通常是门卫）的监督。

三是发货通知单的编制和证实制度，轻纺总厂在这方面也存在漏洞。发货通知单的作用首先是将各种不同的客户订单内容，如货物的货号、数量、价格等以完整和规范化的格式反映出来，同时，还能使销售过程中所需的各种授权和批准在发货通知单上能得到证明。发货通知单的另一个作用是使与销售环节有关的各部门在执行发运业务或记录有关账册时有书面依据，并通过各环节的签字来监督每一环节中的业务处理工作。如果轻纺总厂建立了健全的发货通知单的编制和证实制度，并得到真正有效执行，就不可能发生“把已提走的设备当做其他公司购买，而归某划入的 45 万余元却变为同协公司的预付款”这样的事故。如果有完善健全的内控并得到执行，轻纺总厂损失的 45 万元，是完全可以避免的。

交易各方的内部控制均存在问题，使得归某抓住了机会。有很多问题不能只怪人的私欲膨胀或受大环境的影响，企业管理中的漏洞，往往就是最好的诱因。

以归某为例，这类人一般都不是傻瓜，他之所以敢舞弊，是因为他会采取自认为别人查不出来的行为。能成功舞弊，也表明企业内部控制系统存在薄弱环节。

主要参考文献：

[1] [法] 埃德加·莫兰．复杂思想：自觉的科学 [M]．陈一壮译，北京：北京大学出版社，2001.

[2] 彭新武．复杂性思维与社会发展 [M]．北京：中国人民大学出版社，2003.

[3] 王有腔．物理学中的三个“妖精”及其简单性和复杂性思想意蕴 [J]．科学技术与辩证法，2009 (3).

[4] 管斌，刘长明．创新之道 至简为要——以创新的简单性原则为线索 [J]．天津师范大学学报（社会科学版），2010 (1).

第七章　会计分析

分析就是将研究对象的整体分为各个部分、方面、因素和层次，并分别加以考察的认识活动。分析的意义在于细致地寻找能够解决问题的主线，并以此解决问题。分析是一种科学的思维活动，也是一种理性的认识活动。会计分析通常被理解为根据会计核算提供的会计信息，应用一定的分析方法，对企业的经营过程及其经营成果进行定量和定性的分析。这里将会计分析视为会计思维的运用，本章从时间、空间及综合层面，借助若干案例给出一定的会计分析，目的在于提供一些思路或给予方法论方面的启发。

第一节　时间分析

一、时间分析及其基本要求

1. 时间分析

会计信息本身是一个时间的函数，会计数据受其时间约束，会计信息的质量与时间相关。会计核算中的配比原则就强调时间上的配比。时间与其表现的价值理应同步，受现实因素影响，在会计实务中大多价值的反映并非与其时间相匹配，这里应区分会计计量属性的影响。

会计的本质在于决策有用性，即向有关利益关系人提供客观、公正和有用的信息，以利于其作出正确的判断和决策。会计信息质量要求中提到的及时性，多少含有对会计信息的时间要求，当然这一要求未能突出信息的时间特征。

2. 时间分析的基本要求

时间分析中的原则性约定。

（1）符合事项的本质。时间分析首先应搞清经济业务或会计事项的本意，在立足事实的基础上才可考虑后续要求。

（2）有利明确相关人的责任。任何行为将涉及行为人的责任，影响其权益。分析中必须注重相关当事人的责任，尽量做到公正和公平。

（3）谨慎优先。在上述前提下，时间分析还应从会计的谨慎理念，出于企业整体利益考虑，选择最为谨慎的判断或处理。

（4）尽可能体现简化。在具体细节上，技术处理应尽量简化。

下面择要介绍要素确认的时间。

二、收入确认中的时点

2009 年 10 月 16 日，华北制药在三季度业绩预告中表示，经公司财务部门初步测算，预计公司 2009 年三季度累计净利润为亏损，累计亏损数额预计不超过 5.5 亿元，具体数额将在公司 2009 年三季度报告中予以披露。公司表示，三季度产生亏损的原因主要为计提坏账准备 5.5 亿元及其他资产减值准备。截至 2009 年 6 月 30 日，公司的应收账款余额就达到了 13.93 亿元，其中账龄在三年以上的达到 6.33 亿元，占比 45.41%；其他应收款余额 1.4 亿元，其中账龄在三年以上的达到 5465.22 万元，占比 39.02%。[1]

由于应收账款巨大导致计提坏账准备引发企业出现巨亏，这比较常见，而企业出现巨额应收账款，问题多出在销售上。这种巨大落差给人们一个错觉，似乎企业在玩数字游戏；它也强化了公众对会计职业的误解，因为这些数据出自会计人员之手，而且曾通过注册会计师们的审核。人们有理由质疑企业的收入确认。收入确认包括时点和数值两大方面。近年来市场竞争的加剧以及经济业务的复杂化表明，合理确认收入的难度在加大，收入确认的关键在于其时点。如实务中大多收入的时点前置过度，导致企业出现巨额应收账款，这种确认很不稳健，它既增加了会计核算的复杂性，也加大了企业的财务风险。

---

[1] 王瑛，乔加伟．华北制药挤泡沫．21 世纪经济报道，2009 年 10 月 19 日．

（一）收入确认的现实问题

1. 收入确认中的复杂性

（1）经济业务渐趋复杂，收入种类增加，销售方式更加多样。以往经济活动比较单一，大多市场交易是钱货两清的一次性买卖，与交易对象（商品）有关的风险和报酬的转移，也是一次性完成，这样收入实现的时点比较容易确定。因此，传统的收入实现原则强调，只有在收入的赚取过程已经完成且收入已实现（收到现金）或可实现（有收取现金的法定权利）时，才在账面上确认收入。20 世纪 50 年代起，各国经济发展加快，市场竞争日趋激烈。企业为在激烈的市场竞争中取得优势，不断创新交易活动，如分期收款销售、售后回购、售后回租、期权期货等。这些交易创新很少是一次性行为，大部分交易会持续较长的时间，甚至商品的交付、货款的清收也是逐期的，不再如传统交易下收入和交易活动之间存在明显的联系而易于辨认。同时，购买者承担的风险降低，而商品销售者的风险提高。

（2）销售确认标准的变化。除选择权责发生制或现金收付制的时间基础外，收入确认还有一定的标准。传统会计的收入确认标准在会计理论上称为收入实现原则或收入确认原则，它是基于 20 世纪 50 年代前的经济环境产生的。随着经济环境的变化，传统的收入实现原则已难以合理地反映经济活动实际，会计界提出了新的收入确认标准。1982 年颁布并于 1993 年修订的《国际会计准则——收入》认为，判断销售商品交易是否已经完成的标志是销货方是否已经将商品所有权上的主要风险和报酬转移给购货方，是否保留有通常与商品所有权相联系的继续管理权，是否仍对已售出的商品实施控制。我国《企业会计准则——收入》对收入的确认规定了原则性，注重交易的经济实质，要求符合以下五个条件，才能确认收入：①企业已将商品所有权上的主要风险和报酬转移给购货方；②企业既没有保留通常与所有权相联系的继续管理权，也没有对已售出的商品实施有效控制；③收入的金额能够可靠地计量；④相关的经济利益很可能流入企业；⑤相关的已发生或将发生的成本能够可靠地计量。

目前，风险和报酬实质上是否转移，已成为收入确认的新标准。传统的、建立在交易活动之上的收入实现原则，将会逐渐被不以具体的交易活动为基础、强调企业资产和负债等风险与报酬变化的收入确认标准所取代。

（3）收入确认需要职业判断。一项交易或事项发生后，若仅同商品销售收入有关，则应否和何时确认为收入，需要会计人员运用专业知识和实际工作经验进行职业判断，从交易的类型、收入的种类、销售时有无附加条件、与商品有关的所有权及其风险在实质上有否完全转移等方面进行判断，才能决定收入应否确认、在何时确认，从而应做出怎样的记录，如何正确计入财务报表。可以说，应否确认销售收入和何时确认这项收入似乎是人尽皆知的会计常识，但事实上它却是个很复杂的问题。

美国学者 Harry I. Wolk，James L. Dodd 和 Michael G. Teamey 所著的《会计理论》一书中提到，收入确认被视为企业盈余管理的“阿喀琉斯之踵”（I. Wolk、L. Dodd、G. Teamey，2005）。詹雷、陈小悦为赊销建立一个理论模型，通过对上市公司历史数据的分析，得出这样一个结论：赊销收入确认质量、坏账转销处理质量、坏账准备计提质量与利润的信息含量正相关，与经营活动现金流量的增量信息含量负相关。实证结果还显示：相比而言，市场对赊销收入确认质量较为敏感，而对坏账转销处理质量的重视不够（詹雷、陈小悦，2007）。

2. 收入确认中的盈余管理

盈余管理通常是指企业管理当局在遵循会计准则的基础上，通过对企业对外报告的会计收益信息进行控制或调整，以达到自身利益最大化的行为。由于收入确认在理论上是一个时点，实务上却是一个时期，这给企业管理当局进行盈余管理提供了极大的空间。企业可通过交易安排，人为地创造销售收入。如：①收入打包。“包”里既有销售收入，又有劳务收入，可能还有使用权收入，这些收入确认的时点并不一样，如美国施乐公司主要的舞弊手法就是操纵“捆绑”收入的分摊，它的“捆绑”收入中包括销售收入、融资收入和维护收入，施乐从 1995 年开始通过武断确定融资权益回报率，人为压低融资收入、高估毛利率、人为提高销售收入及利用租赁价格调增和展期等手法提前确认复印机销售收入。②堵塞分销渠道。现行销售方式下，大多商品流都经分销商转到终端用户手上。生产商或批发商为增加销售收入，会不管分销商的实际需求量，提前发货并确认收入，而分销商那里存货积压严重。如博士伦、阳光电器等就采用过这种手段。从业务上看，这种手段很难被发现，因为生产商或批发商向分销商提供诸如退货、增加扣点、延期付款、定价灵活等多种优惠营销政策，在这种促销手段下，生产商或批发商的销售额往往大起大落。

3. 收入确认中的时间错位

现实中收入确认的时间错位表现为提前确认收入、延后确认收入和对收入确认的随意化。

(1) 提前确认收入。提前确认收入就是把本应该属于以后年度确认的收入通过各种手段提前予以确认，这种做法所提供的会计信息不具有客观性，不能真实地反映企业的财务状况、经营成果和现金流量，容易误导会计报表使用者对企业经营和发展状况的判断。提前确认收入的手法主要有：①委托销售收入提前确认。委托销售中，委托方向受托方发出产品，但仍然持有商品的拥有权，由受托方去发现最终的消费者，库存仍然停留在委托方的账簿上，委托方在发出商品时不应确认销售收入，待受托方实际将商品卖出后，委托方才能确认收入并结转相应的成本。如果委托方在产品发往受托方而受托方没有实际售出的情况下确认销售收入，就是提前确认收入。②递延收入提前确认。有些项目特别是服务型项目或劳务型项目，一般是提供者先收取全部或绝大部分的款项，在未来的一定期间内提供服务和劳务。按照会计准则的要求，这种项目受益一般作为递延收益处理，即先在收到款项时作为负债和递延收益处理，待实际提供服务或劳务时再按一定的比例确认收入。如收到款项就开具销售发票。③存在重大不确定性时确认收入。买方有可能退货、交易涉及未解决的问题或还需要进一步协调、出售后重新购回（或租回）、买方有可能拒付货款、借助于第三方签订“买断收益权”的协议、签有买方有权在特定时期内获得既定投资报酬的协议等。如附有销售退回条件的商品销售，如果不能合理确定退货的可能性，则应在售出商品退货期满时才能确认收入；附有回购协议的商品销售，不应当确认收入。

(2) 延后确认收入。将应由本期确认的收入递延到未来期间确认。这种手法一般在企业当前收益较为充裕，而未来收益预计可能减少的情况下运用。出于避税或调控考核指标目的，将应在当期确认的收入，延后至以后各期予以确认。企业可在后期收入下降时，通过确认当期或以前各期的递延收入来高估后期收入，达到以丰补歉、平滑收入的目的。如采用交款提货销售方式时，货款已经收到，提货单和发票账单也已交给买方，但在买方尚未提货的情况下，该收取的货款未做销售收入；又如在年底虚开发票，次年再以质量不合格等理由冲回、退货。

(3) 收入确认的随意化。主要表现为：对收入确认的时点理解上有误、会计收入和计税收入混淆以及想当然地确认收入。

人们习惯以实现原则来判断应确认的收入，而对“实现”涵义的理解有两种：一是经济学意义上的“实现”，即收入的获得过程是商品价值形成、增值和实现过程的统一。只有当全部货款收回时，才是真正地实现收入。另一是会计学意义上的“实现”，即当收入已形成，并满足会计准则中确认收入五项条件，就应确认为收入。会计准则下的收入包括两类：一为“可实现的收入”，即债权形态和产品形态的收入；二为“已实现的收入”，即货币形态的收入。如果收入时点确认不同，虽能全面、及时地反映企业的财务状况和经营成果，但因收入组成部分的含金量不同，企业收入存在质量问题，另外也会助长只求数量的短期行为。

实务中会计收入与计税收入经常混淆，如以开具发票作为收入实现的标志，而不管销售过程是否完成，商品所有权上风险和报酬是否转移。实际上，开具销售发票仅是税务机关作为计税的依据，并不能标志企业收入的实现。在收到款项时确认为收入，而不管未来是否需要提供服务，特别是收款后立即开具销售发票，更使这种手法具有隐蔽性和欺骗性。事实上，收到款项有时仅仅是预收货款，应先作为负债，待有关产品或劳务已经提供后，方可确认收入。一些劳务收入的确认，如特许权费收入、会员费收入、服务费收入、广告费收入、安装费收入、定制软件费收入等，很容易出现这种情况。

对较复杂业务或新促销方式取得的收入，凭经验、凭直觉想当然地确认收入时点，不分析此时确认收入对企业有什么影响。有时变更收入确认方式，加上有些企业并非销售单一产品，而是销售整个系统，需要实施、安装与服务，销售过程持续时间长，因而收入并非一次实现。特别是对于跨年度实现的销售，涉及年度间利润多少，收入时点的确认对当年盈利就有影响。

（二）收入时点的几种可能情形

从企业经营过程看，收入确认的时点处于商品转移、劳务提供与价款收取这一期间的交叠中，可用来作为收入的时点有生产期间、生产完成、销售完成和收款完成。

虽然收入常常被称为销售收入，但收款权利不必等到销售行为完成后才可享有，而是可以提前至生产环节。在企业经营过程中，根据与生产、销售的前后关系，收入可以在生产过程中或生产完成时确认，也可以在销售时或在销售后确认。

1. 生产（经营）期间

依据生产进程的收入确认，往往发生在大型、长期产品（包括服务，下同）定制合同中。因为加工期限较长而具有较大的不确定性，为确保权利义务的公平对等，双方通常会约定同步履行义务、行使权利，因此制造方对收入的确定、款项的收取或收款权利的记录，都会随着生产进程而同步进行。比较适用于船舶建造、建筑物构建、装饰合同中，或长期服务合同、技术开发合同、借款合同中。如预收租金的租赁业务，预收会员费的服务业务，以合同为依托，采用预收工程款或货款的跨年完工的施工或制造企业等。因为此类业务对方必须预付款项才能取得生产权或服务权，由于商品的特殊性或业务的延续性，交易的成功率较高，而且事先收取对方的款项，企业的现金流有保证，此时确认收入较稳健，但其数值确认存在不确定性。

2. 生产完成时

收入的确认也可能发生在生产完成之时。对于短期内就可以加工完成的产品，购买方如果预先支付一定定金或订金，而待产品加工完成后再支付余款，那么在这种条件下，制造方在生产结束时就可以确认收入，尤其是在全额预付款的定制合同中。对有预期的市场售价、售后费用可忽略并具有一定垄断性的商品，其收款风险很小，在生产完成时，确认其收入也是一种可行的方法。

3. 销售时

对于绝大多数的销售，收入是销售时确认。即使是赊销，因为企业已经将所有权转移，与所有权相关的风险与报酬已经由购买方承担，售卖方同时获得了收款权利，故而可以在销售时对收入进行确认。其不足在于，可能会导致大额的应收账款。

4. 收款完成

货款收到，销售的主动权已掌握，此时确认收入最稳健，如分期销售。但由于货款的结算往往滞后，以此确认收入会有延后确认收入之嫌。不过也有部分收入的确认是在销售完成之后进行的。这些情形主要存在于分期收款的销售合同中，因收款期限较长而具有较大的不确定性，从稳健立场出发，收入应当在款项实际到账后再确认。对于销售后收账费用或服务费用很少的一般商品，以此时点确认收入较合理。但若销售后存在的不确定因素较多，如退货、赖账等，此时确认收入并不合理。

（三）销售时点选择应考虑的因素

1. 准确把握风险和报酬的转移

按会计准则，收入时点的确认，关键是如何界定主要风险和报酬的转移。销售需通过合同实现，《合同法》为收入的确认提供了法律支持。《合同法》第142条指出，标的物毁损、灭失的风险，在标的物交付之前由出卖人承担，交付之后由的买受人承担，但法律另有规定或者当事人另有约定的除外。这里“标的物是否交付”为风险和报酬转移界定的一般标准，收入确认条件要“合规”。

商品销售通常按规定的时点确认收入，有证据表明不满足收入确认条件的除外：①销售商品采用托收承付方式的，在办妥托收手续时确认收入。②销售商品采用预收款方式的，在发出商品时确认收入，预收的货款应确认为负债。③销售商品需要安装和检验的，在购买方接受商品以及安装和检验完毕前，不确认收入，待安装和检验完毕时确认收入；如果安装程序比较简单，可在发出商品时确认收入。④销售商品采用以旧换新方式的，销售的商品应当按照销售商品收入确认条件确认收入，回收的商品作为购进商品处理。⑤销售商品采用支付手续费方式委托代销的，在收到代销清单时确认收入；销售商品采用视同买断方式委托代销的，如果协定发出商品后是否卖出和盈利与委托方无关，在符合收入确认条件时确认收入；如果协定发出商品后是否卖出和盈利与委托方有关，则在收到代销清单时确认收入。⑥附有销售退回条件的商品销售，如果企业能够按照以往的经验对退货的可能性作出合理估计的，应在发出商品时将估计不会发生退货的部分确认收入；估计可能发生退货的部分，不确认收入；如果企业不能合理地确定退货的可能性，则在售出商品的退货期满时确认收入。

原《企业会计制度》规定下列情况一般不应确认收入：买方有可能退货、交易涉及未解决的问题或还需要进一步协调、出售后重新购回（或租回）、买方有可能拒付货款、借助第三方签订“买断收益权”的协议、签有买方有权在特定时期内获得既定投资报酬的协议，等等。附有销售退回条件的商品销售，如果不能合理确定退货的可能性，则应在售出商品退货期满时才能确认收入；附有回购协议的商品销售，不应当确认收入。发出商品的实际成本与销售价格以及相关税费之间的差额，在“待转库存商品差价”核算，在实际工作中，部分企业往往在上述交易存有重大不确定性时确认收入，既违背了收入确认原则，也虚增了营业收入。

2. 考虑现金流和财务风险

因现行税法对不同销售方式和结算方式的收入时点确认不同，可通过对取得收入的方式、时点的选择和控制进行税收筹划。如直接收款销货时，可通过推迟收款时间或推迟提货单的交付时间，把收入确认时点延至次期，获得延迟纳税的好处。委托代销、分期收款销售与直接收款销售结算方式并无多大区别，最终都表现为货物所有权的转移和货款的收取，只是结算的方式不同而已。但从税收角度来看，不同的结算方式，将导致应税收入的确认时点不同，纳税人缴纳税款的时点也不同。由于税金缴纳均为现金形式，企业如果能在取得现金后进行税金支出显然是最好的选择。收入时点前移，要充分考虑以后发生的事前无法预料的事项，如因质量引起的补偿、服务费用、售后纠纷甚至退货，收账难度及可能的坏账损失等，避免不必要的财务风险。

由于对未来不确定性的判断不同，收入确认的时点并不唯一，这会影响企业的纳税成本，也提供了操纵收入的可能。在收入时点的确认上，会计法规与税收法规存在较大的差异。会计法规更多体现实质重于形式原则和谨慎性原则，弹性较大，依赖于业务人员的经验和会计人员的职业判断；税收法规对各税种有明确规定，它以权责发生制为原则，不考虑纳税人的收入风险和继续管理权等问题。企业在纳税申报时，应按税法规定确定纳税收入，及时完成纳税义务，避免税收风险。税收处理与会计处理的差异可通过适当调整来解决。

在收入时点的确认上，企业进行适当的盈余管理也不能说不合理，但要防止恶意利润操控。如为股票上市、配股，而通过收入时点的调控进行盈余管理，为调节考核 CEO 业绩的主要指标而进行收入操控以及为减少债务契约的成本而控制销售实现。

3. 客户利益

收入时点的确认还必须考虑客户的利益。在客户第一、顾客至上的营销理念下，如果仅顾及自身利益来确认收入，必然会影响与客户的长期合作关系。在收入时点的选择上，听取客户的意见或采纳客户的建议，应该是一种比较有效的营销手段，这也是价值链会计理念的运用。

（四）收入时点合理性的判断

如何做到收入时点的确认比较合理，主要可从技术和管理两方面来考虑。

1. 技术

（1）正确运用会计原则。从复式簿记的观点来看，确认一项收入的同时会确认一项资产的增加或一项负债的减少；确认一项费用的同时也会确认一项资产的减少或一项负债的增加，权责发生制实际上涉及所有会计要素的确认。但收入是会计要素中最复杂的一个要素，收入的确认，特别是何时确认，可能是财务会计最复杂的问题之一。收入的确认是收取收入的权利已经发生，与之相关的费用确认则是支付费用的责任已经确定，所以，权责发生制主要是针对收入和费用的确认来说的。对新的销售方式则更多地需分析其实质，收入确认的原则是实质重于形式。在新《会计准则——收入》当中规定了商品销售、提供劳务、让渡资产使用权三大类交易的计量和确认。从各项确认的内容看，相比以前体现了实质重于形式的原则，即收入确认的条件不是所有权凭证或实物形式上的交付，而是商品所有权上的主要风险和报酬发生转移等实质性的条件。收入时点确认，涉及权责发生制原则与收付实现制原则、配比原则及实质重于形式原则等，应统筹兼顾权责发生与收付实现来考虑收入时点的确认。对于配比原则，其配比实际上应是双向的。一般理解通常是收入与成本费用去配比，事实上成本费用也可以与收入来配比，如长期工程的收入确认采用完工百分比法，在总收入一定的前提下，合理地运用了成本费用与收入配比的原则。

（2）分析与收入相关的要素。如检查生产、仓库、发运、验收记录，查看购销合同、发票，注意上述凭单、合同的日期。一般而言，收入确认不应早于上述日期。关注款项的回收情况，对于尚未收款或收款比例很小的，应予以重点关注：如果存在应收款项长期未能收回或收款比例很小的，有存在提前确认收入或虚构收入之嫌。检查收入与应收账款、收入与成本税费的匹配情况等。如应收账款的增幅高于销售收入的增幅，有可能是：①放宽信用条件以刺激销售；②利用“开票持有”或“填塞分销渠道”等方式，提前确认收入；③通过补充协议或口头协议隐瞒退货条件，提前确认收入。提前确认销售收入是上市公司操纵收入的最常见手法，其显著的财务特征是销售收入与经营性现金流量严重背离。而资产负债日后存在退货、收款记录，很可能是企业为了提高报告年度的经营业绩，在年末集中实现“销售”，但这些销售只是“纸面富贵”，并未真正实现，往往在期后表现为销货退回。

2. 管理

建立并完善企业的内部控制制度。这里主要指销售与收款的内部控制，包括接受客户订单、核准客户信用、签订销售合同、发运商品、开具发票并收取相关款项等一系列行为。①权责确定。如销售订单职能与货物保管职能相分离；销售订单职能与开具发票、记账职能相分离；货物保管职能与开具发票、记账职能相分离；开具发票、记账职能与收款职能相分离。产品由营销部门负责销售业务环节，负责产品的销售定价制度、折扣政策的制定与执行，财务部门负责财务核算与账款回收；物流部门负责产品发货与运输。②操作流程。如销售人员根据授权接受客户订单后，编制一式多联的销售通知单，作为销售部门、财务部门、物流部门进行业务处理的依据，销售通知单传递到下一环节前，须经过销售部门主管的审批。负责该项业务的销售人员直接负责应收账款的催收。财务部门根据货物到达时间及时开具发票，并与销售通知单、到货凭证进行核对。销售价格、折扣等政策报批后才能执行。政策改变后需及时以书面形式将内容、执行时间通知财务部门。物流部门根据审批的销售通知单发货，发货时必须经过严格检验，不得擅自发货和随意替换货物，确保与销售通知单的一致，在运输过程须确保货物安全和及时到达。发、运货凭证经审核后传递给公司财务部门等。

有效的销售内部控制目标是确保单位经营活动的效率性和效果性、资产的安全性、经济信息和财务报告的可靠性的保障。其中：一是销售确认环节的控制目标，包括保证货物的安全完整，保证销售业务的有效进行，保证货款回收及时准确，保证销售业务的会计信息真实可靠。二是销售环节控制点及控制措施，其中，货币流程中的结算，信息流程中的记账，实物流程中的核发，分别决定着钱、账、物的控制成效，它们是产品销售控制系统中的关键控制点。

企业在力争扩大销售的同时，应加强对销售收款及货币资金的内部控制，防范销售收款过程中的差错和舞弊，规范销售收款行为，避免坏账损失，完善货币资金控制，以防出现管理漏洞，这已经成为每个企业应严肃对待和认真解决的重要问题。建立和健全销售与收款及货币资金环节的内部控制制度，是企业加强管理的有效途径。通过在各业务环节之间建立一套相互牵制、相互验证的控制体系，可以杜绝销售环节的违法行为，提高应收款与货币资金的使用效率，使企业资金健康地运转，在激烈的市场竞争中保持优势地位。

会计的确认和计量虽然重要，但由于它们所代表的会计决策是一种深层次、鲜为人知的隐蔽的会计活动，经常不被人们所注意，收入确认尤其如此。面对日益复杂及多样化的交易和事项，收入确认和计量对会计人员提出了更高的要求，即在会计处理时应当按规定予以思考并通过经验和自己的业务水平来加以判断，进而作出合理的决策。

三、费用分摊中的时间考量

1. 成本、费用及支出

我国会计准则对费用的定义为：企业为销售商品、提供劳务等日常活动而发生的经济利益的总流出。对成本的定义为：生产经营过程中所耗的生产资料转移的价值和劳动者为自己劳动所创造的价值的货币表现。成本是对象化的费用。

支出指的是企业正常的生产经营活动中，为了达到特定的目的而由经济主体的支付行为导致的资源的减少。它包括资本性支出、收益性支出、偿债性支出和权益性支出。损失虽然也导致企业的资源减少，但损失不能叫支出，因为损失是边缘性的、偶发性的、被动性的资源减少，它不是管理当局能够控制的事项。企业资源减少有两种形式：一种是支出，另一种是损失。

资本性支出形成一项资产，而收益性支出（费用性支出）形成一项费用。两者的区分在于耗费受益年限，一个会计年度以上为资本性支出，一年及以内为收益性支出；耗费补偿上，前者由各受益年度的营业收入分摊，后者全部由当年营业收入负担。

区分资本性支出和收益性支出，是为了正确反映资产的价值和正确计算各年损益。实际处理时，出于简化考虑，有时会将金额较小的资本性支出按收益性支出处理。

成本、费用及支出，从支出的性质来看，本质都是企业的一种有目的耗费。资本性支出形成的是企业的资产，这种耗费的转化没有脱离会计主体。而收益性支出，就资金循环看，是通过企业间的交换实现，即费用的形成伴随着企业资产会计主体的转换。从企业管理角度看，资本性支出与收益性支出的管理重点应有区别。

2. 确认的时间定位

成本或费用的入账时间，通常需要合理地判断。与收入相关的成本，可通过配比确定入账的时间。而期间费用确认的时间，可考虑按月处理。对某些复杂问题，可分析确认迟早对企业的影响，尤其是税负和风险。如研发费用的列支时间，需要区分研究阶段和开发阶段，而这两个阶段的界线并非鲜明，极易被人用来调节研究开发费用的列支。

3. 分摊时间的长短

成本计算及费用分摊的期限，一般依据这些耗费的受益期限来确定，但有时受益期限不是很容易确定。具体处理中，可选择以下策略：对企业影响较大的，可考虑税负及纳税风险，同时兼顾企业各部门对费用分摊的敏感性；影响不大的，可简化处理。

四、在建固定资产入账的时间

自行建造的固定资产相对外购其计量更为复杂，入账迟早对其折旧的数额影响很大，而会计准则的规定与税法的规定又存在较大的差异，在具体判断时，容易做出不同的处理。

1. 相关规定比较

企业会计准则指出，企业自行建造固定资产的成本，由建造该项资产达到可使用状态前所发生的必要支出，作为入账价值。工程借款费用的列支也是这个口径，符合资本化条件的资产达到预定可使用状态时，借款费用应当停止资本化。对于已达到预定可使用状态但尚未办理竣工决算的固定资产，则可估价入账并计提折旧，待办理竣工决算后，再调整为实际成本，但已提折旧不再调整。

企业所得税法及实施细则对自建固定资产的计税基础规定为：自行建造的固定资产，以竣工结算前发生的支出为计税基础。

会计与税法对自建的固定资产入账时点有一定的差异。会计强调经济实质：达到预定可使用状态，判断有空间；税法相对重于形式：竣工结算，具可操作性。

2. 确认中的几个问题

（1）试运行收入。工程试运行收入是否冲减工程支出，税法尚未明确，笔者认为应区分收入的性质，不应一律冲减支出。而会计强调的是净支出，相对谨慎，工程达到预定可使用状态前可能发生的收入，包括试运行收入、利息收入、保险收入、物资盘盈及报废收入等，原会计制度仍明确这些收入应冲减工程成本，会计准则用支出表述，这里对支出的理解应为净支出。

（2）结算还是决算。竣工结算指单项工程竣工验收合格后，由施工单位编制工程实际造价表并开具发票结算工程款，强调的是工程建造双方的经济关系结束。而竣工决算是指建设项目全部竣工验收合格后由建设单位编制的实际工程造价的经济文件，经审计后才可作为移交资产的计量依据。两者相比，编制单位不同，结算由施工单位编制；决算由建设单位编制。涉及部门不同，结算由施工单位造价部门编制，建设单位造价部门审核；决算由建设单位财务部门编制，社会审计。范围不同，结算按合同由单位工程分别编制；决算按整个项目，包括技术、经济、财务等，在结算的基础上加设备费、勘察设计费、征地费、拆迁费等，形成最后的固定资产。另外必须注意的是，不论是结算还是决算，都涉及多个主体，其办理完成时间人为性较突出。

（3）其他支出的界定。首先是借款利息，通常工程借款金额巨大，不同的确认时间，对借款利息资本化的影响明显。其次是与工程关联密切费用的分摊，如验收费、评审费等工程后期的费用。还有那些辅助性工程的支出是单独列示还是并入主体工程成本，笔者以为应具体看待。

（4）工程质量保证金。有关基建管理规范中，对一些特定项目，建管部门强制要求预留工程质量保证金，是指发包人与承包人在建设工程承包合同中约定，从应付工程款中预留，用以保证承包人在缺陷责任期内对工程出现缺陷进行维修的资金。

五、账务处理的时间反常

账务处理的时间反常是指账务处理的不正常或违反常理的时间。除技术原因外，通常是有意为之，存在管理问题及舞弊的可能性极大。

1. 账务处理时间不合常理

常见的有记账凭证所附票据的填制时间迟于做账时间或早于做账时间太久；会计凭证上没有反映经济业务发生的特定时间；收入、支出发生后长时间不做账等；长时间挂账；提前结账；开票才做账、收（付）款后才入账等。

2. 经济业务的内容与其对应的时间不合逻辑

如购货款付出很长时间后才购回或没有购回货物；应收款如销往某单位的产品的货款长时间没有收回；时间上判断正常情况不该发生的某类业务，如年底购入月饼等。

3. 实例：滥用避税的发现[1]

（1）问题提出。经过两年多的调查，广州某大型零售商业企业（简称A公司）滥用商誉和关联商标，巧立费用名目向关联公司转移利润的行为被广东省国家税务局认定为滥用避税，这是国内首例对滥用商誉和关联商标、劳务交易综合避税的案件。

（2）案例说明。2009年，广州市国税局发现广州A公司经营规模不断扩大，销售收入逐年增加，但利润却没有相应增长，利润率一直徘徊在较低的水平。而该公司在2004—2008年间，向境外公司计提的特许权使用费和咨询服务费合计超过2亿元。企业计提大额关联费用引起了税务部门的警觉。在查证过程中，税务人员对该公司2003年受让的一笔整体资产转让事项产生了

[1] 刘丽、李穗红．广东查处全国首例滥用商誉避税案件．广东省国家税务局网站，2013年1月4日．

怀疑。受让企业为深圳 B 公司，是 A 公司的关联企业，截至 2003 年年底，深圳 B 公司累计亏损超过 3 亿元。深圳 B 公司的评估价中含有 2 亿元商誉，广州 A 公司在会计账上从 2004 年度起分 10 年进行摊销，截至 2008 年度已摊销金额为 1 亿元。同时该商誉转让收益在 2003 年度作为深圳 B 公司的营业外收入，全部用于弥补以前年度的亏损。

（3）分析判断。A 公司经营规模不断扩大，销售收入逐年增加，按时间配比关系，利润应相应增长，因为利润率一般来说比较稳定。出现销售收入与利润不一致，只能是费用异常或非主营的收益异常。根据公司提供的会计数据，该公司的毛利率一直维持在较为平稳的水平，然而管理费用却出现了大幅增长。2003 年以前，管理费用占销售收入的比重不到 1%，之后大幅增长到 5% 以上。查找原因，问题出在从 2004 年起，公司分别按照销售收入净额的 1% 向境外关联公司计提特许权使用费和咨询服务费，以及每年在管理费用中列支商誉 2000 多万元。

接着应分别查证给境外关联公司的特许权使用费和咨询服务费以及摊销的商誉。

经验判断，制造类企业其特许权使用费、技术服务费等计提比例一般较高，而 A 公司属于流通类企业，以营业额作为计提基数，1% 的计提比例不算高，但其计提基数巨大，就是按 1% 计提的金额都是千万元级的。A 公司会计人员解释道，计提比例是根据境外总公司拥有丰富的品牌维护、推广经验以及便于集团管理等原因而设定的，符合企业实际情况。

判断这个计提是否合理，需要考察计提比例是否合适、拥有特许权的企业性质以及意图，可对比同行情况。调查显示，广州地区同行业企业计提特许权使用费的仅为少数，且计提的费率较低，一般在 0.5% 以下。A 公司在经营活动中也在一定程度上对商标的维护有贡献。这就是说，A 公司按年净销售额的 1% 计提特许权使用费和咨询服务费不太合理。另一方面，拥有特许权的企业是总公司，是关联方企业。从双方这样处理的意图上看，A 公司通过加大计提比例，可增加所得税税前扣除，同时这部分费用支付给境外关联公司，即将属于境内的利润转移到境外，目的只能是避税。

考察摊销的商誉的来历。据查，商誉来自 A 公司 2003 年受让的一笔整体资产。

具体情况是出让资产方深圳 B 公司是 A 公司的关联企业，经营范围及职能类似。截至 2003 年年底，深圳 B 公司累计亏损超过 3 亿元。2003 年 12 月 31 日，A 公司与 B 公司签订整体资产转让合同，参照第三方出具的评估报告，B 公司的商誉作价 2 亿元连同其他资产整体转让给 A 公司。

调查中发现 B 公司将整体资产转让给 A 公司后，仅仅过了不到两个月，A 公司与 B 公司又签订合并合同。这种在短时间内发生的重大交易事项不符合正常的商业行为。

从影响分析看，合并只是两家公司资产、负债及所有者权益的简单相加，理论上不会影响两家公司股东的既得利益。而整体资产转让价格的确定，对两家公司的股东利益影响更大。

再从意图上分析，受让商誉的 A 公司需在会计账上从 2004 年度起按 10 年期进行摊销，每年影响利润 2000 万元，截至 2008 年度已摊销金额为 1 亿元。而 B 公司的商誉转让可计入 2003 年度的营业外收入，用来弥补以前年度的亏损。另外，由于企业提出合并申请，经国家商务部批准需要一段较长的时间。而税法规定，年度纳税所得可以先弥补五年以内的亏损。这样企业还有可能是试图享受弥补以前年度亏损后再缴纳企业所得税的优惠。

第二节　空间分析

空间分析指因企业经济活动自身存在关联而进行的分析，按关联性强弱具体可从对应关系和相关关系进行分析。

一、对应分析

这里指的对应关系包括经济活动双方间的业务对应和同一主体中的会计对应。

（一）业务双方的对应

企业对外业务存在业务双方的对应关系，如销售业务对应采购业务、投资业务对应融资业务。这种业务链关系是会计信息可靠性的自然证据。

1. 实例：诡异的应付账款[1]

（1）问题提出。华虹计通（300330. SZ）在拥有巨额货币资金的同时，为什么还欠着大笔采购货款？

（2）案例说明。据招股说明书财务报表附注披露，上海普天邮通科技股份有限公司（600680. SH）是华虹计通的主要供应商之一，截至 2011 年上半年，华虹计通应付上海普天货款金额为 3146. 74 万元，这应当对应上海普天的应收账款。但是根据上海普天 2011 年半年报披露，华虹计通是上海普天的第一大应收款客户，共涉及三笔金额，合计高达 5933. 95 万元，相比华虹计通招股说明书披露金额多出了 2787. 21 万元。

根据资产负债表数据的基本逻辑，在资产总额确定的前提下，负债金额越高势必对应着净资产金额越低。就华虹计通公司来说，如果假定资产总额的数据披露是正确的，低估应付账款 2787. 21 万元的行为，就对应着虚增净资产金额 2787. 21 万元，这一金额占该公司 2011 年上半年净资产总额 12011. 79 万元的 23. 2%。这意味着华虹计通有可能未将全部对外借款计入财务数据，涉嫌隐瞒负债、虚增净资产，且涉及金额影响巨大。

（3）分析判断。上海普天作为华虹计通的主要供应商之一，则华虹计通从上海普天方面的采购额，也同时作为上海普天对华虹计通的销售额。

根据华虹计通招股说明书采购信息披露，2009 年和 2010 年从上海普天采购总额分别为 7501. 14 万元和 4241. 56 万元，同时这些金额还都是包含了增值税、进项税的含税采购额，按照 17% 的增值税率折算各年的采购商品价值分别为 6411. 23 万元（含税采购额/（1+17%），下同）和 3625. 26 万元，这两个经增值税调整后的数据即应当对应着上海普天各期对华虹计通的净销售金额。

但是，在上海普天的各年度报告中对华虹计通的销售金额却与上述数据存在重大差异，其中 2009 年度华虹计通是上海普天第一大客户，采购金额高达 7604. 05 万元，较前述金额多出了 1192. 82 万元。2010 年度华虹计通则位列第三大客户，采购金额高达 5345. 87 万元，较前述金额多出了 1720. 61

---

[1] 宗章．华虹计通：诡异应付账款 涉嫌重大财务舞弊．证券市场红周刊，2012 年第 1 期．

万元。

这能否解释为统计差异？如果说在两个连续年度内差异金额有正有负且金额大体抵销，这可以视为统计问题；但连续两年上海普天的销售金额均远远高于华虹计通的采购金额，且差异合计已多达2913.43万元，显然用正常的财务逻辑已经无法解释产生原因。

是否双方在会计处理上确认标准有别？即上海普天一方认为商品的主要风险已经转移给了华虹计通，自己一方已经完全实现了对外销售；但华虹计通却认为商品的主要风险还应由上海普天来承担，因此还不能确认为自己的存货资产，同时也无须确认负债？问题在于上海普天的财务数据已经审计并出具无保留审计意见，就是说上海普天出具年报时，审计机构应当已获来自华虹计通的询证函，确认了此项往来款的性质和金额。

综上，华虹计通存在隐瞒采购、隐瞒负债的财务舞弊行为。

2. 实例：提前确认营业收入❶

（1）问题提出。巨龙管业（002619. SZ）公布的2012年报，公司当期实现营业收入3.08亿元，较上年同期下降10.68%；实现营业利润2652.1万元，较上年同期下降46.33%；实现归属于上市公司股东的净利润2398.39万元，较上年同期下降52.71%。

巨龙管业公告显示，2009—2011年，巨龙管业营业总收入分别为2.66亿元、3.21亿元和3.45亿元；归属于上市公司股东的净利润分别为4088.85万元和4979.12万元、5071.23万元。上市前公司无论是营业收入还是净利润都实现了同比连年上涨，上市后，短短一年时间里公司业绩出现大幅下跌，不太正常。

（2）案例说明。公司业绩大幅下降，除市场原因外，公司内部管理也存在较多问题。2012年10月，媒体曾有一文《吹牛皮露破绽巨龙管业原是巨虫》质疑巨龙管业2012年三季报存在营业收入严重造假，而公司年报所披露的信息更印证了这个判断。分析其大额销售尤可看出问题。年报中公司重大在手订单情况明细披露，名列第一是莆田市金莆供水有限公司，2010年12

---

❶ 刘晨．巨龙管业：业绩变脸或涉造假．证券市场红周刊，2013年第16期．

月与其签订的 15379.91 万元大单，截至报告期末实际已履行金额为 6757.47 万元。

表 5：公司在手重大订单情况 单位：万元

序号	交易对方名称	签订日期	合同类型	合同金额	实际已履行
1	莆田市金莆供水有限公司	2010 年 12 月	PCCP 管道	15379.91	6757.47
2	上饶市城建投资开发集团	2011 年 9 月	PCCP 管道	9732.79	3151.08
3	以下略				

（3）分析判断。由于对方不是上市公司，其公开信息比较难找。进入莆田市金莆供水有限公司网站，发现有金莆供水的资金管理明细，从中找到公司与巨龙管业的 15379.91 万元的订单，但登载的“已经完成投资额”与巨龙管业披露的数据相差较大。

表 6：各标段完成工程及支付一览 单位：元

合同及工程名称	合同总价	至前期累计（2012 年 9 月）			当期数（2012 年 10 月）		
		完成投资	支付金额	扣回预付	完成投资	支付金额	扣回预付
PCCP 管道	153799063	27464250	13732125				

金莆供水有限公司资金管理明细显示，截至 2012 年 9 月，金莆供水有限公司与巨龙管业的合同完成投资额为 2746 万元，实际支付金额为 1373 万元。但是巨龙管业 2012 年三季报却披露“2010 年 12 月 13 日，公司与莆田市金莆供水有限公司签订了 153799063 元的 PCCP 管道采购合同，截至本报告期末，实际已履行金额为 60752838 元”。

两份数据相差了 3329 万元，很显然，巨龙管业在营业收入方面存在严重的提前确认收入行为，把未取得的营业收入提前计入当期营业收入，而多出来的部分则全部记入了“应收账款”科目。

（二）借贷记账法下的会计对应

会计分录中呈三大对应：会计科目、借贷方向和发生额。

会计分录是企业的资金运动的反映。资金运动总有来龙去脉，若资金来源和去向对应关系不清，或虚构业务、隐瞒业务，如没有原始凭证的应收应付款的转账、附件手续不全、借贷关系不符合经济实质，背后往往存在管理上的问题。

1. 实例：往来账上的真假

（1）问题提出。应收应付这一类的往来账可视为企业会计核算中的过渡账户，易被企业用来隐匿收入、调节财务指标、转移利润等。

（2）案例说明。企业收到货款时，借记“银行存款”，贷记“预收账款或其他应付款”，这并不能说明有误，关键在后期对应的分录。如果后期将对应的金额做成借记“预收账款或其他应付款”，贷记“应收账款”；或查账中看到一个分录，借记“应付账款”，贷记“其他应收款”。那么，易见这笔分录不符经济业务实际，背后到底隐藏着什么秘密，需要查看与其相关的分录。

（3）分析判断。前一情况中，将后期分录为借记的“预收账款或其他应付款”账户与“应收账款”账户对冲，这分录不符常理，企业极有可能是以此延迟确认收入，达到偷逃企业所得税的目的。

后一情况，查看与对应金额相关的会计分录，发现这笔处理的由来。借记“其他应收款”，贷记“现金”；借记“原材料”，贷记“应付账款”；借记“应付账款”，贷记“其他应收款”；借记“生产成本”，贷记“原材料”。附件有业务员的借款单、自制入库单、材料出库单及有关人员的签字，并且有进货发票，光看附件，似乎无懈可击。但从借记“应付账款”，贷记“其他应收款”这个分录的对应关系反常上，发现可疑，随后查寻对应的线索，如库存情况、对方（供应商）记录等就可找到问题的实质。这很可能是一笔虚构的采购业务，分期计入成本，通过虚增产品成本的方式，达到影响企业账面利润和纳税额的目的。

2. 实例：怪异分录[1]

（1）问题提出。某生产企业为增值税一般纳税人。主管税务机关对年度纳税情况进行检查，经测算发现，该企业增值税税负率低于同行业平均水平，但企业所得税贡献率达到同行业平均水平。

（2）案例说明。税务部门要求企业提供情况说明，企业解释为原材料价格上涨，导致进项税金额较大，因此增值税税负率低。检查人员检查了其进项税专用发票，未发现其存在多抵扣进项税额的问题，而企业的销售毛利率还略高于同行业平均水平，检查人员初步认为其少计收入的可能性不大。

问题在哪里呢？检查人员翻阅相关会计账簿，认为企业财务核算正常，但在翻阅记账凭证时发现了一笔怪异的会计分录。借：银行存款；贷：发出商品、产成品差异。这笔分录引起了检查人员的怀疑，因为正常的会计核算，贷方的发出商品，借方应对应主营业务成本。

（3）分析判断。继续查阅记账凭证，检查人员发现该企业对此事项的处理，有的贷方发出商品对应的借方是主营业务成本，有的则对应银行存款或现金。检查人员认为这里应有情况，极有可能是销售收入的处理出了问题。经政策辅导以及耐心说明，该企业总算说出了真情：企业对于销售的处理是与客户结算开具发票时确认收入再结转成本。具体的会计处理是，发出商品时，借记“发出商品”，贷记“库存商品”；开具发票时，借记“应收账款”，贷记“主营业务收入”、“应缴税费——应缴增值税（销项税额）”。同时，借记“主营业务成本”，贷记“发出商品”。收到货款时，借记“银行存款”，贷记“应收账款”。如果销售商品未开具发票，则不确认收入，也不结转成本，毛利计入“产成品差异”账户。即发出商品时，借记“发出商品”，贷记“库存商品”；收到货款时，借记“银行存款”，贷记“发出商品、产成品差异”。

这种会计处理，其实在实务中有一定的普遍性，形式上很难说一定是错误的，但显然是收入迟入账，而进项税早抵扣。由于其进项税已全额抵扣，导致增值税税负率偏低，但因在少计收入的同时，相应的成本也少计，最终

[1] 马泽方．从怪异的会计分录中发现企业问题，中国税务报，2013年6月8日．

对企业所得税影响不大。这才是该企业增值税税负率异常，而企业所得税贡献率正常的原因。

最后经核实，该企业当年少计收入658541.52元，少计成本586240.25元，补缴增值税111952.06元，补缴企业所得税18075.32元，并加收滞纳金。进项税额占销售额的比例达到了正常水平。

二、相关分析

这种相关性的范围更综合、更宽广，可包括逻辑关系和往来关系等。

（一）逻辑关系

1. 逻辑关系异常的主要表现

直接的逻辑关系异常是指不符合经济活动常识、常理；间接的逻辑关系异常是指信息表现，如数字间的对比关系不符合。

（1）不符合经济活动常识、常理。如购进的物品是不需要用的，购进物品的数量大大超过了正常需要量，购进的物品存在明显的质量问题等。

仓库账库存商品的出库数量比会计账反映的出库数量大。仓库账通常能反映企业生产及经营的全貌，对仓库账的出库数量进行统计，再乘库存商品的单价，其结果如比会计账面反映的出库数量大，通常预示着企业存在账外经营的迹象。

有些费用的增幅大大高于收入的增幅。如水电费与生产量、运费与进货量呈正相关，这些费用的市价没有发生较大变动时，如果企业的水电费、运费发生额大幅增加而产量或进货量没有相应增加甚至反而减少，则说明企业提供的信息不实。

（2）数字间的对比关系不符合。相关联事项所反映出来的数据通常具有可比性。如企业投入产出的对比、同行业间的对比、会计同一要素部分与总和的关系等。根据生产部门的消耗与产出配比，可推算出产品的产量，再按企业产销比率还可估计企业应实现的收入，这些按相关数据链推算的数据与企业实际数据比较，便可发现一些问题，如隐藏产量、收入，虚增成本、费用以及数据不入账、账外账等问题。

2. 逻辑关系的支持

逻辑关系的支持主要包括证据支持和相关数据支持。

（1）逻辑是否对应需要证据的支持，尤其是外部证据的支持，因为外部证据比内部证据更为独立、更为可靠。

收入上，可考虑业务流程各环节，按内部控制要求一般有销售合同、销售通知单、产品出库单、销售发票、客户签收单等凭据。实务中经常以销售发票和出库单作为收入确认依据。从证据的独立性及可靠性上说，销售发票和出库单属于内部凭据，客户签收单属于第三方凭据，以客户签收单作为收入确认证据更为有效。

支出上，同样可考虑业务流程中的各环节，按内部控制要求一般有支出计划或预算、支出审批表、支出发票、付款凭证等凭据。实务中常以支出发票和支出审批表作为支出入账依据；如果是购入物品，还需要提供物品验收单、入库单。由经办人除外的第三人签字的凭据则更为有效。

（2）相关数据的支持。会计信息具有相关性，某一数据是否合乎逻辑，还可以引用与其关联度比较高的数据的印证。如收入是否正常，可分析销售毛利率、应收账款的增幅与销售收入的增幅、计提坏账准备的变化、销售收入与生产能力的比例、与客户发生交易的实质性、收入中关联方销售的比重及销售收入与经营性现金流量的一致性等。

3. 实例：对比法估算销售额❶

（1）问题提出。中小企业销售产品往往开具发票较少，收入容易失控，其收入的真实性不好判断。

（2）案例说明。2012 年 10 月，山东省高密市国税局税收管理员在对某纺织企业（一般纳税人）进行日常巡查时，了解到该企业扩大了生产规模，纱锭数量由 5000 锭增加到 1 万锭，新增设备在 7 月投入使用，生产工人增加到 80 多人，生产的纯棉纱供不应求，仓库中基本没有库存棉纱。2012 年 7 ~ 9 月，申报销售额 720 万元，实现增值税 31.7 万元，税负率为 4.4%。税收管理员对比纳税人扩大生产规模前后的月销售额申报数，感觉不合常理，那

---

❶ 刘瑞雪．稽查技巧：用生产要素分析法找出企业的隐瞒收入．中国税务报，2013 年 10 月 28 日．

怎样推测其销售额呢？

（3）分析判断。按理说生产规模扩大与销售额应该呈正相关，但不一定成比例。如何测算？按产能是个办法。按1万纱锭日产4吨纯棉纱对其产量进行测算，企业3个月的棉纱产量应为360吨，按照23500元/吨的平均销售价格计算，产值应为846万元，即纳税人销售额少申报126万元。但产量与销量不一定一致，这里还有个库存问题。

按耗电也是个办法，税收管理员又根据供电部门开具的电费抵扣凭证，计算出该企业7~9月的耗电量为78.5万千瓦时。按生产1吨纯棉纱耗电2200千瓦时的标准对企业产量进行测算，棉纱产量应为356.8吨，与按产能测算的360吨相差不大。

还可以用一些其他相关数据来测算，如检查耗用原料、辅料、包装物与产成品的配比关系。结合企业的生产工艺、流程，计算查找相关的原料、辅料、包装物耗用定额指标。将企业上述物资的实际耗用量乘单位耗用定额，测算出产成品正常产量。尤其是与产成品存在"一对一"关系的关键性配件等。

找到与产成品关联性最紧密的参照物是测算的关键，这里测算者应熟悉企业及产品生产情况。平时注意收集第三方信息，如能耗、物耗、生产能力、市场价格等指标。

最后，根据设备生产能力指标测算产值846万元和根据单位产品耗电指标测算产值838.5万元，两个结果基本一致，可以认为测算比较可信，但这与企业申报的销售额720万元相差较大，税收管理员由此初步认定该企业存在隐瞒收入问题。税务部门约谈了企业负责人，向其解释有关法规政策后，企业承认隐瞒收入少缴税款的事实，自查补缴了税款20多万元。

4. 实例：财务数据不符常理[1]

（1）问题提出。威远生化（600803.SH）拟定向增发实施收购资产，于2013年1月19日公布了沪深两市的首份年报，归属于股东的净利润同比增长近6成、"扣非"后净利润更是飙升了4倍多，这一业绩表现足以令投资

---

[1] 田刚．威远生化涉嫌利益输送．证券市场红周刊，2013年第4期．

者满意。但对该公司年报披露信息作深入分析，发现存在诸多矛盾和财务疑点，尤其是多处经营指标和财务数据不符合正常逻辑。

（2）案例说明。财务数据表现诡异除了财务费用和安全生产费这些细项数据之外，威远生化其他经营指标也存在多处不符合常理之处，费用率的诡异变动或暗指该公司涉嫌粉饰毛利率。从年报披露数据来看，毛利率同比增加了 1.47 个百分点，其中农药行业的盈利能力提升贡献最为明显，在营业收入同比增加 9.08% 的同时，营业成本却仅增加了 3.73%，由此导致该行业的毛利率提升了 4.31 个百分点。细究其构成，却存在耐人寻味的疑点。

（3）分析判断。从产品的产销数量来看，农药制剂产品在 2012 年均出现了 20% 以上的同比增幅（见表 7），这一增幅并不算小。

表 7：农药制剂产品产销对比

	2011 年	2012 年	增幅（%）
产量	11850	15087	27.32
销量	12110	14693	21.37

表 8：农药制剂产品成本构成 单位：万元

	材料	人工	折旧	能源	制造费用
2011 年	47374.63	2088.79	1000.28	3142.65	2410.65
2012 年	44175.78	2190.76	994.50	2847.93	3450.32
增幅（%）	7.24	-4.65	0.58	10.35	-30.13

但与此同时，农药制剂的各项明细成本发生额却没有出现相应的增加（见表 8）。如果说材料成本受到原材料采购单价下降的影响，会导致成本发生额增幅小于消耗数量的增幅，那么相应的能源、制造费用等这些与产品产量直接相关的成本项目，或以很低的比例增加，甚至出现大幅下降，这是违背正常经营逻辑的。

再看人工成本，从 2012 年的劳动力环境来看，生产工人降薪的可能性几乎没有，那么人工成本发生额的下降必然对应着工人数量的减少。一方面是产品产量大增近三成，另一方面却是生产工人数量减少，这不符合常理。威远生化很可能存在少计人工成本、粉饰毛利率的行为。

（二）往来关系

这里指的往来关系较业务对应范围为宽，不一定指一一对应关系。

1. 实例：营业收入数据有疑❶

（1）问题提出。从开滦股份（600997. SH）披露的2012年年报可发现，开滦股份年报和半年报之间的数据有矛盾，该公司涉嫌虚构收入。

（2）案例说明。正常的情况下，一家企业针对某一个客户进行的销售，在全年范围内应体现出累加效应，即年末时实现的当年度累计收入，不应低于上半年该客户实现的收入金额。

从公司披露的2012年年报和半年报的前五名客户信息中，发现其针对“唐山中厚板材公司”的全年销售金额，明显比半年报中披露的数据少，且二者之间的差额高达10596. 69万元（见表9），这几乎相当于披露的对该客户全年销售额54904. 36万元的五分之一。

年报中，这10596. 69万元销售额消失了。

表9：开滦股份年报及半年报主要客户 **单位：万元**

年报主要客户		半年报主要客户	
名称	销售额	名称	销售额
河北省首钢迁安钢铁公司	561650. 12	河北省首钢迁安钢铁公司	311689. 78
河北钢铁股份公司	299829. 47	河北钢铁股份公司	167321. 79
河北津西钢铁集团股份公司	79694. 21	唐山中厚板材公司	65501. 05
鞍山钢铁股份公司	61032. 99	鞍山钢铁股份公司	36224. 36
唐山中厚板材公司	54904. 36	河北津西钢铁集团股份公司	31299. 51

（3）分析判断。正常情况下，可看公司会计政策是否变化，即会计处理

❶ 田刚. 开滦股份营收疑云 两千万筹资款有蹊跷. 证券市场红周刊，2013年第11期.

的前后有否调整。据查，开滦股份的合并范围在2012年中并未发生过改变，即不存在由于处置旗下子公司，导致半年报合并口径下的部分收入在年报中未计算在合并收入当中的情形。

还有一种可能是存在销售退回，但一般情况下这在实务中也不常见；尤其是超大额的销售退回。据查“唐山中厚板材公司”由唐山钢铁股份公司、柬埔寨荣丰投资公司、河北文丰钢铁公司合资组建，注册资本高达5910.85万美元，出现超亿元的销售退回不太正常。再看相关的销货款。若发生销售退回，必会冲减针对该客户的应收账款余额，观察开滦股份2012年年报中“唐山中厚板材公司”的应收账款余额，相比半年报时还增加了1080.28万元（见表10）。

表10：开滦股份年报及半年报应收款 **单位：万元**

年报应收款		半年报应收款	
名称	金额	名称	金额
河北钢铁股份公司	65648.01	河北钢铁股份公司	30528.67
河北省首钢迁安钢铁公司	14581.53	河北钢铁集团公司	11611.38
河北钢铁集团公司	14467.18	唐山中厚板材公司	10141.76
唐山中厚板材公司	11222.04	河北省首钢迁安钢铁公司	5393.89
首钢总公司	2310.42	首钢总公司	3463.08

综合上述分析，怀疑开滦股份可能存在营业收入核算乱象，这个判断还可以用现金流量数据来印证。根据现金流量计算的常识，二级科目均体现了特定用途产生现金流动的单向累加金额，这就决定了现金流二级科目在任意一个月份或者一个季度中不可能出现负数发生额，最小金额也就到零为止。查开滦股份现金流量表，首先是“收到其他与经营活动有关的现金”，在一季度末时的累计发生额就已经高达169.16万元，而到半年报时却降至158.26万元，这对应着第二季度发生额为-10.9万元；还有“收到其他与筹资活动有关的现金”科目，在一季度末时的累计发生额就已经高达4516万元，而到半年报时却骤降至2589万元，这对应着第二季度发生额为-1927万元。

2. 实例：关联交易披露不实[1]

(1) 问题提出，南京港（002040）在2012年营业收入同比增加4.5%的基础上，净利润却同比下降了21.83%，显示出该公司主营业务盈利能力的发展趋势令人担忧。据分析发现涉嫌隐瞒关联交易等财务违规行为。

(2) 案例说明。公司披露的关联交易数据存在较大疑点，主要表现在关联方债权债务与同期发生的关联交易金额之间的不匹配。

关联销售业务中，根据年报关联方债权债务信息披露，南京港2012年年末对关联方“长江油运”的应收账款余额为24.03万元，而在2011年年末时还没有针对此客户的应收账款余额，则这笔金额超过20万元的债权为2012年内新增款项，这对应着同期与该客户之间发生的关联销售业务。同时，南京港披露的关联交易数据显示，2012年中实现的关联销售仅有针对“江苏金翔石油化工有限公司”这一家客户发生的1983.67万元，关联方客户名单中并未出现“长江油运”的名称。

关联采购业务中，2012年年末南京港对关联方“南京港港务工程有限公司”的应付账款余额为404.77万元，相比2011年年末时的1.5万元净增加了403.27万元，这势必对应着当年内两者之间发生的关联采购金额的下限。然而在南京港披露的关联方采购名单中，也未见有此客户的身影。

(3) 分析判断。上述金额不算很大，极有可能是公司财务人员在会计处理中比较随意，对关联方交易的理解及处理不当，间接证明还可参看现金流量表内相应的数据。公司三季报披露，“收到其他与经营活动有关的现金”科目累计发生额已经高达1859.1万元，然而到了年报时，该科目的全年累计发生额却下降至140.07万元，这意味着第四季度中该科目的发生额为-1719.03万元。类似的还有“支付其他与经营活动有关的现金”项目，全年发生额887.3万元，明显比三季报时的累计发生额2164.72万元要少，对应着四季度的单季度发生额高达-1277.42万元，显然不正常。可解释为公司财务人员不是按现金收支编制现金流量表，而采用的是利用会计账面数据倒推。

---

[1] 田刚．南京港的三大财务疑云．证券市场红周刊，2013年第10期．

第三节 综合分析

所谓综合分析不再局限于时间或空间分析，而是根据不同的背景及实际情况，选择不同的视角或立场，采用不同的分析方法或手段进行分析。

一、时空综合

时空综合指更为复杂的关联，并非单一的时间或空间关系。

1. 时空关系异常的表现

（1）地点异常。指企业经济业务发生的地点不合常理，如购买货物舍近求远，不是从通常的供应商那里购进某类物品等，这种异常可分析物流的流向和成本的高低。

（2）资产长期闲置或低效运行。正常情况下，企业不可能让资产闲置或长时间让资产低效运行，尤其是优质或优良资产，这种异常需要清资核产，分析资产的市价。

（3）会计处理得不到第三方处理的佐证。会计处理与税务处理、对方会计处理、工商或海关处理等的佐证，相对而言，企业上报税务部门的信息真实性较高，工商或海关次之，对方企业的函证最差。

（4）数据链不能相互印证。这主要指会计数据经不起相关数据的分析支持。

2. 与取得收入无关的支出

每年企业所得税年度纳税申报中，有一个比较麻烦的问题是扣除类调整项目填写，尤其是“与取得收入无关的支出”纳税调整。

问题出自会计人对此类支出的不便判断。那么，如何判断这类支出呢？这里提供一些视角。

（1）时间上分析。税务部门允许在某一纳税年度企业所得税计算中税前扣除的支出，是应当属于发生在本纳税年度的，或应在本纳税年度予以折旧摊销的，也即受益期为本纳税年度。这就是说从时间上考虑，非本纳税年度发生的支出，不能在本纳税年度的税前扣除，如各类预提性支出或预付性支出应计入以前纳税年度，但因种种原因未及时计入所属纳税年度而在本纳税年度入账的支出等，均不能在本纳税年度的税前扣除。

（2）空间上分析。企业所得税法规定，企业所得税原则上是以法人作为纳税人，凡是不属于某一个法人的支出，譬如出资（或股东）方支出、关联方支出、其他单位的费用或是单位员工应负担的费用，无论是否是发生在本纳税年度，均不能在该法人缴纳的企业所得税的税前扣除，也可理解为该部分支出属于与本单位取得收入无关的支出。

（3）收支的相关性上分析。这比时间、空间分析复杂些。一般理解为，可以在某一纳税年度缴纳企业所得税的税前扣除的各项支出，应与当期实现的收入具有密切的关联性，不然，即使发生在同一纳税年度或属于同一法人的支出，也应判断为与取得收入无关的支出，不允许在企业所得税的税前扣除。如本年度固定资产的后续支出已作资本化处理，这部分支出就不能直接在本纳税年度的税前扣除。

另外，具体在填表时，还需要考虑纳税调整项目明细表中是否要求对其另行调整，如规定需另行做纳税调整的各项支出，应按要求分门别类地填列。还有差异的处理，仅对那些属于永久性差异的且没有要求另行做纳税调增的支出，才可填入“与取得收入无关的支出”项目中；而对属于时间性差异所造成的与本期取得收入无关的支出，但属于与其他期间取得收入相关的支出，还不能在该项目中做纳税调整，因为这些差异以后还有纳税调回的机会。

3. 实例：行业龙头涉嫌造假[1]

（1）问题提出。思嘉集团（1863. HK）被审计机构安永提出了五项质疑，包括其客户、供应商及银行账户资料未能核实。其实，早在2010年公司IPO之初，就有记者对该公司毛利率远高于同行业水平有异议，因为公司主营产品仅仅是特种塑料膜，并非是垄断性的化工产品。

（2）案例说明。思嘉集团自称为强化材料行业龙头，通过查阅公司官网及招股说明书得知，该公司在2006年以前主要从事生产雨衣、劳保防护衣的材料，难说技术含量。2006年思嘉集团图谋转型，开始生产“强化材料”。这种名为新潮的“强化材料”被用于生产涉水防护服、气密性用品、充气用品和沼气存储利用设备。

---

[1] 天水碧．毛利率远超同行 思嘉集团涉嫌造假．证券市场红周刊，2013年第8期．

公司从2008年开始生产一部分由强化材料制成的终端用品，2009年开始大量生产，据公司介绍，其终端产品销售额一举占据总销售额的逾20%。公司在招股说明书中强调自己是高科技公司，强化材料行业具有很高的技术壁垒，其产品在市场上定价属中高层次，未来前景无限广阔。无论公司的股东回报率还是经营业务销售收入复合增长率（见表11），思嘉集团都相当不错。但业内人士一语点破：这种所谓的强化材料并非高科技产品，仅是在塑料里添加了强化剂，行业最高毛利润率为10%。

表11：思嘉集团各项财务指标一览 单位:%

	2007.12.31	2008.12.31	2009.12.31	2010.12.31	2011.12.31	2012.6.30
净利润率	24.73	20.45	30.00	22.50	27.41	21.38
销售毛利率	30.93	39.77	45.38	45.29	42.28	34.30
营业利润率	20.24	31.17	35.90	26.99	33.60	26.44
净资产收益率	40.56	52.23	69.19	28.07	24.77	8.46
主营收入增长率	—	101.49	90.39	69.21	24.00	0.17

数据来源：Wind资讯。

（3）分析判断。WIND数据显示，2012年中报思嘉集团的毛利率为34.30%，而且上市后公司一直保持着高达约45%的毛利率（见表11）。

表12：Sioen公司的利润表 单位：百万欧元

	2008年	2009年
净销售额	316.394	251.981
销售成本	-248.321	-207.259
运营支出	68.073	44.659
营销支出	-18.297	-16.256
研发支出	-5.179	-5.019

续表

	2008 年	2009 年
行政支出	-20. 348	-19. 270
财务收入	8. 472	4. 373
财务费用	-19. 924	-10. 259
其他收入	3. 480	4. 811
其他支出	-1. 403	-1. 176
非经常性损益	-4. 418	-2. 316
税前利润	10. 456	-4. 53

先看同类的国外公司：比利时 sioen 公司 2005—2009 年的年报显示其毛利率长期徘徊于 50% 上下。但细看，sioen 公司年报中所阐述的毛利率的计算方法与大陆及香港的现行计算方法明显不同。因为 sioen 公司采用了两种方式披露利润表现，一种是按费用发生的功能计算利润，另外一种按费用发生的性质计算利润。分析了思嘉集团的财务报告，其披露方式更接近于按费用发生的功能计算利润的方式，采取这种方法计算，则 sioen 公司 2005—2009 年间的毛利率约 20% ~25%，明显低于思嘉集团约 45% 的水平。当然影响毛利率的因素中外有别。

再看国内类似公司，选择与思嘉集团同属化工新材料行业的烟台万华，烟台万华的财务报告显示其毛利率未曾达到 40%。而烟台万华的拳头产品 MDI 即便如今，全球也只有不到 10 家公司能够规模化生产，这种技术壁垒是相当高的。当年中国只有烟台万华一家能够生产 MDI，即便是现在，全中国也只有烟台万华一家能够稳定量产。思嘉集团招股说明书显示，强化材料行业的市场极其分散，作为行业龙头，思嘉也只占有 4. 5% 的份额，前五大龙头公司总体市场占有率也不过 15%。另外比较企业的研发水平，烟台万华的研发部门博士、硕士云集，最起码也是本科毕业生。而思嘉集团的研发部，大多数是大专生，最高学历是本科，其招人对象都是福州大学、三明学院这种非重点院校的毕业生。公司所获得的最高荣誉也不过是“福建省高新技术称号”。可见，思嘉的“强化材料”并不具备强大的技术壁垒。

考察销售环节。安永会计师事务所曾质疑公司客户、供货商的账户问题。

截至2009年年底，思嘉集团有员工555名，其中销售人员有69名，占员工总数的12.4%，其使用经费只占销售收入的1%以下。再反观烟台万华等其他化工类公司，烟台万华的销售人员占员工总数比例大约10%，而历史上其最低的营销费用率将近2%，之后日渐升高。像思嘉集团只用了不到1%销售费用，却使持续经营业务的销售额三年复合增长率接近100%，显然不符常理。

二、视角综合

除时间、空间这两条主线外，很多情况下，分析往往是复杂的，需要选择多种视角、不同手段进行分析，要运用技术方法，更应注重人脉人情及人文环境。

1. 实例：报损中的猫腻[1]

（1）问题提出。物料或商品报损是企业常有的事，大额的报损容易被发现其中的问题，但金额不大的报损，也有可能隐含着企业管理上的问题。

（2）案例说明。检查某商品流通企业时发现，该企业每一两个月就有一次数量不等的烟酒报损，报损金额一般在一万元左右。最多的是春节前一个月，报损额达到四万多元。全年累计有十多万元的报损，检查每次处理报损的会计处理正常，记账凭证后附报损实物清单并有报损审批手续。但检查者还是从中看出规律性的东西：①报损的烟酒仅是两三个品牌，②每次报损额大体在一万元左右，③春节前一个月的报损为平时的四倍。企业财务科长解释说，销量大的烟酒其损耗自然就大，年终损耗多一点是因为进行了年度大盘点。

（3）分析判断。检查中注意到企业招待客人用的是“中华”牌香烟，而报损烟中也有“中华”牌香烟。判断有可能是假报损，得找证据，先搞清情况，从上到下做些调查，调查还得采取一些策略。

询问财务科长企业报损的程序及处理细节，企业对外招待用的烟酒处理，还有税务部门对企业报损的意见，其解释，春节前一个月比较多的原因有二，

---

[1] 彭德兴，刘志耕．假损耗的发现和思考．中国注册会计师，2006年第6期．

一是由于年终进行了全面盘点，确实有一部分报损；二是年终用于对外送礼的比较多。单位送礼或招待用的这部分烟酒实际上是请采购部顺带统一采购的，因是一张发票，就由商品部统一入账进库，这样既解决了一张发票无法分割的问题，又解决了对这部分商品加强管理的问题。这样处理也是为了节约和减少不必要的麻烦，反正是一进一出，享受进价，合情合理，所以就采用了报损的形式。其中用于招待的烟酒这样做也是一种避税行为，只要会计处理合法、合规，税务部门认可就行，税务部门没有提出异议。

这些回答自然不能打消疑虑，检查者遂借参观为由来到烟酒柜与营业员随便聊起来，从站柜台的辛苦、烟酒柜有几个人，聊到年工资收入、奖金多少，财务科长见状就走了。检查者立马进入正题，问营业员奖金是怎么考核的，营业员介绍说是分柜组按营业额来计算的；再问她如果损耗了怎么办，营业员随口就说扣奖金呗。追问：那你们每个月因损耗扣的奖金有多少呢？营业员说一般情况下每个月没有什么要扣的，并告诉说他们商场不像超市，超市每个月都有损耗，他们的损耗一般是年终盘点时才发现并一次性扣奖金，所以平时一般情况下不会扣奖金。继续问道：如果真正损耗了要全额赔偿吧？营业员马上接口道：那当然了，如查不到可以解释的其他原因，柜组内五个人平摊。从柜组每人每月一千元多一点的收入看，每一两个月一万元的“损耗”由五人平摊是不现实的。问到这里，基本可认定账面上的报损是假账，但还得搞清假损耗背后的真正原因。继续问她看到会计账面上最近记了他们柜台损耗了一万多元，会不会扣奖金。那位营业员笑着说那没有事的，她解释说这种事情经常有，不是损耗，而是领用，实际上是单位对外送礼或招待用的烟酒，平时总是先签单，等签单额累计一万元左右就去结账。至此，疑虑终于得到印证。

按现行增值税条例实施细则规定，将自己购进的烟酒用于赠送他人，应按对外正常销售的价格（零售价）补交增值税，同时，用于招待的烟酒也应比照上述规定视同销售一并缴纳增值税。属于正常损耗的烟酒应按正常报批程序履行审批手续，其相应的进项税可以扣除。但由于该单位在账面上将这部分正常报损的与对外赠送和招待的混为一谈，所以，这部分报损的烟酒其进项税不可以扣除。另外，对于上述招待用的烟酒应并入单位的业务招待费总额，受按照业务收入净额计算的准予税前列支的最高限额的控制。税务部门对此问题的默认不能作为处理正常的依据。

2. 实例：公司会计造假的发现

(1) 观察与判断。从与公司员工接触中，凭借职业敏感，注意观察问题，发现线索，侧面迂回，找到真相，并适时点破公司存在的问题。

了解特定企业，应事先做些公司信息收集，主要方式是通过网络，有条件的也可借助熟人侧面打听。当然两条渠道收集的信息可以相互印证，如公司业务、市场、管理团队。

与员工接触时，可通过聊天方式摸些真实情况，当然聊的话题与口气有些讲究。如一个月大概多少钱（判断收入水平）、忙不忙（判断公司景气程度）、是否加班（了解工作效率）、有没有加班费（了解工资体系）、公司大概有多少人（了解企业规模）、午饭在哪里吃（了解员工福利情况），等等。这还可以为正式的调查提供支撑材料。

了解公司组织与人事情况。如财务部人员的组成，负责人与公司高管的关系。审计人员的就餐接待，通常由财务部门负责，就餐间轻松谈聊中，可以了解到一些真实情况。如财务负责人与公司高管的关系，财务负责人的个性、权威性、专业水平以及对下属的影响力。一般来说，财务人员专业素质较高，工作独立性较强，公司的会计信息就会比较可信。

(2) 数据分析。会计处理有没有问题，需要借助于数据分析。分析的入手，需要线索。除了通过观察、言谈外，选择一些重点不失为一种策略，如所享受的税收优惠、大额购销及往来款项等。

为获得税收优惠虚构企业资质❶。通过言谈或直接查阅公司财务报告，了解企业有否享受国家税收优惠政策，企业大多看重这个。如了解到公司作为软件企业可享受15%的所得税优惠政策。这里会不会存在问题？职业的敏感要求先查看相关规定。细读规定后，发现政策对软件企业业务和财务的主要认定条件有：①年软件销售收入占企业年总收入的35%以上，其中自产软件收入占软件销售收入的50%以上；②软件技术及产品的研究开发经费占企业年软件收入8%以上；③从事软件产品开发和技术服务的技术人员占企业

---

❶ 看AB公司的财务造假是如何被发现的，http：//zhaotonghang. com/forum/viewthread. php？tid =3676.

职工总数的比例不低于50%。然后地核实公司的财务数据，经简单计算发现，上一年度软件销售收入占比略高于35%，疑问出现：这些收入是否不实？印证一，本年度已过去一大半，软件销售收入还只占总收入的15%以下。印证二，查看软件购销合同，发现数十份合同销售的都是那一两个软件，而且签订时间集中在第四季度；有个别客户一年内重复购买同一软件。再验证研发费用和技术人员占比。闲聊中得知研发人员和技术服务人员占比离规定的50%相差很远；而研发费用几乎占软件收入的一半，看账发现，研发费用主要由研发人员的工资构成，而其工资额存在明显调整迹象。至此，公司构设软件企业资质的目的已经明确。

购销、费用等方面的造假[1]。

供应商或客户不符合交易实质。美邦服饰消化存货的招数。美邦服饰（002269. SZ）历年前五大客户都是控股子公司，这种背景下的销售多少存在问题。2012年为了消化巨额存货，找来新的大客户。其年中报披露，爱裳邦购、辽宁大连、湖南长沙、河南郑州、河北石家庄分别向美邦贡献了3.17亿元、3524万元、2764万元、2422万元、2112万元，累计4.25亿元，占营业收入的10%；其中，爱裳邦购是美邦控股股东上海华服的全资子公司，背后的实际控制人就是周成建（美邦服饰董事长），其余四大客户则是美邦的加盟商。同时，周成建的亲属们也分担了6864万元的存货，这些亲属有的就是加盟商。

浩丰创源第一大供应商身份存疑。2011年浩丰创源向第一大供应商南京宗腾电子科技有限公司采购不含税金额3867.16万元，占总采购额的32.51%；2010年采购2144.58万元，占25.97%，为第一大供应商；2009年采购1326.98万元，占19.63%，为第二大供商商。而浩丰创源是国内最优秀的营销信息化整体解决方案供应商，它提供多媒体联络中心、统一通信、视频会议、主动营销、客户回访、客户关系管理、全面绩效管理、决策支持等的系统产品。作为重要供应商的南京宗腾，其注册时间为2009年2月19日，即这家公司一成立便与浩丰创源做了上千万元的生意，并成了浩丰创源的第

---

[1] 中国会计视野论坛，http：//bbs. esnai. com/forum-4-1. html.

二大供应商。而南京宗腾生产服务器、路由器、防火墙、交换机等产品，此类产品的厂家众多，而且不乏产品质量不错的企业。

天能科技被追究造假责任。天能科技于2012年2月1日进行招股说明书预披露。随后，媒体对其招股说明书提出质疑，公司于2012年4月撤回发行上市申请。天能科技在招股书中的亮点，在于其业绩激增的三个光伏项目——应县道路亮化工程、朔州金沙植物园照明工程、朔州和谐小区亮化工程。调查表明，天能科技提前确认收入。首先是"金沙植物园第二期所需光伏项目"。该工程的招标时间是2011年10月，但是，在招股说明书预披露的时候，该工程并没有完工。天能科技在2011年9月末将该工程的收入予以确认。其次是"朔州和谐小区亮化工程"，该工程的招标结束日为2011年第四季度，但在招股说明书预披露的时候，整个小区配套工程也未完成。然而，天能科技却在2011年9月末将该工程收入予以确认。而"应县道路亮化工程"，该工程招标开始和结束的时间均为2011年12月，同样是在招股说明书预披露的时候，该工程仍未完工验收。天能科技早在2011年9月末就确认了收入。更严重的是，天能科技还通过实际控制人秦海滨控制的一系列空壳公司倒账来虚增收入。调查人员指出，上述三个工程项目属于市政工程类，在现金流方面，按照行业和市场规律其回款较慢，但天能科技回款速度却异于同行。调查发现，客户：太原酷博尔贸易有限公司、山西友为经济开发有限公司、太原陆宇建筑安装工程有限公司及山西众晶益新科技发展有限公司这四家公司实际负责人就是秦海滨，而且这些公司既无办公场所也无实际经营业务，显然是用来伪造销售回款走账的。

通过费用摊提及转嫁来调控盈利。上海医药2011年财务报告显示，2011年公司控股96.9%的新亚药业实现盈利1.285亿元。这一信息引起了市场人士的猜疑。知情人向记者称：抗生素全行业效应大幅度滑坡，哈药、石药、华药、东北药等均大幅亏损。而上药收购的新亚药业却交出全年盈利1亿多元的成绩，尤其是2011年第四季度实现单季度盈利5000万元。知情人指出，2011年新亚药业通过三项费用（管理费用、财务费用、销售费用）分摊、收取技术服务费用和销售代理费用等多种手段，向新先锋转移成本费用、确认营业收入，两项合计净增加新亚药业利润6000万元，而这些交易均没有按照一般商业条款操作，某些费用甚至根本没有实际交易。据查，2012年4月，上海医药董事会审议通过《上海医药集团股份有限公司关于抗生素业务进一步重组整合暨关联交易的议案》，决定由下属上海新亚以现金出资人民币2314.69万元向上海医药（集团）有限公司收购其下属新先锋的专利、专有技术和商标等无形资产；交易完成后，新先锋不再从事药品生产经营，所有药品批文、在研品种或项目和生产许可证转入上海新亚药业有限公司。上海医药某高管对上述说法间接表示：其中99.9%的爆料内容都是属实的。由此，上海医药（601607.SH；02607.HK）两次大的收购案都存在严重的财务造假，已被证监会和香港联交所调查。

主要参考文献：

[1] 财政部．企业会计准则．

[2] 财政部．企业会计制度．

[3] 汤云为，钱逢胜．会计理论［M］．上海：上海财经大学出版社，1997．

[4] 葛家澍．财务会计理论研究［M］．厦门：厦门大学版社，2006．

[5] HARRY I. WOLK，MICHAEL G. Tearney：" Accounting Theory"，South-Western College Publishing，1997．

[6] 刘锋，左兴华．货物买卖中的收入确认时间问题［J］．财会通讯，2000，12．

[7] 庞圣玉．收入确认与《合同法》的关联性［J］．财会通讯，2001（2）．

[8] 吴革．警惕操纵收入确认的十种手段［J/OL］．e521.com/cksj，2001.10.10．

[9] 刘淑萍，王青林．营业收入的经典舞弊手法透视［J］．云南财贸学院学报（社会科学版），2006（5）．

[10] 邹永．试论会计收入造假识别及其审计对策［J］．西部财会，2007（1）．

[11] 王岚．浅谈企业销售内部控制制度［J］．商场现代化，2007（4）．

[12] 詹雷，陈小悦．赊销收入、应收账款、坏账准备的质量与盈余信息含量——一个理论模型与实证检验［N/OL］．中国会计学会2007年学术年会．

[13] 贺三宝．主营业务收入如何确认“合规”［N/OL］．中国会计报，2009.07.21．

[14] 娄文赉．浅析新会计准则下收入确认对企业盈余管理的影响［J］．现代商业，2009（21）．